rowohlt
POLARIS

Anna Wilitzki
mit Julia Becker

EINFACH LIEBEN

Expedition zu einer glücklichen Beziehung

ROWOHLT POLARIS

Originalausgabe
Veröffentlicht im Rowohlt Taschenbuch Verlag,
Hamburg, Mai 2024

Covergestaltung Hauptmann & Kompanie Werbeagentur,
nach einer Idee von Anna Wilitzki
Coverabbildung Shutterstock
Satz aus der Financier bei Dörlemann Satz, Lemförde
Druck und Bindung CPI books GmbH, Leck
ISBN 978-3-499-01379-9

INHALT

VORWORT

Was die Liebe angeht, sind wir uns in einem wohl alle einig: Es wäre wirklich schön, wenn es endlich einfach wäre.

Warum muss das alles immer so kompliziert sein? Warum können wir einander nicht einfach besser verstehen? Warum können wir das Streiten nicht einfach sein lassen? Oder wenigstens nicht mehr so aus der Haut fahren! Warum ist es nicht alles viel harmonischer zwischen uns, wenn wir das doch beide wollen?

Auch wenn dieses Buch wahrscheinlich nicht jedes individuelle Paarproblem auf Knopfdruck lösen kann: Es trägt hoffentlich maßgeblich dazu bei, auf diese Fragen ein paar nützliche Antworten zu finden. Und wenn wir zumindest verstehen, warum wir überhaupt Konflikte mit unseren Partner:innen haben, kann das schon eine enorme Erleichterung bedeuten! Denn es gibt immer einen Grund. Und der lässt sich fast immer und für jedes Paar eruieren. Allerdings muss man bereit sein, genauer hinzusehen: Denn während sich die Konflikte an der Oberfläche abspielen und sich thematisch immer wieder ähneln, liegen die eigentlichen Problematiken in der Tiefe! Wenn wir uns gemeinsam auf den Weg machen und uns in diese verborgenen Schichten wagen, bergen wir überraschenderweise oft einen Schatz. Ja, erst mal sieht das Ganze nicht besonders hübsch und schillernd aus. Wir müssen durch düstere Sphären und nicht selten auch durch knietiefen Matsch hindurch, Unangenehmes kommt da zum Vorschein, denn wir alle haben Bindungsverletzungen, die hier ungesehen schlummern – bis die Partnerin oder der Partner völlig unabsichtlich einen solchen wunden Punkt berührt, der eine heftige Reaktion zur Folge hat. Manchmal sind es Kindheitsprägungen oder Wunden aus vergangenen Beziehungen. Und manchmal auch nur winzige Ereignisse, die uns dann jahrelang nachhängen. Das aufzudecken ist es wert! Denn wenn wir das bei uns selbst und beim anderen erkennen, beginnt wahrhaftiges Sehen und Verstehen. Und dann können wir erfahren, dass Beziehungen zwar komplex sind, aber nicht kompliziert sein müssen. Und erleben plötzlich eine ganz neue Nähe und Klarheit.

Noch etwas dürfte dieses Buch zeigen - auch das wird hoffentlich ein wenig Leichtigkeit bringen: Nicht jede Beziehung braucht Therapie! Wir dürfen das Pathologisieren sein lassen. Auch wenn es gerade scheinbar täglich an Beliebtheit gewinnt, vor allem in den sozialen Medien. Dieses Buch möchte der inflationären Verwendung von Begriffen wie toxisch und Trauma gern ein paar handfeste Fakten aus der neurologischen Forschung entgegensetzen. Und jedem Paar, das offen für Veränderung ist, einige (tatsächlich!) einfache und vielfach erfolgreich angewendete Tools mit an die Hand geben, mit denen es direkt in die Beziehungsarbeit einsteigen kann - auch ohne Couch und psychologisch geschultes Gegenüber.

Ich bin davon überzeugt, dass es am Ende darum geht, dass zwei Menschen bereit sind, sich über sich selbst und bestimmte Muster bewusst zu werden und diesen wie auch dem Gegenüber wohlwollend entgegenzutreten. Dafür möchte ich sensibilisieren und mit diesem Buch anregen. Und ich fand, die beste Art, meine Arbeit zu vermitteln, ist, Sie, liebe Leser:innen, einfach mit in meine Praxis zu nehmen! Die Paare in den folgenden Geschichten sind selbstverständlich frei erfunden, und Ähnlichkeiten mit lebenden Personen sind rein zufällig. Meine Klient:innen und die vielen Gespräche der letzten Jahre haben mich aber natürlich sehr inspiriert. Ich hoffe, diese Inspiration kann ich nun weitergeben. In den vorliegenden Fällen geht alles gefühlt etwas schneller als in der Realität - damit es den Rahmen des Buches nicht sprengt, habe ich nur die zentralen Sitzungen, die die Entwicklung am eindrücklichsten zeigen, im Detail beschrieben. Ich hoffe, es ist so umso dichter und unterhaltsamer zu lesen.

Am Ende wünsche ich mir, dass wir uns alle daran erinnern, dass es trotz aller Hürden nichts Schöneres gibt und dass es sich nichtsdestotrotz lohnt, dranzubleiben, bereit zu sein, mit aller Hoffnung und allem Mut einfach zu lieben!

ISABEL UND PHILIPP

Philipp ist das, was man eine Erscheinung nennen kann: bestimmt einsfünfundneunzig groß, sehr schlank, breite Schultern, dunkle Haare, hellgrüne Augen und ein offenes Lächeln. Sein cremeweißes Leinenhemd ist lässig und stilvoll zugleich, es passt ihm wie angegossen. Ich erwische mich bei dem Gedanken, dass dieser Mann auch mit Ende 30 und nach neun Jahren Ehe noch einen extrem hohen Marktwert hat und das vermutlich auch weiß.

Doch als er auf meinem blauen Sofa Platz genommen hat, wirkt er plötzlich blass und schmächtig. Er sitzt leicht nach vorne gebeugt, hat die Handflächen aufeinandergepresst und zwischen den angespannten Beinen verstaut, den Blick nach unten gerichtet. Isabel ist etwas jünger als er, mittelgroß, von der Figur ein bisschen kräftiger, aber ebenfalls schlank, mit sehr geradem Rücken. Sie hat einen festen Händedruck, mittelblonde Haare und auffällig warme, hellbraune, fast bernsteinfarbene Augen. Ihr petrolfarbenes Kleid sieht neu aus, geschmackvoll. Man könnte nicht sagen, dass es ihr nicht steht, aber es wirkt etwas unbequem. Ich vermute, dass sie es nicht gewohnt ist, solche Kleider zu tragen. Vielleicht ist es auch ein Schutzanzug?

Sie fängt sofort an zu reden und bewundert den goldenen Lampenschirm an der Decke, wie gut das Klimt-Gemälde dazu passe, wie beruhigend die blauen Wände wären, wie angenehm die Atmosphäre sei. Dabei sitzt sie neben ihrem Mann auf der Couch so weit vorne auf der Kante, wie es nur geht. Als müsse sie sofort bereit sein, falls es einen Feueralarm gibt und wir in der Sekunde das Gebäude verlassen müssen. Sie schaut Philipp einen kurzen Moment von der Seite an, wartet und stößt dann hervor: «Sie wissen ja, warum wir hier sind!» Sie sieht mich an und wiederholt es nun trotzdem: «Philipp ist fremdgegangen.» Philipp bewegt sich nicht, schaut nicht auf, sondern weiter auf den Teppich vor seinen Füßen, nur seine Beine scheinen sich noch etwas mehr anzuspannen. «Ich habe es seit über einem Jahr gespürt», fügt Isabel an. Ihre Stimme wird lauter: «Aber er hat es vehement geleugnet!»

«Weil damals nichts war», sagt Philipp leise. Er wirkt wie ein kleiner Junge, der ausgeschimpft wird.

«Angeblich!», erwidert Isabel, weiterhin an mich gewandt. «Angeblich war nie etwas. Außer der einen Nacht, vor ein paar Wochen mit dieser Kollegin!» Das Gelbe in ihren braunen Augen funkelt.

Natürlich muss ich mich hüten, vorschnelle Urteile zu fällen. In seine eigenen Hypothesen darf man sich nie zu schnell verlieben. Auch wenn sich hier schon jetzt penetrant der Verdacht aufdrängt, dass ich - wie man in der emotionsfokussierten Therapie sagt - einen «Rückzügler» und seine «Verfolgerin» vor mir habe. Selbstverständlich gibt es viele andere Paarungen. Aber diese beiden Typen finden besonders oft zusammen. Frauen sind öfter Verfolgerinnen. Aber beide Geschlechter kommen in jeder Rolle vor. Die entstehende Dynamik ist für beide fast immer sehr anstrengend und schmerzhaft. Verfolger:innen sind Menschen, die im Streit häufig wütend werden und auch laut. Daher wirkt es oft so, als ob er oder sie jedes Mal den Konflikt beginnen würde. Sie äußern meist viele Vorwürfe und möchten Probleme unbedingt klären - auch wenn ihnen die dahinterstehende Problematik und deren Wichtigkeit während des Konflikts selbst nicht unbedingt bewusst sind. Sie wollen reden, wenn nötig auch mit Streit. Rückzügler:innen hingegen sind Menschen, die gelernt haben: Wenn wir streiten, geht es mir schlechter. Dann geht es auch meiner Partnerin bzw. meinem Partner schlechter und schließlich unserer Beziehung. Also sagen sie im Konfliktfall wenig bis gar nichts. Rückzügler:innen fühlen sich komplett unwohl im Streit. Auch weil sie oft nicht sehr kommunikativ sind und vieles lieber mit sich selbst ausmachen. Aber bei Isabel und Philipp ist das alles bis jetzt nur eine vage Annahme.

«Ich habe es die ganze Zeit gespürt!», fährt Isabel fort. Ihre Wut ist unüberhörbar. «Du warst ja nur noch weg, du wolltest überhaupt nicht mehr bei uns sein!» Obwohl sie Philipp jetzt anspricht, schaut sie weiterhin mich an. «Ich bin doch nicht bescheuert, ich weiß doch, dass du nicht bouldern warst!»

Philipp bleibt stumm und starrt weiter auf den Teppich.

Isabels Lippen zittern: «Seit zwei Monaten läuft das so. Er will es einfach nicht zugeben. Aber ich weiß, dass das nicht nur eine Nacht war. Ich weiß es genau!»

Wenn eine große Bindungsverletzung geschehen ist, will die verletzte Person die Therapiesituation in der Regel dazu nutzen, so viel wie möglich über das zu sprechen, was ihr angetan wurde. Sie möchte ihre Wut endlich ausdrücken und wünscht sich dann Verständnis und Zuspruch von mir als Therapeutin. Was dahintersteht, ist aber in erster Linie das Bedürfnis nach Raum für den Schmerz. Und der Wunsch, endlich darin beachtet und angenommen zu werden. Der Schmerz soll gesehen und gehalten werden. Das braucht jeder Mensch, um zu heilen. Und genau das möchte ich Isabel auch ermöglichen. Mein Bedürfnis, sie aufzufangen, ist groß. Doch gerade zu Beginn der Paartherapie ist es wichtig, zu beiden eine Allianz aufzubauen. Öffne ich zu schnell einen Raum für die eine Person und deren Schmerz, kann es passieren, dass ich dadurch die andere Person verliere. Vielleicht sogar für immer. Zudem ist es, wenn ich das Paar noch gar nicht kenne, auch schwerer, diesen Raum gut zu halten und anschließend adäquate Interventionen vorzuschlagen. Deshalb erkläre ich - wie eigentlich immer am Anfang der Therapie -, dass ich zunächst gerne ein bisschen mehr über die beiden und ihre Geschichte wissen würde. Die Eckdaten von Isabel und Philipp kenne ich zwar schon und weiß, dass er Architekt ist und sie Erzieherin, dass er 38 ist und sie 34 und dass die beiden seit neun Jahren verheiratet sind und drei Kinder haben. Aber ich weiß noch nichts über ihre Vergangenheit, ihre gemeinsame Geschichte, über andere Beziehungen und über ihr Elternhaus. Danach zu fragen hat mehrere Gründe. Einerseits hilft es mir, die Menschen, die ich vor mir habe, durch ihre jeweilige Sicht auf die Hintergründe ein wenig besser kennenzulernen und das, was sie von ihrem Erleben der aktuellen Problematik berichten und was ich von ihren Gefühlen wahrnehme, besser einordnen zu können. Auch von elterlichen Konflikten oder einer Scheidung zu erfahren ist für mich als Therapeutin nützlich, denn dies kann sich erwiesenermaßen auf den Umgang der Klient:innen mit Herausforderungen in der eigenen Beziehung auswirken.[1] Andererseits kann es auch für beide Partner:innen sehr hilfreich sein, dem Gegenüber zuzuhören, wenn es von sich und seiner Vergangenheit erzählt und auch vom Beginn der gemeinsamen Zeit.

«Wir haben uns auf der Party eines gemeinsamen Freundes kennengelernt», antwortet Isabel auf meine Frage zum Beziehungsanfang. Sie sieht mich an. Ihre Stimme ist weniger laut und deutlich wärmer. «Wir hatten uns sofort sehr viel zu erzählen, und eigentlich war es sehr schnell klar zwischen uns.»

Ich schaue zu Philipp. Isabel hält inne und sieht ebenfalls vorsichtig zu ihm.

Ich sehe, dass Philipp sich unter Druck gesetzt fühlt. Er weiß, dass er jetzt dran ist. Sein Blick klebt am Teppich. «Wir wussten beide, dass wir das wollen», fängt er langsam an. Dann schaut er auf und sieht mich das erste Mal seit der Begrüßung an. «Und wir wollten auch das Gleiche. Also eine feste Beziehung und eine Familie.»

Isabel atmet tiefer, und ihr Blick öffnet sich ein bisschen weiter in Philipps Richtung.

«Was mochten Sie an Isabel?», frage ich Philipp. Er schaut wieder zu Boden und überlegt. Sein Oberkörper bewegt sich ganz leicht vor und zurück.

«Ihre Offenheit», sagt er dann. Er schaut aus dem Fenster. «Ihren Humor, ihre direkte Art.» Ich glaube, ein winziges Lächeln auf seinen Lippen zu entdecken. Jetzt sieht er zu seiner Frau. Doch Isabels Miene verfinstert sich gerade erneut. «Meine direkte Art!? Die kannst du ja offensichtlich schon länger nicht mehr leiden!»

Philipps Blick wandert wieder zu Boden.

«Was mochten Sie denn an ihm damals, Isabel?», versuche ich sie einzufangen.

Ihr Kiefer ist angespannt, sie atmet schwer. Dann sieht sie zur Decke. Sie denkt offensichtlich nach. «Ich mochte Philipps Entschiedenheit», sagt sie dann. «Er hat sich immer wieder gemeldet, und ich habe schon in den ersten Wochen gemerkt, dass er zuverlässig ist und dass er es ernst meint. Dass er mich meint.» Sie schluckt. Das erste Mal mischt sich wohl Trauer in ihre Wut. «Aber das ist lange her!», setzt sie nach. Ihre Wut hat wieder die Oberhand gewonnen.

Wut ist ein mächtiges Gefühl. Und es ist uns meistens deutlich lieber als Traurigkeit. In der Wut fühlen wir uns stark. Wir können agieren, können angreifen, uns verteidigen, kämpfen, uns ausdrücken. Es ist meist eine sogenannte sekundäre Emotion. Das bedeutet, dass sie auf einen ersten emotionalen Impuls folgt. Sie tritt auf, wenn wir diesen kognitiv angehen, wenn wir interpretieren. Traurigkeit oder Angst sind dagegen meist primäre Emotionen, also unmittelbare emotionale Reaktionen, die uns oft passiv und schwach fühlen lassen. Manchmal sogar komplett ohnmächtig. Wir fühlen darin keine Macht. Und keine Kontrolle. Deshalb vermeiden wir Traurigkeit und Angst so oft. Und können dann auch den dahinterliegenden Schmerz nicht sehen. So entstehen blinde Flecken. Oft können wir in diesen Fällen selbst nicht verstehen, warum die Situation nicht besser wird, auch wenn wir es noch so sehr wollen. Man unterscheidet diese beiden emotionalen Regungen auch in Emotion (primär) und Gefühl (sekundär). Doch sekundäre Gefühle wie Wut sind dabei nicht etwa negativ zu bewerten. Eine polnische Studie hat ergeben, dass gerade Menschen, die komplexe sekundäre Zustände erleben und verarbeiten können - beispielsweise eine Mischung aus Wut und Trauer über ein Ereignis und gleichzeitige Dankbarkeit für andere Lebensaspekte -, möglicherweise besser in der Lage sind, mit widrigen Umständen umzugehen und ihre Emotionen zu regulieren.[2] Jede Emotion und jedes Gefühl haben ihre Berechtigung und Funktion. Und genau deshalb sollte auch kein Gefühl verdrängt werden, egal wie unangenehm es ist.

«Würden Sie mir ein paar Dinge über Ihre Vergangenheit erzählen?», frage ich in die Stille hinein. Ich schaue zu Philipp. «Wie haben Sie die Beziehung Ihrer Eltern erlebt?»

Philipp sieht wieder auf den Teppich vor sich. «Unauffällig», sagt er nach einer Weile.

Ich warte ab, ob er noch etwas anfügen möchte.

Dann hake ich nach: «Was meinen Sie damit?»

Er schaut noch immer zu Boden. «Meine Eltern waren 46 Jahre verheiratet», antwortet er. Dann hebt er den Blick ein Stück, schaut an mir vorbei. Seine Augen halten sich an dem Blumenstrauß fest, der auf meinem Schreibtisch neben mir steht.

«Ist das Craspedia?», fragt er. Ich schaue zu den Blumen. «Die kleine gelbe», fügt er an. Ich zeige auf die Blume mit dem winzigen runden Kopf, die kürzer und viel kleiner ist als alle anderen. Er nickt.

«Das kann sein. Mein botanisches Wissen ist leider sehr begrenzt», sage ich und lächle. Isabel atmet hörbar aus. Ihre Unruhe ist mit Händen zu greifen.

«Meine Eltern hätten sich nie getrennt», sagt Philipp dann. Als er meinen fragenden Blick sieht, fügt er hinzu: «Mein Vater lebt nicht mehr.» Er macht erneut eine Pause. «Aber manchmal denke ich, sie haben sich irgendwie in diese Beziehung geduckt. Wie die Blume da in den Strauß. Und dass sie vielleicht im tiefsten Inneren gar nicht glücklich waren, weil sie gar keinen Raum hatten.»

Isabel schaut wieder zur Decke, und ich sehe, dass sie mit den Tränen kämpft. Möglicherweise bezieht sie das, was Philipp gerade sagt, auf sich und die Beziehung der beiden.

«Isabel», versuche ich sie vorsichtig in die Situation und zu uns zurückzuholen. «Ich habe das Gefühl, in dir passiert gerade ganz viel. Und ich fände es schön und wichtig, wenn Philipp und ich daran teilhaben könnten.»

Sie schluckt. Dann sieht sie mich an: «Es kommt mir vor, als würde Philipp über uns reden!»

«Das stimmt aber gar nicht», gibt Philipp sofort zurück.

«Okay», sage ich. «Das ist schön, dass du das sagst, Philipp. Ich fand es trotzdem wichtig, von Isabel zu hören, dass sie sich gerade verletzt fühlt. Für den Prozess ist es jetzt hilfreich, wenn wir noch kurz bei Ihren Eltern bleiben, Philipp.»

Beide nicken. Isabel sieht jetzt wieder zu ihrem Mann.

«Haben Ihre Eltern früher gestritten?», frage ich Philipp.

«Nein», antwortet er. «Nie.»

Das bestärkt meine These vom Rückzügler. Wenn Eltern nie Konflikte haben, machen wir als Kinder nicht die Erfahrung, dass Streit vorbeigeht und danach alles wieder gut ist. Wir lernen nicht, dass wir weiterhin geliebt werden, auch wenn wir unterschiedlicher Meinung sind oder uns streiten, und uns wird auch nicht bewusst, dass ein Konflikt sogar fruchtbar sein kann. Das führt oft dazu, dass wir als Erwachsene Streit in unseren engen Beziehungen um jeden Preis vermeiden. Er macht uns zu viel Angst. Einfach weil er etwas Unbekanntes ist.

Isabel bewegt sich unruhig auf der Couch hin und her. Jetzt nimmt sie eins der gelben Kissen auf ihren Schoß.

Ich schaue sie an. «Wie war das bei Ihren Eltern?», frage ich.

«Die haben sich getrennt, als ich fünf war», sagt Isabel. Es klingt trotzig. «Und das Verhältnis zu meinem Vater war ganz schlecht. Bis ich 14 war, hatte ich fast keinen Kontakt zu ihm. Und auch danach blieb es schwierig.»

«Können Sie sagen, woran das gelegen hat?», frage ich nach.

«Meine Mutter hat einfach ununterbrochen davon geredet, dass er unzuverlässig ist und sich sowieso nicht kümmert und sie immer allein gelassen hat.» Isabels Ton ist rau, sie wirkt angestrengt. «Sie hat immer gesagt, auf Männer sollte man sich nie verlassen!»

Egal wie reflektiert wir sie im Nachhinein bewerten können: Die Beziehung unserer Eltern ist meistens extrem prägend für uns als Kind. Einfach weil es die erste ist, die wir miterleben. Sie bleibt ein Stück weit immer unser Rollenmodell. Wir speichern unbewusst ab, dass das, was die Eltern machen, die Norm ist. Und ebenso unbewusst begeben wir uns dann später oft in ähnliche Konstellationen. Oder wir suchen genau das Gegenteil. Beides ist eine Reaktion auf unsere Prägung und nicht unbedingt das für uns Stimmige und Gesunde. Besonders hartnäckig sind vor allem unsere Überzeugungen, die wir durch die Erfahrungen mit unseren Eltern entwickelt haben. Manchmal sehen wir deswegen auch Dinge bei unseren Partner:innen, die gar nicht der Realität entsprechen.

Isabel erzählt, dass die Mutter sich oft bei ihr ausheulte, sie deren Schmerz sehr stark spürte und als Kind darunter gelitten habe. Außerdem hatte sie immer ein schlechtes Gewissen, wenn sie ihren Vater vermisste oder ihn öfter sehen wollte. Es war, als würde sie ihre Mutter damit verraten. Isabels Ton ist fast barsch. Es ist offenbar nicht leicht für sie, darüber zu sprechen, gleichzeitig will sie es erzählen. Ich habe den Eindruck, dass sie versucht, die darunterliegenden Gefühle nicht hochkommen zu lassen. Ich höre einfach zu. Stelle nur kurze Nachfragen. Auch das hier braucht gerade seinen Raum. Philipp beobachtet Isabel, während sie erzählt. Jetzt sehe ich, dass er müde wirkt, erschöpft.

Als Isabel ihre Erzählung beendet, lasse ich bewusst eine Pause.

«Gab es Besonderheiten in Ihren vorherigen Beziehungen?», frage ich und sehe Philipp an.

«Nein», antwortet er.

«Ich meine, ob eine Trennung vielleicht sehr schwierig für Sie war oder eine Partnerschaft eventuell auch sehr schön?»

Er überlegt kurz.

«Nein. Eigentlich nicht.»

Ich sehe, wie Isabel wieder angestrengt atmet. Sie ist genervt. Und auch ich erwische mich bei dem Gedanken, dass man Philipp schon alles ein bisschen aus der Nase ziehen muss. Ich weiß, dass das für das Gegenüber in einer Beziehung durchaus herausfordernd sein kann. Vor allem, wenn dieses Gegenüber eher ungeduldig ist.

«In meiner letzten Beziehung vor Isabel gab es viel Streit», ergänzt Philipp jetzt. «Deshalb war ich froh, dass sie sich irgendwann von mir getrennt hat.»

Auch das unterstreicht meine These, dass Philipp ein Rückzügler ist, eher passiv bleibt und andere agieren lässt - offenbar selbst dann, wenn es ihm in einer Situation nicht gut geht. Aber: Dafür gibt es mit Sicherheit Gründe. Und höchstwahrscheinlich mehr als die bloße Tatsache, dass seine Eltern sich nie gestritten haben und sich nicht getrennt hätten, auch wenn sie nicht mehr glücklich miteinander waren. Manchmal werden Menschen auch erst zu Rückzügler:innen, wenn sie verfolgt werden.

«Weil du eben nichts unternimmst, wenn es nicht gut läuft», ruft Isabel plötzlich. «Und stattdessen lieber abhaust!» Ihr Gesicht wird rot. «Du wolltest doch nur noch weg von mir, von uns!» Sie glüht jetzt richtiggehend. In diesem Augenblick ist es essenziell, dass ich das Gespräch gut führe. Ansonsten kann die Situation eskalieren. Zudem brauche ich, um das Ganze richtig einzuordnen, noch ein paar wichtige Informationen. Ich versuche Isabel noch mal auf eine andere Spur zu bringen.

«Isabel, bevor wir tiefer in die aktuelle Situation eintauchen, möchten Sie auch noch ein paar Worte zu Ihren vorherigen Beziehungserfahrungen sagen?» Ich ärgere mich über meine Formulierung. Isabel *möchte* dazu jetzt ganz bestimmt nichts sagen. Sie ist ganz woanders. Nämlich bereits auf Verfolgungsjagd. Das Einzige, was sie jetzt will, ist Philipp endlich erwischen und zur Rede stellen.

«Bevor ich Philipp getroffen habe, bin ich verlassen worden», sagt sie und klingt erneut wie ein genervter Teenager, der von der Mutter ausgefragt wird. «Ohne jede Ankündigung.» Sie schaut auf ihre Armbanduhr. Das verunsichert mich. Ich will nicht, dass sie genervt ist und ich die Allianz verliere. Vielleicht sollten wir doch direkt in ihr Thema einsteigen. Nein, ich weiß, es ist wirklich sinnig und hilfreich, jetzt noch einen Moment in der Vergangenheit zu bleiben. Als hätte sie meinen Gedanken gehört, fügt sie an: «Und mein Ex ist danach direkt mit einer sehr guten Freundin von mir zusammengekommen.»

Dennoch macht der Tonfall eindeutig, dass Isabel die Geduld

verliert. Jetzt ist es wichtig, der aktuellen Bindungsverletzung ausreichend Platz zu geben. Und der Geschichte, die dazugehört. Und hier brauche ich beide Seiten. Das ist in der Paartherapie selbstverständlich immer wichtig. Aber in einer Situation wie dieser kann es besonders herausfordernd werden, auch für den Menschen, der der vermeintlich Schuldige ist, genügend Raum zu schaffen. Gerade wenn der verletzte Gegenpart sehr laut ist und endlich Recht bekommen möchte. Es ist entscheidend, eine geeignete Reihenfolge zu finden. Hier ist klar: Isabel braucht jetzt Aufmerksamkeit, bevor sie platzt. Also frage ich sie zuerst, wie sie das letzte Jahr erlebt hat. Sie redet sofort los, schnell und ohne Pausen, mit unruhigem Blick, wie sich Philipp immer mehr zurückgezogen hätte, wie er dann immer öfter angeblich bouldern gegangen wäre, wie sie an seinen Kleidern gerochen hätte und da ein fremdes Parfüm gewesen wäre, das wisse sie genau. Sie habe es immer gespürt und ihn auch gefragt, aber er hätte es nicht zugegeben. Sie beschreibt, wie schlimm es gewesen wäre, als er ihr irgendwann gebeichtet hat, dass er nach einem Geschäftsessen mit seiner Kollegin geschlafen hätte. Der angebliche One-Night-Stand. Die Ausrede sei Alkohol gewesen. Sie spricht immer gehetzter, rennt durch die Sätze wie bei einem 100-Meter-Lauf, holt kaum Luft. Ihr Gesicht ist gerötet. Sie schaut Philipp nicht an, nur mich. Ich lasse sie alles loswerden, was ihr auf der Seele brennt. Und spüre vor allem eines: ihre große Wut. Als ich den Eindruck habe, das Wichtigste ist für den Moment zur Sache gesagt, schaue ich zu Philipp. Er hat offenbar kein Bedürfnis, etwas zu äußern. Es wird vielleicht ein wenig dauern, bis er sich zu diesen vielen Vorwürfen mitteilen kann. Möglicherweise mehrere Sitzungen. Ich darf ihn nicht drängen. Ein Blick auf seine Haltung zeigt: Er steht ohnehin schon an der Wand. Auch wenn sein innerer Stress nicht auf den ersten Blick erkennbar ist, seine angespannten Beine und seine starre Körperhaltung sind ein klares Zeichen. Der amerikanische Verhaltenstherapeut John Gottman hat in verschiedenen Experimenten herausgefunden, dass das sogenannte Mauern direkte physiologische Auswirkungen haben kann. In seinem Labor wurden Paare in Konfliktsituationen beobachtet: Dabei wurden Videoaufzeichnungen angefertigt und die Herzfrequenz gemessen. Bei der Auswertung des Materials zeigte sich, dass bei Partner:innen, die sich emotional zurückzogen und sich vor dem Konflikt abzuschirmen versuchten, eine erhöhte Herzfrequenz auftrat (über 100 BPM) - obwohl diese Menschen äußerlich vollkommen ruhig schienen.[3]

«Philipp, wie haben Sie das letzte Jahr erlebt?», frage ich vorsichtig. «Waren sie häufiger bouldern als sonst?»

«Ich bin schon regelmäßig in der Kletterhalle gewesen», antwortet er. «So einmal die Woche.»

«Einmal die Woche?», fährt Isabel sofort dazwischen. «Es war zuletzt mindestens drei- oder viermal! Du wolltest doch überhaupt nicht mehr zu Hause sein! Auch am Wochenende bist du plötzlich immer öfter weggegangen und hast uns allein gelassen. Warum sollte ich dir glauben, dass du wirklich bouldern warst und dich nicht mit einer anderen Frau getroffen hast?»

Verfolger:innen neigen dazu, die Partnerin oder den Partner anzuschreien, mit Vorwürfen zu überhäufen und sie aufzufordern, endlich etwas zu tun oder zu sagen. Dabei geben sie der oder dem anderen gar nicht den Raum, zu agieren. Sobald das Gegenüber zu einer Antwort ansetzt, unterbrechen sie es in der Regel wieder. Denn sie haben eine lange Liste mit den Fehlern der oder des anderen im Kopf, die sie immer wieder hervorholen und abarbeiten. Egal wie weit eine Sache zurückliegt, sie ist noch verzeichnet und wird im Streit wiederholt. Das tun Verfolger:innen aber nicht, weil sie aggressive Menschen sind oder den anderen bewusst verletzen wollen. Sie möchten nur nicht weiter allein mit diesen Dingen sein, sondern gemeinsam an der Beziehung arbeiten.

Ich weiß das alles nicht nur deshalb so genau, weil ich Psychologin bin und eine Ausbildung in emotionsfokussierter Therapie habe - ich gehöre selbst zu dieser Spezies. Im Extremfall kommen Verfolger:innen bei ihrer Aufzählung an einen Punkt, an dem sie ein Resümee ziehen und sagen: «Ich glaube, wir passen einfach nicht zusammen. Wir sollten uns trennen.» Das äußern Verfolger:innen aber nicht, weil sie sich tatsächlich trennen wollen, sondern weil sie denken: Ich fühle mich allein in dieser Beziehung. Ich bin die oder der Einzige, der hier kämpft. Warum kämpft mein:e Partner:in nicht? Okay: Ich muss jetzt das letzte Druckmittel nutzen.

Und das ist die Androhung der Trennung. Aber Trennung ist hier bei Isabel und Philipp nicht das Thema. Bis jetzt zumindest.

Philipp presst die Beine noch etwas mehr zusammen. Seine Schultern sind angespannt.

«Gab es denn irgendwelche Ereignisse, die Sie im letzten Jahr besonders bewegt haben?», frage ich ihn.

«Mein Vater ist gestorben», gibt Philipp zurück. «Er war schon länger krank. Also, das war nicht so ein großes Thema. Aber vielleicht bin ich auch deshalb öfter an die Kletterwand.»

«Das tut mir leid zu hören. Ist das Klettern eine wichtige Ressource für Sie?», hake ich nach. «Finden Sie da Ausgleich?»

«Ja, eigentlich schon. Aber das hat nicht mehr so gut geklappt wie früher.»

Philipp erzählt, er könne nicht mehr so gut abschalten, weil er ein so schlechtes Gewissen habe. Ihm sei Isabels Verärgerung über seine häufige Abwesenheit bewusst - je mehr Vorwürfe sie ihm mache, desto mehr sehne er sich nach einer Pause und dem Ausgleich, fände ihn aber umso seltener - ein Teufelskreis.

Isabel hört zu. Aber ich sehe, dass ihre Wut noch da ist.

Ich muss darauf achten, in der ersten Stunde nicht zu viel zu wollen. Sie ist außerdem gleich vorüber. Jetzt ist die Hausaufgabe dran. Oder der Impuls, wie ich es lieber nenne. Denn ich möchte, dass den Paaren bewusst ist, dass sie die Entscheidung, etwas für ihre Beziehung zu tun, immer wieder neu treffen. Sie können also den Impuls annehmen oder nicht. Was Isabel und Philipp damit tun, kann ich gerade überhaupt nicht abschätzen.

«Daten Sie denn noch?», frage ich.

Beide blicken mich entgeistert an. Wie eigentlich die meisten Paare, denen ich diese Frage stelle. Dabei geht es nicht um Tinder.

«Ich meine, ob Sie sich noch miteinander verabreden?»

Sie schauen beide noch immer etwas überrascht. Dann fast schuldbewusst. Beide schütteln den Kopf.

Tatsächlich daten nur noch die wenigsten Paare in einer langen Beziehung. Daten ist doch zum Kennenlernen, denken sie und glauben, sie kennen die Partnerin oder den Partner ja schon. Dabei sind wir heute ganz andere Menschen als vor fünf oder 15 Jahren. Wir entwickeln uns als Persönlichkeiten weiter, bleiben aber in der Paarbeziehung häufig an dem Punkt stehen, an dem wir uns kennengelernt haben, und sind dann innerlich enttäuscht, wenn sich Dinge nicht mehr so anfühlen wie am Anfang. Dann wünschen wir uns, wieder verliebt zu sein oder die Euphorie wieder zu spüren. Aber das können wir natürlich nicht, wenn wir uns innerlich nicht mehr bewegen. Die instinktive Reaktion darauf ist oft: Ich brauche eine neue Beziehung! Dabei geht es eigentlich darum, das über die Zeit entstandene Bild vom Gegenüber immer wieder loszulassen und die Person neu zu sehen. Dates sind dazu die ideale Gelegenheit. Wie Gottman herausgefunden hat, fördern Verabredungen zudem die Bindung. Denn sie ermöglichen nicht nur eine bewusste Zeit der Zweisamkeit. Sie unterstreichen auch die Ernsthaftigkeit der

Beziehung – nach innen und außen. Neue, lustige und aktive gemeinsame Unternehmungen können dann nicht nur den Funken der anfänglichen Begeisterung wieder entfachen, sie tragen oft auch zu einer höheren sexuellen Befriedigung bei und helfen, Stress zu reduzieren.[4]

«Dann ist das Ihre Aufgabe, bis wir uns wiedersehen», sage ich und lächle. «Vereinbaren Sie für den nächsten Monat drei Termine für sich zu zweit, und planen Sie die Dates abwechselnd. Drei, damit zwei auf jeden Fall klappen! Schreiben Sie sich jeder fünf Dinge auf, die Sie miteinander unternehmen möchten, mindestens zwei davon müssen Dinge sein, die sie noch nie zusammen gemacht haben. Einzige Regel für das Date selbst ist dann: keine negativen Dinge ansprechen. Denn es geht darum, mal wieder etwas miteinander zu erleben – mit Raum für Leichtigkeit. Und behalten Sie die Ideen für sich. Der andere wird überrascht, und er darf nicht ablehnen, es sei denn, er hat Angst vor der Unternehmung. Also möglichst keinen Bungee-Sprung buchen!»

Beide lächeln. Und wirken zumindest für den Moment etwas friedlich.

«Und lassen Sie sich auch noch mal ganz in Ruhe durch den Kopf gehen, ob Sie hier weiter mit mir arbeiten möchten», füge ich an. Denn diese Bereitschaft ist die Basis, ohne die keine Entwicklung stattfinden kann. Außerdem ist es wichtig, dass man sich mit der Therapeutin oder dem Therapeuten wohlfühlt, genauso wie mit der Therapieform. Ich gebe den Paaren und auch mir nach der ersten Sitzung immer diesen Raum, sich noch einmal bewusst zu entscheiden, ob das hier passt oder nicht. Darüber muss man schlafen und möglichst ein paar Tage Zeit vergehen lassen.

Als ich später auf dem Nachhauseweg auf meinem Fahrrad sitze und die Schönhauser Allee herunterfahre, muss ich an Lena und Tom denken, die vor ein paar Jahren bei mir in der Therapie waren. Den Fehler von damals werde ich auf keinen Fall wieder machen! Tom hatte Lena vorgeworfen, ihn zu betrügen, und sie ihre Unschuld beteuert. Immer wieder. Ich habe ihr geglaubt und sie durchaus auch vor Toms Vorwürfen in Schutz genommen. Bis er eines Tages in einer Sitzung damit herausplatzte, dass er nun einen Beweis für die Affäre hätte. Ich war absolut überrascht, dass Lena wirklich gelogen hatte. Sogar hier im Therapieprozess über mehrere Sitzungen hinweg. Ich habe es damals schlicht nicht für möglich gehalten, und es versetzte mich in großes Erstaunen, dass Menschen in eine Paartherapie gehen und dort an einer so großen Lüge festhalten. Dass die Wahrscheinlichkeit, eine Beziehung auf dieser Basis retten zu können, relativ gering ist, war für mich offenkundig, und ich war überzeugt davon, auch für die Beteiligten selbst sei das klar. Aber ich musste lernen, dass in Liebesbeziehungen eben auch sehr unwahrscheinliche und absolut irrationale Dinge passieren. Und zwar ganz häufig aus Angst. In diesem Fall wollte Lena ihren Partner einfach nicht verlieren, weil sie ihn im Grunde ihres Herzens immer noch liebte. An der Affäre hielt sie gar nicht fest, weil sie Gefühle für den anderen hatte. Es war vielmehr die Lebendigkeit, die sie dort empfand, auf die sie nicht verzichten wollte. In dieser Liaison spürte sie sich selbst wieder. Etwas, das ihr bei ihrem Mann gefehlt hatte. Die Gründe, aus denen Menschen fremdgehen, sind extrem vielfältig. Manche wollen sich eigentlich trennen und flüchten dann in eine Affäre oder nutzen diese als Trennungsgrund. Andere suchen ganz einfach das Gefühl, wieder begehrt zu werden, oder haben bestimmte sexuelle Wünsche, von denen sie wissen oder glauben, dass sie sie mit der Partnerin oder dem Partner nicht ausleben können. Eine unterschiedliche Haltung zum Thema Kinderwunsch kann auch ein Grund sein. Und sehr häufig hat es auch viel mit der Person selbst zu tun, die untreu wird, mit dem, was in ihr los ist und was sie glaubt, mit dem anderen nicht teilen zu können. In der Regel geht es dabei nicht nur um Sex. In einer amerikanischen Untersuchung zum Thema Fremdgehen aus dem Jahr 2020 nannten die Teilnehmer acht Hauptgründe für Untreue: Wut, gemindertes Selbstwertgefühl, mangelnde Liebe, geringes Engagement der Partnerin oder des Partners, Bedürfnis nach Abwechslung, Vernachlässigung, sexuelles Verlangen und Situation/Umstände. Diejenigen, die aus Wut, mangelnder Liebe oder dem Bedürfnis nach Abwechslung fremdgegangen waren, hatten im Schnitt längere Affären. Und die beiden letztgenannten Gründe führten auch meist zu einem größeren Gefühl von Erfüllung. Aber tatsächlich hatte insgesamt nur jede fünfte Affäre eine Trennung zur Folge.[5]

Egal wie die Sache sich genau darstellt: Ein Hintergrund ist fast immer, dass Paare es nicht schaffen, über ihre Ängste und Sehnsüchte zu sprechen. Und dann ist es am Ende das Gefühl von Einsamkeit, das einen der beiden zu einem anderen Menschen treibt.

Während ich an einer Ampel warte und eine Frau neben mir mit ihren etwa dreijährigen Zwillingen beobachte, die beide wie am Spieß brüllen, erscheint es mir sehr wahrscheinlich und auch ein Stück nachvollziehbar, dass Philipp eine Affäre hatte. Ich kann mir gut vorstellen, dass Isabel und er sich nach der Geburt der drei Kinder auseinandergelebt haben. Aber das allein war wahrscheinlich noch nicht der Auslöser. Vielmehr hatte sie ihn wahrscheinlich unbeabsichtigt mit ihrer Kritik, ihren Ängsten und Unterstellungen geradezu von sich weggetrieben. Isabel hat aus ihrer familiären Prägung heraus extreme Angst, verlassen zu werden, und den Glaubenssatz verinnerlicht, keinem Mann trauen zu können. Sie ist deshalb sehr misstrauisch und hat Philipp vielleicht schon immer verdächtigt, sie zu betrügen, oder war zumindest fest davon überzeugt, dass er das irgendwann tun würde. Eine sich selbst erfüllende Prophezeiung. Ihr Misstrauen und der auf Philipp ausgeübte Druck hatten ihn wahrscheinlich immer öfter die Flucht ergreifen lassen. Womöglich war es Philipp dann ganz ähnlich gegangen wie damals Lena. Er hatte sich nur mal wieder spüren, einfach mal wieder richtig abschalten wollen. Und weil Isabel nun schon wegen einer Nacht so außer sich war, hatte er Angst, zuzugeben, dass die Geschichte mehr als ein One-Night-Stand war. Deshalb vielleicht die Lüge mit dem einen alkoholisierten Abend. Menschlich. Aber dennoch ist klar, dass es für die beiden schwer oder gar unmöglich werden wird, wieder zusammenzufinden, wenn Philipp nicht ehrlich ist.

Zu Hause schiebe ich mein Rad in den Hinterhof. Gleich muss ich diese Gedanken zur Seite legen. Obwohl ich meine Strategie gerne noch genauer bedenken will. Denn es ist manchmal eine gewisse Herausforderung als Therapeutin, eine:n Rückzügler:in nicht zu sehr zu schonen. Auch wenn sich der verfolgende Gegenpart so offensichtlich destruktiv verhält und die oder den anderen in die Ecke drängt. Genau das verleitet einen als Beobachterin oft erst mal dazu, Partei für die Rückzüglerin oder den Rückzügler zu ergreifen, die Person in Schutz zu nehmen. Und das kann komplett schiefgehen. Wie damals bei Lena und Tom. Denn natürlich hat dieser Mensch seinen Anteil an der Situation. Und hier vielleicht sogar einen ganz großen. Die Hinterhoftür fällt hinter mir laut ins Schloss. Dieser Moment ist mein Cut: Feierabend. Jetzt ist meine Familie dran.

Als Isabel und Philipp drei Wochen später wieder in meiner Praxis sind, ist der ganz kleine Frieden, den es zum Ende der letzten Stunde gab, sogar noch gewachsen. Sie sitzen näher zusammen. Ich spüre, dass beide weniger angespannt sind. Nachdem wir uns geeinigt haben, uns ab jetzt zu duzen - was für die emotionsfokussierte Paartherapie hilfreich ist, weil man dann oft direkter ins Gefühl kommen kann -, erzählen sie von ihrem ersten Date. Philipp hatte Isabel mit einem Ausflug in den Wald überrascht: zum Bogenschießen.

«Wow», sage ich. «Mutig! Aber dann ist ja offenbar alles gut ausgegangen, wenn ihr beide jetzt hier sitzt.»

Beide lachen.

Bogenschießen. Ich klatsche innerlich in die Hände! Wenn wir als Paar etwas Neues erleben, das beide noch nie gemacht haben, ist das aufregend. Es wird Adrenalin ausgeschüttet. Wenn wir es genießen und Spaß haben, kommt Dopamin dazu. Entsteht bei der Unternehmung auch noch Nähe, ist Oxytocin mit im Spiel. Das absolute Highlight ist Vasopressin, ein Hormon, das die Durchblutung der Genitalorgane fördert und die Kommunikation und Verbindung stärkt. Und fertig ist genau der Hormon-Cocktail, den unser Körper mixt, wenn wir uns verlieben. Haben wir den im Blut, kommt zudem selten das Bedürfnis auf, über Probleme zu reden.

Es ist wissenschaftlich erwiesen, dass Paare mit höheren Beziehungszielen eher dazu neigen, aufregende Dates miteinander zu planen, die dann nicht nur die Selbstentfaltung beider fördern, sondern auch die Nähe der Partner:innen deutlich intensivieren.[6]

«Ja, es war schön», sagt Isabel. Ihre Stimme klingt viel ruhiger als bei unserem letzten Treffen. Ihre Augen haben wieder diesen ganz warmen Ausdruck. «Es gab nur einen komischen Moment», fügt sie an. «Zwischendurch habe ich Philipp gefragt, ob er mir das mit dem Bogen noch mal zeigen kann. Und dann hatte ich das Gefühl, er versucht zu vermeiden, mich zu berühren.»

«Echt?», fragt Philipp. «Das war aber gar nicht so!»

Er geht sofort wieder in die Verteidigung. Sein gewohntes Muster.

«Das hat sich aber so angefühlt», versucht es Isabel noch mal. Sie möchte, dass ihr Empfinden ernst genommen wird.

«Ich dachte dann, du hast eben keine Lust mehr auf Nähe mit mir.» Sie wird etwas schärfer: «Ich bin dir zu dick geworden.» Dann wendet sie sich an mich: «Ich habe zugenommen durch die Schwangerschaften», sagt sie und greift sich an ihren Bauch, der in der weiten Bluse, die sie heute trägt, kaum sichtbar ist. «Meine Hüften sind breiter, und mein Bauch ist nicht mehr straff. Ich bin nicht mehr so, wie ich früher war, und wahrscheinlich fehlt Philipp das, und dann sieht er beim Bouldern die ganze Zeit diese schlanken sportlichen Frauen, die so viel attraktiver sind als ich.» Jetzt ist sie wieder tief in ihren destruktiven Gedanken, und es ist deutlich spürbar, welche Ängste in ihr wüten.

«Nein, so ist das nicht», ruft Philipp dazwischen. «Die interessieren mich überhaupt nicht!» Er meint es gut. Er will die Sache aufklären. Aber so wird es nicht funktionieren.

«Darf ich euch mal etwas zeigen?», unterbreche ich die Unterhaltung und öffne mein Schaubild mit den Eisbergen im Wasser auf dem iPad. Kurz unterhalb der Spitze der beiden Berge ist ein langer Strich eingezeichnet, der Meeresspiegel. Ich halte den beiden das Bild entgegen. «Diese zwei Eisberge hier seid ihr beide», erkläre ich. «Alles Bewusste, das Rationale, eure Handlungen, sekundäre Gefühle wie Wut und das, was ihr sagt, bilden jeweils die Spitze, also alles, was sichtbar oberhalb der Wasseroberfläche liegt. Das ist, wie ihr seht, nur ein minimaler Anteil eurer Persönlichkeit.» Dann zeige ich auf den Teil unterhalb der Linie. «Das hier ist alles, was ihr in der Tiefe empfindet. Das sind eure primären Emotionen und das Unbewusste, die Bedürfnisse, die unter dem Besprochenen verborgen sind und zum allergrößten Teil euer Verhalten und eure Kommunikation steuern. Diese primären Emotionen sind die, die in einer Situation zuerst entstehen, auch wenn es uns so vorkommt, als wäre das sekundäre Gefühl, wie zum Beispiel die Wut, zuerst da. Leider müssen wir in der heutigen Gesellschaft so schnell und gut funktionieren, dass wir uns oft keine Zeit mehr geben, die primären Emotionen richtig wahrzunehmen. Also reagieren wir nur noch oberhalb der Wasseroberfläche aufeinander und zeigen uns gegenseitig nur noch diesen Bereich. Und so bleiben die primären Emotionen für unsere Partner:innen leider in aller Regel unsichtbar.» Isabel und Philipp blicken mich erstaunt an.

«Wenn du, Isabel, nun zu Philipp sagst: ‹Ich ärgere mich, dass du so oft weggehst›, oder ‹Ich bin dir zu dick geworden, du willst keine Nähe mehr›, dann hört Philipp nur den Vorwurf.» Ich deute auf die Spitze des einen Berges. «Du appellierst an diesen Teil von Philipp, an den bewussten Part. Und weil du deine tieferen Emotionen nicht zeigst, sondern nur eine Interpretation mitteilst, kann Philipp deine Angst oder Verletzung, also das, was vielleicht darunterliegt, nicht wahrnehmen.» Ich zeige auf den anderen Part des Eisbergs, der unter Wasser liegt. «Wenn du, Philipp, dann wiederum zu Isabel sagst: ‹Nein, das stimmt nicht!›, bist du der Ritter auf dem weißen Pferd, der seine Frau vor dem Schmerz schützen will, was eine gute Absicht ist, aber nicht funktioniert, weil auch du dann wieder an diesen Teil appellierst.» Ich deute wieder auf die Spitze des Berges. «Und deine Frau sich nicht in ihren Gefühlen wahr- und ernst genommen fühlt.» Ich fahre mit dem Finger erneut nach unten, zum Teil, der schwimmt. «Denn die Interpretation von Isabel ist vielleicht nicht richtig, aber die Emotion, die darunterliegt, ist wahr und berechtigt. Sie erhält aber die Botschaft: ‹Das muss weg! Das stimmt nicht, was du denkst oder fühlst.› Isabel fühlt aber trotzdem so und schließt daraus, sie wird nicht verstanden - woraufhin sie sich zurückzieht. Du, Philipp, hast dabei das Gefühl, doch schon alles versucht zu haben, um zu zeigen, dass es nicht so gemeint war, aber alles, was du sagst, erscheint falsch - und dadurch bist auch du erschöpft und ziehst dich zurück.» Ich deute noch mal auf den unteren Teil des anderen Eisbergs. «So entfernt ihr euch beide emotional noch weiter voneinander, obwohl ihr mit euren Impulsen versucht habt, einander näherzukommen. Diese Art des Gesprächs ist für euch beide extrem unbefriedigend, weil ihr einander nicht in der Tiefe erreicht, keiner sich verstanden fühlt und ihr beide denkt: Ich mache alles falsch! Und das löst Traurigkeit aus und ist sehr kräftezehrend.»

Beide schauen nachdenklich.

«Das ist der Teufelskreis, den es zu durchbrechen gilt! Deshalb versuche ich mit euch hierhinzukommen.» Ich lege beide Hände auf die Eisbergteile unter Wasser. «Darum geht es in der emotionsfokussierten Therapie. Die primäre Emotion zu erkennen, das, was in der Tiefe schlummert und dann sekundäre Gefühle auslöst, wie zum Beispiel Wut. Und die damit einhergehenden Bedürfnisse wahrzunehmen, die unter dem Sichtbaren liegen, sie wahrhaftig zu spüren und sie damit auch für den anderen spürbar zu machen. Erst wenn wir den Schmerz des Gegenübers wirklich wahrnehmen, haben wir die Möglichkeit, Empathie zu entwickeln und für die andere Person da zu sein.»

«Das klingt sehr überzeugend», sagt Isabel. Sie sieht zu Philipp, der wieder einmal zu Boden schaut.

«Ja, es kann sehr viel verändern. Wenn das gelingt, kommen wir aus dem Intellektualisieren der Gefühle heraus», erläutere ich. «Dann sprechen wir über die Dinge, um die es tatsächlich geht, und darüber, was wir in der Tiefe fühlen. Und wir zeigen es. Das ist für viele Paare ein Gamechanger und eine ganz große Erleichterung. Hierbei ist wichtig, das, was der andere mitteilt, erst mal stehen zu lassen. Seinen Emotionen Raum zu geben. Ohne Wertung.»

Isabel nickt. Philipp wirkt noch nicht überzeugt. Ich kann ihn gerade nicht gut lesen.

«Wie ist das gerade für dich, Philipp?», versuche ich ihm näherzukommen. «Diese Überlegung, dass Isabel sich, obwohl dein

Verhalten nicht böse gemeint war, auf einmal so unattraktiv gefühlt hat und auch abgelehnt von dir.»

Ich kann sehen, wie angestrengt Philipp nachdenkt. Er glaubt wahrscheinlich, er müsse jetzt etwas Großes, etwas wirklich Wichtiges bringen. Dabei weiß er nicht, was das sein könnte. Er weiß noch gar nicht, wo er hinmuss.

«Na ja», beginnt er. «Ich habe doch gesagt, dass ich gar nicht denke, dass Isabel unattraktiv ist.»

«Das stimmt. Lasst uns noch mal einen Schritt zurückgehen», schlage ich vor. Ich werde versuchen, ein Gefühl zu thematisieren, von dem ich fast sicher bin, dass Philipp es empfindet. Ich bin jetzt einfach sein Sprachrohr. «Die Frau, mit der du zusammengekommen bist vor zehn Jahren, die du damals auf der Party gesehen hast, für die du gleich diese Gefühle hattest, der du nicht viel später einen Antrag gemacht hast, mit der du Kinder bekommen hast, mit der du schon so viel erlebt hast, so viel gelacht und auch vieles durchstanden hast, diese Frau hat gerade Angst, dass du sie nicht mehr liebst, dass sie für dich nicht mehr attraktiv ist. Ich kann mir vorstellen, dass, wenn du noch mal an den Augenblick vor dem Traualtar denkst, das nichts war, das du dir jemals gewünscht hättest, und dass es dich eher traurig macht, das zu hören.»

«Ja, natürlich», sagt Philipp sofort. Er wird spürbar weicher. Er lässt die Emotion zu. «Natürlich will ich das nicht. Das wollte ich nie.»

‹Natürlich› oder ‹klar› können so wertvolle Worte sein, die wir ganz oft in uns tragen, aber nicht aussprechen. Weil wir glauben, es sei vollkommen eindeutig, dass wir so denken und dass die andere Person das auch weiß. Aber so ist es oftmals nicht.

«Für dich ist klar: Du möchtest nicht, dass es Isabel schlecht geht», erläutere ich. «Für Isabel ist das aber nicht klar. Wenn man sich in seiner Schmerzwelt befindet, kann man das nicht sehen. Isabel sitzt da in einem dunklen Loch und fühlt sich sehr allein. Sie hat nicht das Gefühl, dort gesehen zu werden. Deswegen ist es so wichtig, dass du diese Worte sagst, dass du zeigst, was du empfindest.»

Ich sehe ein Fragezeichen in Philipps Gesicht. «Aber ich habe doch versucht, das zu sagen», erklärt er.

«Ja, ich weiß, und das ist etwas sehr Schönes und Wertvolles», bestätige ich. «Nur ist das bei Isabel nicht angekommen. Wenn wir manchmal nicht die richtigen Worte finden und nicht zeigen können, dass wir traurig sind, kann es helfen zu überprüfen, wie es sich in meinem Körper anfühlt. Vielleicht merken wir dann, dass unser Magen sich zusammenzieht oder dass wir ganz schlecht Luft kriegen, als ob uns etwas auf der Brust liegt. Dann könntest du das beschreiben. Zum Beispiel: Ich kriege kaum noch Luft, wenn ich höre, dass du dich so fühlst.»

Isabel wendet sich Philipp wieder mehr zu. Sie wirkt friedlich. Wohlwollend. Fast geduldig. Und ich möchte es auch bleiben. Es ist wichtig, dass das bei Philipp erst mal sacken kann.

«Das war jetzt schon sehr viel», sage ich. «Das muss man erst mal alles verarbeiten. Und bitte erwartet nicht von euch, dass das ab jetzt immer gleich funktioniert. Gebt euch Zeit.»

«Ich war beim Bogenschießen auch total unsicher», sagt Philipp dann plötzlich. «Ich hatte richtig Angst, etwas falsch zu machen. Ich wusste nicht, ob du von mir berührt werden möchtest. Ich wollte dich nicht triggern und noch mehr verletzen.»

Isabel sieht ihn erstaunt an.

«Ich hätte dich total gerne mehr berührt», fügt er an. Und dann leise: «Mir fehlt das.»

Ich sehe, dass Philipp sie jetzt berührt hat. Innerlich. Sie fühlt sich in ihren Empfindungen gesehen und erkennt, dass auch ihr Mann Gefühle hat, Sehnsüchte und Ängste, die ihm im Wege stehen und ihn belasten. Und ich bin erstaunt, dass Philipp diese

Empfindungen so schnell zulassen, benennen und auch zeigen kann.

«Okay», sagt Isabel leise. «Das habe ich nicht gewusst. Ich hatte selbst so große Angst und war so unsicher.»

Isabel und Philipp sehen sich das erste Mal wieder richtig lange in die Augen. Isabel läuft eine Träne die Wange hinunter.

«Jetzt habt ihr den Teufelskreis der destruktiven Dynamik auf der Oberfläche durchbrochen», erkläre ich. «Jetzt seid ihr bei euren Gefühlen. Und da könnt ihr einander plötzlich viel mehr sehen und annehmen.»

Isabel lächelt durch ihre Tränen hindurch. «Das stimmt», sagt sie. «Aber wie kriegen wir das jetzt auch zu Hause ohne dich hin?» Ich reiche ihr die Box mit den Taschentüchern. Sie nimmt eins und wischt sich vorsichtig die Tränen ab.

Ich lächle ebenfalls. «Dazu gibt es eine schöne Methode. Um aus dem gewohnten Muster herauszukommen, braucht es im wahrsten Sinne eine Unterbrechung», beschreibe ich meinen nächsten Impuls. «Es hilft deshalb, wenn ihr die Situation, in der ihr streitet und wieder in den Vorwürfen und der Abwehr festhängt, verlasst - eine Pause macht. Und die leitet man am besten mit einem Codewort ein. Das Codewort ersetzt mich dann quasi. Hier in der Sitzung würde ich euch unterbrechen, wenn ihr euch wieder im negativen Muster befindet. Zu Hause macht ihr das gemeinsam mithilfe des Codeworts.»

Beide schauen jetzt kritisch.

«Ich meine nicht ‹Halt› oder ‹Stopp›, sondern ein Wort, das nicht irgendwie besetzt ist. Etwas möglichst Neutrales, so wie ‹Banane›. Dieses Wort sagt ihr, wenn ihr spürt, wir kommen hier jetzt nicht weiter. Dann stellt ihr einen Wecker auf eine Stunde - oder, wenn das in eurem Alltag schwer machbar ist, auf 30 Minuten - und verlasst beide sofort den Raum. Die erste Hälfte dieser Auszeit versucht ihr euch zunächst zu beruhigen. Tut etwas, das euch guttut und euch hilft, aus der Wut beziehungsweise aus dem Rückzug herauszutreten: um den Block gehen, eine Serie anschauen, Sport machen, meditieren, einen Podcast anhören. Die andere Hälfte der Zeit befasst ihr euch dann mit der Frage: ‹Was ist eigentlich gerade passiert?› Zum Beispiel: ‹Warum bin ich so wütend geworden?› oder ‹Was hat mich gerade dazu gebracht, mich zurückzuziehen?› Schreibt auf, was euch dazu in den Sinn kommt. Und nach Ablauf der Zeit kommt ihr beide zum Ausgangsort zurück und teilt einander mit, was ihr reflektiert habt. Falls ihr das noch nicht gleich verbalisieren könnt, gebt dem anderen einfach den Zettel.»

«Das klingt gut», sagt Philipp.

Isabel sieht nicht so glücklich aus.

«Versucht es einfach», ermutige ich sie. «Wenn erst mal nur Schritt eins klappt, also nach dem Codewort zu unterbrechen, habt ihr schon viel geschafft.»

Jetzt nickt sie. «Okay.»

«Nur eines ist wichtig», ergänze ich. «Tausend Vorwürfe rauslassen oder den anderen beleidigen und dann direkt das Codewort nennen ist tabu. Aber das sollte ja selbstverständlich sein.»

Als die beiden gegangen sind, schaue ich aus dem Fenster und sehe, dass sie sich auf der Straße umarmen.

Ich muss an Roberto und Maria denken, das italienische Pärchen, das sich ‹Bernd› als Codewort überlegt hatte und dann immer einen etwas älteren freundlichen Herrn mit kleinem Bäuchlein in ihrem Wohnzimmer sitzen sah, der die Szene zwischen ihnen beobachtete. Das Bild half ihnen, sich selbst auch mehr von außen zu sehen und etwas Abstand zu ihrem Streit zu gewinnen. Ein anderes Paar hatte «Besen» als Codewort. Klingt vielleicht komisch. Aber es hatte einen guten Grund. Sie kamen darauf, weil sie dachten, es wäre gut, wenn sie die Scherben des Streits damit gemeinsam wegkehren. Mein Mann und ich haben wiederum kein Codewort. Einfach weil ich in unserer Beziehung nicht die Paartherapeutin sein kann. Ich als Verfolgerin habe aber irgendwann gelernt, dass mein Mann als Rückzügler schneller erkennt, wenn die Diskussion nicht mehr fruchtbar ist - und wir uns in einer Endlosschleife befinden. Deshalb klickt es bei mir jetzt, wenn er anfängt, Geschirr abzuräumen, wenn wir beim Essen streiten. Dann weiß ich: Er sucht Abstand, weil unsere negativen Muster wieder mit am Tisch sitzen. Und die sind hier keine Hilfe. Zeit für eine Pause. Es ist nicht so, dass mir das immer leichtfällt, aber ich schaffe es inzwischen, das Thema dann vorerst loszulassen. Das geht aber auch deshalb, weil mein Mann irgendwann darauf zurückkommt. Ich kann mich inzwischen darauf verlassen, dass auch er bereit ist, wichtige Dinge zu klären. Er wird mich nicht hängen lassen. Ich vertraue ihm. Und das ist es, was es braucht, um loszulassen. Deshalb verstehe ich jedes Paar so gut, wenn es nicht loslassen kann, nachdem das Vertrauen beschädigt wurde. Es braucht dann viel Zeit und Training. Das ist tatsächlich nicht anders als bei einer körperlichen Verletzung. Nach einem Knochenbruch wundert sich niemand, wenn die Reha sechs Wochen dauert oder auch mal drei Monate. Das sollten wir für unsere Beziehungskonflikte auch auf dem Schirm behalten.

Zwei Wochen später sitzen Isabel und Philipp wieder vor mir. Ich spüre, dass es mehr Nähe zwischen ihnen gibt. Aber ich weiß auch, dass wir heute noch mal auf das letzte Jahr zu sprechen kommen werden und das herausfordernd wird. Manchmal ist ein Moment der Annäherung zwischen einem Paar für mich mit gemischten Gefühlen verbunden. Nämlich dann, wenn ich weiß, dass es jetzt eigentlich erst richtig losgeht. Andererseits kann die bereits entstandene Nähe ein wichtiger Support sein. Sie haben erlebt, dass das Aufeinanderzugehen funktionieren kann, dass es sich lohnt, sich innerhalb der Beziehung verletzlich zu machen.

Das kann sie in einer erneuten Auseinandersetzung stärken. Genau das soll die Therapie ja auch langfristig bewirken.

«Wie ist es euch ergangen? Kam das Codewort zum Einsatz?», frage ich.

«Ja», antwortet Isabel wie aus der Pistole geschossen. «Das hat auch richtig gut geklappt.» Ich glaube, ein bisschen Stolz in ihrer Stimme zu hören.

«Philipp hat es ausgesprochen, aber ich konnte das gut annehmen», fährt sie fort. «Wir haben die Pause gemacht, und jeder hat seine Gefühle aufgeschrieben. Den Zettel haben wir uns danach übergeben.»

Für Isabel war das ganz sicher ein großer Schritt. Normalerweise hätte sie darauf bestanden, weiterzureden. Das Gute an der vereinbarten Pause ist aber, dass Verfolger:innen wissen: Wir kommen beide zur gleichen Zeit an diesen Ort zurück. Und wir reden dann. Ich muss mich nicht allein um die Klärung kümmern. Auf diese Weise erreichen Verfolger:innen endlich ihr Ziel - weiter im Gespräch zu bleiben - ohne zu kämpfen und ohne Streit. Und Rückzügler:innen lernen: Ich darf mich erst mal zurückziehen. Das ist jetzt endlich erlaubt und okay. Es gibt einen neuen Weg, auf dem ich mich vielleicht nicht mehr so elend fühlen muss wie im Streit.

«Und habt ihr auch über eure Gefühle sprechen können?», hake ich nach.

Die beiden schauen etwas gequält.

«Nein, das ging noch nicht so gut», sagt Isabel jetzt leiser.

«Also, das Codewort überhaupt zu benutzen ist ja schon ein riesiger Erfolg», melde ich den beiden zurück. «Dann habt ihr auch die Pause eingehalten, was super ist! Und ihr habt sogar noch Gefühle notiert und ausgetauscht. Also drei von vier Schritten. Das ist beim ersten Mal nicht selbstverständlich! Ich freue mich sehr für euch beide, dass ihr das geschafft habt.»

Ich sehe, dass Isabel und Philipp die Wertschätzung guttut. Oft führt meine positive Rückmeldung dazu, dass die Klient:innen sich selbst und einander mehr wertschätzen können. Und es zukünftig auch eher schaffen, die Entwicklung zu sehen und sich gegenseitig ermutigendes Feedback zu geben.

«Vielleicht versuchen wir jetzt noch mal gemeinsam, darüber zu sprechen?», schlage ich vor.

Die beiden nicken.

«Ich habe aufgeschrieben, dass ich mich allein gefühlt habe und traurig war», erklärt Isabel.

«Und dann habe ich ihr gesagt, dass mir das leidtut», ergänzt Philipp.

Es ist keine einzige Emotion wahrzunehmen. Die beiden sprechen zwar über ihre Gefühle, aber sie lassen sie nicht wirklich zu. Und deshalb spürt auch der andere nichts. Aber das ist verständlich. Wir sind schließlich noch am Anfang. Das Wichtigste war, dass die beiden erkannt haben, dass sie in ihrem Muster sind. Jetzt werden wir tiefer graben. Wenn wir etwas aufbrechen wollen, müssen wir an die darunterliegenden Schichten kommen. Ich muss nur behutsam bleiben.

«Isabel, ich hatte schon in der letzten Sitzung den Eindruck, dass du dich sehr allein gefühlt hast und dass du Angst hast, Philipp zu verlieren», beginne ich vorsichtig. «Es kann so frustrierend sein, wenn wir uns wieder und wieder darum bemühen, uns nicht mehr allein zu fühlen, und damit einfach keinen Erfolg haben. Ich stelle es mir sehr schmerzlich vor, das Gefühl zu haben, in der Beziehung immer tiefer in ein Loch der Einsamkeit zu fallen.» Ich mache eine kurze Pause. «Passt das für dich? Ist das dieses schmerzliche Gefühl in dir?»

Isabel sieht zum Sideboard und denkt nach. Ob sie die Freud-Büste betrachtet, die dort steht, des Erfinders des Eisberg-Modells?

Isabel wendet sich an Philipp: «Ich wollte diese Familie mit dir haben. Und wir wollten sie beide. Und jetzt habe ich irgendwie das Gefühl, alles zerbricht.» Sie schluckt. «Wir sind nicht mehr dieselben, wir schreien uns nur noch an.»

«Es tut mir leid, dass ich dir wehgetan habe», sagt Philipp. «Aber ich habe es dir doch sofort gebeichtet, und es war wirklich nur das eine Mal.»

Isabels Augen blitzen, sie zittert: «Jetzt sagst du es schon wieder!», schreit sie. «Wie oft denn noch!?!»

Ganz gleich, ob das, was Philipp sagt, der Wahrheit entspricht oder nicht, die Formulierung dieser Entschuldigung führt dazu, dass Isabel sich nicht gesehen fühlt. «Es tut mir leid, aber» gibt der Verletzung nicht genügend Raum. Philipp bleibt nicht lange genug bei Isabels Schmerz, sondern geht sofort in die Verteidigung. Das ist nicht überraschend. Es ist ein sehr menschlicher Mechanismus, sich zu rechtfertigen. Denn wenn wir es nicht tun, laufen wir schließlich Gefahr, im schlimmsten Fall am Ende wie ein ganz böser Mensch dazustehen. Es ist ein Reflex, das zu widerlegen und um unser Image zu kämpfen. Deswegen rechtfertigen wir uns. Doch an diesem Punkt kommt die Spirale in Gang, die immer neue Vorwürfe nach sich zieht. Deshalb ist es entscheidend, Isabel als Therapeutin diesen Raum zu geben, mit aller Empathie hineinzugehen und so lange zu bleiben, wie es nötig ist. Nur eben im richtigen Maß. Sodass auch Philipp die Chance hat, gesehen zu werden.

«Was empfindest du, wenn Philipp diesen Satz sagt?», frage ich Isabel.

«Das macht mich so unfassbar wütend!», presst sie zwischen den Zähnen hervor. «Immer die gleiche Leier! Er weiß einfach immer noch nicht, was das mit mir gemacht hat! Und wie es mir ging, wenn er weg war und ich gespürt habe, dass er bei einer anderen ist!»

«Wie ging es dir da?», frage ich sie.

«Ich war so sauer, dass er uns allein lässt.» Ihre Wut ist immer noch das vorherrschende Gefühl. «Auch am Wochenende war er immer öfter weg. Er wollte nicht mehr mit uns zusammen sein. Und auch mit mir allein keine Zeit mehr verbringen.» Sie wendet sich zu ihm. «Und ich hatte recht mit meinem Verdacht! Du bist ja fremdgegangen!»

Jetzt muss ich aufpassen, dass die Situation nicht zu einseitig wird. Ich muss darauf achten, Philipp ebenfalls aufzufangen. Es ist wichtig, ihm nicht zu suggerieren: «Du musst dich schlecht fühlen» oder «Deine Entschuldigung ist ungenügend!». Denn dann zieht er sich irgendwann komplett zurück und denkt: Okay, das ist hier das Gleiche wie zu Hause. Auch da ist alles falsch, was ich sage. Eigentlich kann ich überhaupt nichts mehr richtig machen. In der Folge wird er sich wahrscheinlich nicht mehr mitteilen. Und auch nicht bereit sein, Weiteres zu beichten - falls es da noch etwas zu beichten gibt, wovon ich gerade ausgehe. Gleichzeitig darf ich Isabel nicht das Gefühl geben, ihren Schmerz zu relativieren oder die Tatsache, dass Philipp fremdgegangen ist. Es geht nur jetzt darum, dass dieser Schmerz auch an die Oberfläche kommt. Wenn sie in den Vorwürfen verharrt, kommen wir nicht weiter und verlieren Philipp.

«Isabel, kannst du noch mal beschreiben, wie du dich in dieser Zeit gefühlt hast?», versuche ich es erneut. «Ich möchte gerne genau verstehen, was du empfunden hast, wenn Philipp weggegangen ist. Was tat besonders weh?»

Jetzt hält Isabel kurz inne. Sie überlegt. «Ich stand oft bei den Kindern am Bett, wenn sie geschlafen haben, und habe mich gefragt, was ist, wenn sie irgendwann nur noch mich haben oder den Papa?» Jetzt laufen ihr Tränen über die Wangen. «Ich hatte Angst, dass er irgendwann ganz weg ist, dass er mich und die Kinder alleinlässt und alles kaputtgeht.» Endlich zeigt sich Isabels Schmerz hinter ihrer Wut. Sie spürt ihn. Und wir spüren ihn auch. Er ist ganz präsent im Raum. Ohne Wenn und Aber. Ich schaue zu Philipp und sehe: Genau das macht den Unterschied. Seine Haltung ist nicht mehr starr, er sitzt zu Isabel hingewandt und hört aufmerksam zu. Und ich kann sehen: Er ist berührt.

Wenn ein Mensch seine eigenen Gefühle nicht zulässt und nicht wirklich spürt, kann auch die Partnerin oder der Partner diese Gefühle nicht wahrnehmen. Isabel hat Philipp nur noch ihre Wut gezeigt. Sie hatte ihm ihren Schmerz nur erklärt und damit intellektualisiert. Aber die Verletzung war nicht spürbar. Weder für sie, die Angst hatte, sich damit zu konfrontieren, noch für Philipp, der nur die Vorwürfe hörte.

«Früher haben wir uns oft vorgelesen, in der Badewanne», erzählt Isabel jetzt. «Und Philipp hat immer so kleine Notizen ins Buch reingeschrieben. Ich habe es geliebt, sie später nachzulesen. Und Philipps Gedanken dabei ganz nah zu sein. Aber das haben wir irgendwann nicht mehr gemacht. Wir haben nicht mehr zusammen gebadet und uns nicht mehr vorgelesen.» Sie wendet sich jetzt ganz zu Philipp hin. «Du bist irgendwann nicht mehr da gewesen, nicht mehr in unserer Beziehung und nicht mehr in den Büchern und überhaupt nicht mehr greifbar.»

Philipp sitzt jetzt noch etwas aufrechter und schaut Isabel an, während sie weinend erzählt: «Ich hab dann immer wieder an meine Mutter gedacht, die mich ja gewarnt hatte, dass man keinem Mann vertrauen kann. Und dann dachte ich, was für eine Idiotin ich gewesen bin! Ich hätte doch viel früher was merken müssen! Ich wusste es doch, und selbst wenn es stimmt und du vorher noch nicht fremdgegangen bist, dann bist du es jetzt. Als hätte ich vorher bereits geahnt, dass du mich betrügen wirst.»

Jetzt muss ich Isabel sanft stoppen, damit sie sich nicht wieder in Rage redet und wieder aus ihrem Gefühl heraustritt. Ich spüre, dass der Moment gekommen ist, an dem Philipps Emotionen dran sind. Es wäre zu einfach, die Person, die fremdgegangen ist, als die einzig Schuldtragende auszumachen. Bis es zu einem Seitensprung kommt, sind oft viele Dinge passiert. Es gab zuvor meistens eine Dynamik, die dazu geführt hat, dass die- oder derjenige sich nicht mehr gesehen fühlte. Ich habe allen Grund zu der Vermutung, dass sich auch bei Philipp etwas Großes angestaut und er sich in der Beziehung einsam gefühlt hat.

«Erinnerst du dich noch, wie das war, beim Bouldern?», frage ich Philipp.

«Na ja, ich konnte halt einfach nicht mehr abschalten», sagt er zögerlich. «Ich hatte immer so ein schlechtes Gewissen.»

«Kein Wunder!», ruft Isabel dazwischen. «Dafür gab es ja gute Gründe! Du hättest es einfach nur viel früher zugeben müssen, dann wäre es auch nicht immer schlimmer geworden, und ich hätte Gewissheit gehabt. Kannst du dir vorstellen, wie das ist, wenn man immer hört: Da ist nichts, und dann kommt raus, dass da die ganze Zeit doch etwas war?»

Es ist so verständlich, dass Isabel diesen Punkt immer wieder anbringt. Wenn ein Mensch sehr lange Zeit einen Verdacht hat und wieder und wieder hört, dass er sich irrt, wird er dem anderen entweder irgendwann glauben - oder er wird, falls er das Vertrauen nicht wiederfindet, beginnen, an seiner eigenen Wahrnehmung zu zweifeln. Anschließend sucht er dann weiter nach Beweisen. Und findet diese dann oft auch. So wie Isabel das fremde Parfüm an Philipps Jacke gerochen hat. Aber auch wenn sie jedes Recht hat, verletzt zu sein, und ihren Punkt nachvollziehbarerweise immer wieder nennt: Ich muss es schaffen, die gerade entstandene, wohlwollende Atmosphäre unseres Gesprächs zu erhalten, damit Philipp sich traut, ganz und gar ehrlich zu sein. Wenn Isabel wieder zu sehr in die Wut geht, wird das nicht gelingen.

«Aber da war nichts, Isabel», beteuert Philipp. «Es gab nur diese eine Nacht. Bitte glaube mir doch endlich.»

Isabel schluchzt: «Wie denn? Wie soll ich dir denn glauben?»

Es ist der alte Teufelskreis, den die beiden zu Hause schon eine ganze Weile durchspielen und der zu immer mehr Kampf bei Isabel und immer mehr Rückzug bei Philipp führt. Ich muss ihn unterbrechen. Dafür sind die beiden hier.

«Philipp», sage ich mit bewusst ruhiger und sehr klarer Stimme: «Ich würde gerne verstehen, welche Gefühle du beim Bouldern hattest. Kannst du mir das noch einmal genauer beschreiben?»

Er starrt wieder auf den Boden. Ich versuche, ihm Zeit zu geben. Das ist so ein Moment, in dem ich wieder ein bisschen Workout für meine Geduld machen darf. Ich atme ein und zähle bis acht und atme aus und zähle bis acht. Nach der Pause sagt Philipp: «Ich weiß es nicht.»

Ich versuche weiter langsam und ganz ruhig mit ihm zu sprechen. Ihm zu helfen, in seine Gefühlswelt einzutauchen: «Du hast gesagt, du hättest nicht mehr so gut abschalten können», helfe ich ihm auf die Sprünge. «Was hat dich in der Kletterhalle genau beschäftigt? Welche Gedanken hattest du?»

Philipp überlegt. «Dass Isabel sauer auf mich ist.» Seine Stimme klingt mutlos. «Und die Kinder enttäuscht sind, dass ich nicht da bin.»

«So war es ja auch», ruft Isabel.

Okay, das war die falsche Route. Jetzt ist Isabel wieder auf Verfolgungsjagd. Ich hätte einen anderen Weg wählen sollen. Ich wage den direkten: «Und bei dem One-Night-Stand, kannst du sagen, was du da empfunden hast?» Isabel hält den Atem an. Ich weiß, sie hat schreckliche Angst, jetzt noch mehr unangenehme Wahrheiten zu hören. Andererseits weiß sie, dass sie sich diesen stellen muss, dass die beiden nur weiterkommen, wenn sie der

Realität ins Auge sehen und durch den weiteren Schmerz, der dadurch vielleicht ausgelöst wird, hindurchgehen. Ich traue ihr das jetzt zu, in der Hoffnung, dass sie selbst es sich auch zutraut. Manchmal funktioniert genau das.

«Ich weiß nicht», sagt Philipp.

«Ich weiß, das ist nicht besonders angenehm und du hast vielleicht Angst, Isabel noch mehr zu verletzen, aber kannst du versuchen, zu erzählen, wie das war an dem Abend? Weißt du, was dich an der anderen Frau angezogen hat? Und Isabel, dich bitte ich, mitzuteilen, wenn du merkst, hier möchtest du gerade nicht weiter gehen, also keine weiteren Informationen erhalten.» Als Therapeut:in muss man manchmal aufpassen, dass man nicht zu viel von derlei Details erfragt, um das Kopfkino des betrogenen Partners nicht zu stark anzukurbeln. Mit der Aufforderung mache ich Isabel außerdem klar, dass sie weiterhin das Ruder in der Hand hat und nicht passiv ertragen muss, was hier passiert.

«Na ja, wir hatten einfach ein bisschen viel getrunken», sagt Philipp jetzt. Ich zähle meine Atemzüge und denke, das läuft hier wirklich gerade ziemlich mies. So kommen wir nicht weiter.

«Sonst wäre das nicht passiert», schließt er an. «Ich finde sie gar nicht mal so attraktiv.»

Ich probiere es noch mal etwas anders: «Weißt du noch, was in dem Moment dein Bedürfnis war? Ging es darum, abzuschalten, zu entspannen? Du hast ja erzählt, das war dir beim Bouldern nicht mehr so gut gelungen!?»

«Ich weiß nicht. Ja. Vielleicht.»

Ich spüre Philipps Abwehr ganz deutlich. Oder weiß er wirklich nicht, was ihn bewegt hat? Auch das ist möglich. Wenn ein Mensch unter großem Stress steht, hat er oft selbst keinen Zugriff mehr auf seine eigenen tiefer liegenden Gefühle und Bedürfnisse.

Ich sehe auf die Uhr, wir haben nur noch sieben Minuten. Ich muss einen guten Abschluss finden und auf die Zeit hoffen, also die, die vergeht und uns vielleicht hilft. Ich weiß, dieses Ende ist für beide unbefriedigend. Aber auch das kommt vor.

«Bitte macht euch bewusst, dass ihr auch dann vorankommt, wenn es sich mal nicht so anfühlt», versuche ich die beiden aufzufangen. «Dass ihr wieder hergekommen seid und eure Scham überwindet, dass ihr hier sitzt und so offen mit einer dritten Person über alles sprecht und dass ihr euch schon wieder so sehr angenähert habt, all das ist schon sehr, sehr viel.»

Ich möchte sie daran erinnern, den Prozess zu sehen. Nicht nur das Ergebnis. Viele Paare sind entmutigt, wenn sie ihre Problematik nicht direkt nach zwei oder drei Sitzungen gelöst haben. Deshalb ist es meine Aufgabe, ihnen aufzuzeigen, dass die Arbeit nicht umsonst ist, dass die Therapie wirkt, auch wenn sie das noch nicht sehen können.

«Ja, danke», sagt Isabel. Philipp nickt. Sie verabschieden sich.

Ich habe eine Pause nach der Sitzung und beschließe, eine Runde im Park zu drehen. Ich gehe meinen üblichen Weg an den Kirschbäumen vorbei, die gerade in voller Blüte stehen, und zur Walross-Statue. Ich betrachte die beiden steinernen Wassertiere. Das eine ist ein wenig größer und hat den Körper nach vorne ausgerichtet, aber es hat den Kopf zu dem etwas kleineren Artgenossen neben sich geneigt. Ich frage mich mal wieder, ob die beiden eigentlich ein Paar sind. Das kleinere Walross ist mit dem ganzen Körper zu dem größeren hin positioniert. Irgendwie typisch Verfolger und Rückzügler, denke ich. Aber vielleicht bin ich selbst schon ein bisschen verfolgt. Warum erreiche ich Philipp nicht? Liegt es daran, dass er eben doch krampfhaft versucht, die Affäre zu verheimlichen? Das würde erklären, warum er sich so verschließt. Gab es vielleicht noch etwas, das ich übersehen habe? Manchmal sind es Details. Manchmal sind es Dinge, die

Menschen so ganz nebenbei sagen, die aber der entscheidende Auslöser für einen Seitensprung und die daraus wachsende Entwicklung waren. Dann ist es denjenigen oft einfach selbst nicht bewusst. Aber was, wenn Philipp doch nicht lügt? Als ich zurück in der Praxis bin, sehe ich meine Notizen noch mal durch, und mir fällt ein Stichwort ins Auge: vor einem Jahr Vater gestorben. Wir haben kein Wort darüber verloren. Obwohl es immer wieder Thema war, dass die Problematik zwischen beiden seit einem Jahr besteht und Isabel seit einem Jahr das Gefühl hatte, Philipp betrüge sie.

In der nächsten Sitzung will ich das Thema direkt ansprechen. Doch die beiden kommen in einer offensichtlich sehr angespannten Stimmung. Als sie sich setzen, beginnt Isabel direkt zu weinen. Sie sagt, sie hätte sich wieder so allein gefühlt, weil Philipp nicht mit ihr über das letzte Jahr sprechen wollte, er wäre zwar physisch jetzt öfter anwesend, aber innerlich wäre er ganz weit weg. Und sie müsse immer wieder an seine Kollegin denken und hätte sich gefragt, was da war, was die von Philipp will und ob das vielleicht doch noch weitergeht.

«Ich hasse diese Frau», stößt sie plötzlich hervor. «Die soll endlich wissen, wie sich das für mich anfühlt! Und deshalb habe ich beschlossen, ihr zu schreiben.»

Oh, Gott bewahre, denke ich sofort. Mitten in der heftigsten Emotion Mitteilungen an Fremde zu senden ist noch selten eine gute Idee gewesen. Ich sehe mich 19-jährig bei der RnB-Night im Matrix stehen, dieser Großraumdisco an der Warschauer Straße, und um 1:49 Uhr eine SMS an meinen damaligen Schwarm schreiben, der eine Freundin hatte. Ich wusste bereits, während ich betrunken dastand und tippte, dass das nicht gut ausgehen würde. In diesem Fall aber ist die Sache noch ungünstiger. Es geht um weit mehr. Und ich möchte Isabel davor bewahren, sich noch schlechter zu fühlen.

«Ich verstehe dein Bedürfnis sehr gut», sage ich. «Für den Augenblick kann es befreiend sein, sich mitzuteilen, aber dieses Gefühl hält meist nicht lange an. Denn eigentlich geht es ja weniger um diese Frau, sondern eher um die Dynamik zwischen euch beiden.»

«Ich hatte aber das Gefühl, dass das für mich wichtig ist», verteidigt sich Isabel mit Überzeugung in der Stimme. «Und ich habe dann eine böse Nachricht geschrieben. Sie sollte einfach wissen, dass es mich gibt. Und es geht mir jetzt tatsächlich viel besser.» Ich glaube ihr jedes Wort und fühle mich etwas unwohl, ihr so sehr von etwas abgeraten zu haben, das sie bereits getan und das sie offenbar weitergebracht hat.

«Das ist gut. Dann ist das für dich eben der richtige Weg gewesen!», sage ich anerkennend. «Was macht dich aber jetzt gerade so traurig in Bezug auf Philipp? Kannst du dafür vielleicht ein Bild finden, für dieses Gefühl?» Schon wieder ein Experiment, das schiefgehen kann. Aber oft führt es eben auch zum Durchbruch. Wenn jemand eine Metapher für sein Empfinden findet, ist es für das Gegenüber oft leichter, zu verstehen, was in ihm vorgeht.

«Ich weiß nicht», sagt Isabel. Sie schaut wieder an die Decke und überlegt. «Ich muss an ein Ruderboot denken. Früher als Kind, da habe ich mich mit meiner Familie gefühlt wie in einem Ruderboot. Aber jeder wollte in eine andere Richtung, und am Ende bin nur noch ich gerudert. Und mit Philipp …» Ich zeige mit dem Kopf in Philipps Richtung, und Isabel versteht. Sie dreht sich zu ihm. «Mit dir war das anders. Wir sind so voller Freude in unser Boot gestiegen, als wir zusammengekommen sind. Und haben beide ganz kraftvoll gerudert und gemeinsam Ziele angesteuert. Aber irgendwann hast du aufgehört, und ich habe eines meiner Ruder verloren. Und jetzt rudere ich allein, und dadurch kommen wir nicht vorwärts, sondern drehen uns auf einer Stelle im Kreis.» Sie muss wieder weinen. «Das tut so weh, so allein zu kämpfen.»

Philipp beobachtet sie. Sein Blick ist liebevoll. Aber er weiß offenbar nicht, was er tun soll. Er nimmt ein Taschentuch aus der Box und reicht es Isabel.

«Ich weiß, ich habe mich wieder so zurückgezogen», sagt er dann. Jetzt schaut er mich an. «Obwohl ich weiß, dass es sie immer verletzt, wenn ich gar nichts mehr sage.»

«Sag das ruhig deiner Frau», ermutige ich ihn. Auch wenn es sich erst mal wirklich merkwürdig anfühlen kann, seine Partnerin oder seinen Partner vor einer dritten Person direkt anzusprechen und so intime Dinge auszutauschen, ist es wichtig, dass wir ganz bei unserem Gegenüber bleiben und uns ihm wirklich direkt anvertrauen. Dass ein Therapeut Zeuge ist, führt außerdem oft dazu, dass der Moment sich stärker einprägt.

Philipp dreht sich jetzt noch ein Stück mehr zu Isabel. «Ich habe dann überlegt, warum ich nichts mehr gesagt habe. Und, na ja, es war, weil du irgendwie wieder vor mir gestanden hast und ich gesehen habe, wie wütend und verzweifelt du bist und ich mich so schuldig gefühlt habe. Ich wusste einfach nicht mehr, was ich machen sollte. Es kommt mir vor, als könne ich sagen, was ich will, aber ich werde es nicht mehr gutmachen können. Als wäre schon alles zerbrochen ...»

Jetzt sind sie da, die Gefühle. Auch bei Philipp. Schuld, Hilflosigkeit, Angst.

Es ist sichtbar, wie sehr er das alles fühlt und es ihn schmerzt.

«Weißt du, selbst mein Job belastet mich jetzt», erzählt er weiter. «Weil ich da eigentlich nicht mehr sein darf, seit das mit der Kollegin passiert ist und du am liebsten willst, dass ich sie nie wiedersehe. Außerdem bin ich im Büro die ganze Zeit auf der Hut, aus Angst, die anderen könnten es erfahren. Oder dass diese Kollegin Erwartungen an mich stellt, obwohl es nichts gibt, was sie erwarten kann. Ich komme nach Hause und sehe, wie enttäuscht Isabel ... wie enttäuscht du von mir bist und wie sehr ich dich verletzt habe. Und ich denke, dass ich eigentlich alles falsch gemacht habe. Dann schaue ich in die Gesichter meiner Kinder und frage mich, ob ich da noch etwas richtig mache, und weiß, ich kann auch sie verlieren, jederzeit.»

Philipp trägt offenbar seit Langem eine ganz große Hoffnungslosigkeit und Erschöpfung mit sich herum. Und jetzt spürt auch Isabel sie.

«Glaubst du nicht, dass deine Kinder wissen, dass du sie liebst, Philipp?», frage ich. Ich denke, wir sind schon ziemlich nah an dem Thema, das noch aussteht. Philipp sieht zerknirscht und kraftlos aus. Ein Teil von mir möchte ihm das jetzt nicht auch noch antun. Aber der andere Teil weiß, dass das genau der Punkt ist, an dem er hierfür erreichbar ist.

«Nein», antwortet er. «Ich habe Angst, dass ich als Vater versagt habe.»

Jetzt sind wir auch schon mittendrin.

«Wenn du an deinen eigenen Vater denkst, wie ist das, weißt du dann um seine Liebe?», frage ich.

Philipp schaut mich an. Irgendetwas habe ich jetzt in ihm berührt. In seinem Blick ist eine große Trauer. Seine Beine sind wieder angespannt.

«Ich weiß nicht», sagt er.

«Du hast gesagt, dass sein Tod dich nicht sehr belastet hat», gehe ich einen kleinen Schritt weiter. «Aber, ich denke mir, wenn so eine Person, die man sein ganzes Leben lang kannte, einfach weg ist, tut das wahrscheinlich auch weh, oder?»

Philipp schaut wieder auf den Boden und dann aus dem Fenster. Er wirkt noch beschwerter. Dann seufzt er.

«Ja. Das stimmt. Ich glaube, ich habe viel zu wenig Zeit mit ihm verbracht.» Philipp presst seine Hände wieder zwischen die

Beine und schaut nach unten. «Wir haben nicht mehr viel geredet. Dabei waren da so viele Dinge, die noch nicht gesagt waren, die wir uns hätten sagen müssen. Vielleicht nichts Essenzielles, aber so kleine Sachen … wie eben, dass man sich liebt. Er hat nie gesagt, dass er stolz auf mich ist oder dass er glücklich ist, die Enkelkinder zu haben. Und ich habe nicht gesagt, dass ich froh bin, dass meine Mutter und mein Vater sich so aufeinander verlassen können. Ich denke häufig, dass ich kein guter Sohn war. Ich habe ihm meine Liebe nicht gezeigt, und meinen Kindern zeige ich sie auch nicht genug. Und Isabel spürt sie auch nicht mehr. Diese Gedanken waren immer in meinem Kopf, und sie waren so laut, und ich habe einfach versucht, sie irgendwie ruhig zu kriegen.»

Isabel sieht ihn erstaunt an, aber auch voller Mitgefühl. Ich glaube, sie möchte sich ihm nähern, aber sein Körper ist so angespannt und so verschlossen, dass sie nicht weiß, wie.

«Philipp, kannst du sagen, wo du das im Körper spürst?», frage ich ihn.

Er atmet tief ein und gepresst aus. «Da ist diese irre Spannung. Ich fühle einfach nur Spannung. Meine Beine … Manchmal denke ich, ich kann gar nicht mehr aufstehen und gehen. Ich fühle mich wie gelähmt.»

«Hattest du vielleicht auch deshalb ein so großes Bedürfnis, immer wieder bouldern zu gehen?», frage ich.

«Ja», antwortet er direkt. «Ja, da kann ich die Spannung für etwas Sinnvolles nutzen und abbauen. Danach bin ich eigentlich immer entspannt, und meine Beine fühlen sich wieder gut an», erklärt er. «Aber das klappte ja nicht mehr. Ich habe dort nicht mehr abgeschaltet, und auch meine Spannung hat sich nicht mehr gelöst. Das war so unendlich anstrengend.» Während er das sagt, scheint sich ein kleines bisschen von der Spannung zu lösen. Er nimmt seine Hände in den Schoß. Seine Beine öffnen sich ein kleines Stück. Isabel legt eine Hand auf sein Bein. Er betrachtet sie einen Moment. Dann sieht er Isabel an.

«Ich habe das Gefühl, ich bin unfähig, mich zu bewegen, unfähig zu handeln. Nichts scheint mehr richtig zu sein. Alles ist falsch.» Eine einzelne Träne läuft ihm die Wange hinunter. «Deshalb habe ich nicht mehr gerudert in unserem Boot. Es tut mir so leid, dass ich dich allein gelassen habe.»

Isabel rückt zu ihm und umarmt ihn. Jetzt kann Philipp weinen. Jetzt können sich all die Erschöpfung, die Hoffnungslosigkeit, die Angst lösen. Ich gebe alldem Raum. Und Isabel kann es jetzt auch. Irgendwann lässt sie Philipp langsam los und reicht ihm die Tempo-Box. Er nimmt sich ein Taschentuch und wischt seine Tränen ab.

«Was hättest du deinem Vater gerne noch gesagt?», frage ich.

Philipp sieht mich an. «Dass ich ihn liebe.»

«Und was hätte dein Vater dazu gesagt?», frage ich.

Philipp sieht Isabel an, und beide müssen plötzlich lachen. Und es bricht aus Isabel heraus: «Mit so einem Gefühlsdusel kannst du zu deiner Mutter gehen», sagt sie mit betont tiefer Stimme. «Das brauchen wir hier unter Männern nicht.» Sie lachen weiter. Es ist spürbar, welche große Anspannung sich gerade löst.

«Meinst du wirklich, dass er nicht gewusst hat, dass du ihn liebst?», hake ich noch mal nach.

«Doch», sagt Philipp. «Wahrscheinlich wusste er es schon. Denn, eigentlich ... eigentlich weiß ich es ja auch, obwohl er es mir nicht gesagt hat.»

Philipp putzt sich die Nase und richtet sich noch etwas mehr auf. Dann nimmt er Isabels Hand.

«Diese Kollegin», sagt er, mit überraschend fester Stimme. «Sie hat keine Bedeutung, Isabel. Sie hat einfach nur ihre Eltern früh verloren, und wir haben über den Tod gesprochen. Ich habe über meinen Vater geredet und dabei erst gemerkt, wie sehr mich das eigentlich doch beschäftigt. Unser Verhältnis. Und wie ich als Sohn war und als Vater bin.»

Isabel hört ganz still zu. Sie drückt seine Hand.

«Du hast nie etwas davon erzählt», sagt sie dann leise. «Darum habe ich gedacht, das wäre alles okay für dich und gar kein Thema.»

«Ja, das habe ich auch gedacht.»

Philipp drückt ihre Hand noch mal.

Es gibt eine amerikanische Studie, in der die Gehirnaktivität von Frauen gemessen wurde, die in einem fMRT-Scanner lagen und bedrohliche Bilder gezeigt bekamen. Die Hirnregionen, in denen Angst und Panik messbar sind, insbesondere im Bereich des Stirnlappens, reagierten stark. Anschließend machten die Paare über einige Monate eine emotionsfokussierte Paartherapie. Nach ihrem Abschluss wurde das Experiment wiederholt. Und jetzt zeigte sich, dass die Hirnregionen der Frauen, die beim ersten Mal extrem stark gefunkt hatten, deutlich weniger aktiv waren. Vor allem dann, wenn ihr Partner während der Untersuchung ihre Hand hielt.[7] Offensichtlich hatte die Therapie den Teilnehmerinnen ein Gefühl von Vertrauen und Sicherheit zurückgegeben, was sie nun weniger große Angst empfinden ließ. Das zeigt zum einen, dass sogar das Gehirn anders auf Bedrohungen reagiert, wenn wir uns von unserer Partnerin oder unserem Partner unterstützt fühlen. Und es macht zum anderen deutlich, dass die emotionsfokussierte Therapie tatsächlich Wirkung zeigt. Wir können dabei lernen, alte Muster zu durchbrechen. Wir können wieder Vertrauen und Sicherheit von unserem Gegenüber bekommen. Und mit Vertrauen und Sicherheit haben wir viel eher die Kraft und die Fähigkeit, gemeinsam weiterzumachen und als Paar Lösungen und Kompromisse zu finden.

Manchmal ist es herausfordernd, das Muster zu erkennen und

zu eruieren, seit wann es sich festgesetzt hat, um an der Ursache anzusetzen. Es gibt auch Fälle, in denen die Sache bereits in einer vorherigen Beziehung ihren Anfang nahm. Bei Isabel und Philipp war dieser Ursprung nicht leicht zu finden, weil das eigentliche Thema gar keine Aufmerksamkeit bekommen hatte. Der Konflikt und das Muster von Rückzug und Verfolgung haben nicht mit dem Betrug begonnen. Und auch nicht, wie ich vermutet hatte, mit Isabels Spionieren und Verdächtigen. Der Auslöser war tatsächlich der Tod von Philipps Vater, der ihn mehr belastet hatte, als es ihm selbst bewusst war. Das Gefühl, das unter dem Konflikt lag, und Isabel und Philipp blockiert hatte, war bei beiden Einsamkeit. Beide hatten sich in der Beziehung allein gefühlt. Nur hat dieses Gefühl bei Philipp zu einem Rückzug geführt und bei Isabel zu Traurigkeit, Wut und schließlich großer Angst. Deshalb konnten sie auch nicht erkennen, was beim Gegenüber los war. Philipp fühlte sich nur überlastet und konnte sich nicht mehr entspannen. Und irgendwann kam er sich wie ein kompletter Versager vor. Die Scham und die Schuldgefühle wuchsen und brachten ihn immer weiter von Isabel weg. Und Isabel hatte das Gefühl, ihn nicht mehr wiederzufinden. Nicht in gemeinsamer Zeit und alten Ritualen, nicht in den Büchern und nicht bei den Kindern. Er war nicht mehr richtig da, weil er nicht mehr der Alte war. Der Seitensprung war letztlich nicht die eigentliche Problematik, sondern nur ein Symptom. Als die beiden das erkannt haben, konnten sie dieses Ereignis hinter sich lassen. Sie spürten, dass das Sprechen über ihre tieferen Gefühle, vor allem über Ängste und Traurigkeit, wieder ganz viel Nähe erzeugte.

Was ihnen im Weiteren zusätzlich half, war «Empathisches Vermuten». Dabei geht eine Person auf die andere zu und spricht sie auf ihre höchstwahrscheinlich schmerzlichen Gefühle an. Philipp hat Isabel zum Beispiel am Abend nach einem größeren

Geschäftstermin gesagt: «Ich könnte mir vorstellen, dass es dir heute vielleicht nicht gut ging, als du wusstest, dass meine Kollegin und ich uns den ganzen Tag gesehen haben. Dass es in dir vielleicht eine Unsicherheit ausgelöst hat. Ich möchte, dass du weißt, ich bin da, wenn du reden möchtest!» Oft brauchte Isabel das Reden dann gar nicht mehr. Weil sie sich durch diesen Satz schon gesehen fühlte. Und ihre Angst sich legte.

Am Ende haben wir alle die gleiche Angst, wir alle fürchten uns davor, verlassen zu werden. Auch wenn manche Menschen behaupten, diese Angst nicht zu kennen. Dann sind sie vielleicht gerade sehr sicher gebunden oder Single. Es kann aber auch sein, dass sie die Angst verdrängen. Dass sie diesen Teil von sich selbst gelöst haben und ihn gar nicht mehr wahrnehmen, weil sie als Kind einen Verlust oder ein Verlassenwerden erlebt haben, das extrem schmerzhaft war. Wenn wir aber wirklich tief lieben, kommen wir alle an diesen Punkt, an dem wir fürchten, den anderen zu verlieren. Und genau das verbindet uns wieder. Wenn wir das zulassen und uns diesen großen Gefühlen trotzdem öffnen, entsteht wahre Nähe.

PAULA UND ERTU

«Ich weiß nicht, ob ich dich noch liebe.» Ertu starrt die dem Sofa gegenüberliegende Wand an. Paula starrt Ertu an. Die wachsende Stille ist bleischwer. Wir halten sie alle drei aus. Wir müssen sie aushalten. Sie gehört zu diesem Satz, hängt an ihm dran wie ein Wurmfortsatz. Wir warten. Eine gefühlte Ewigkeit vergeht.

Ich hätte gedacht, dass Ertu jetzt noch etwas sagt. Vielleicht zur Abmilderung, vielleicht zum Trost. Aber diese Stille ist so dicht, noch dichter als die eben. Sie gehört Paula, legt sich um ihre zarte Gestalt wie eine Rüstung. Und so groß und kräftig, vehement und souverän Ertu ist: Da würde er jetzt nicht hindurchkommen. Zum Glück versucht er es auch nicht. Seine Stimme hat es ganz klargemacht: Diesen Satz hat er genauso gemeint, wie er ihn sagte. Jetzt und hier stimmt er für ihn. Auch wenn ich glaube, dass es am Ende nur seine Angst ist, die aus ihm spricht: In diesem Augenblick trägt er diesen Zweifel in sich. Und es wäre nicht gut, wenn er ihn Paula zuliebe wieder zurücknimmt.

Es gibt diese Momente in einer Paartherapie, in denen ein paar wenige Worte alles verändern. Innerhalb von Sekunden eine Welt infrage gestellt ist oder sogar zusammenbricht. Ein Satz, und nichts ist mehr so, wie es gerade noch war. Oder besser: wie es schien. Denn das, was hier passiert, ist nur eine Offenbarung. Der Zweifel, den Ertu gerade geäußert hat, ist ja schon lange da, in ihm, eine Wahrheit. Und wahrscheinlich hat Paula auch bereits vor diesem Augenblick etwas davon gespürt. In der Regel tut die andere Person das. Auch wenn sie es manchmal nicht bewusst wahrnimmt. Manchmal kann sie erst viel später sagen: «Seit diesem Abend nach der Wanderung warst du anders.» Oder: «Irgendwann wurde mir klar, dass du aufgehört hast, mir am Sonntagmorgen den Tee ans Bett zu bringen.» Doch solche Erkenntnisse kommen meist erst im Nachhinein. In dem Moment, in dem die oder der andere etwas ausspricht, was wir so nie erwartet hätten, etwas, das uns bis ins Mark trifft, ist das tatsächlich wie ein Schock. Wir sind erst mal wie gelähmt, unfähig, einen klaren Gedanken zu fassen. So ergeht es Paula gerade. Ich kann es sehen. Sie ist wie abgeschaltet.

Und ich denke darüber nach, wie alles angefangen hat und dass es mehr als erstaunlich ist, dass das hier gerade geschieht.

In meinem Kopf läuft in Sekundenschnelle noch einmal der ganze Film ab: Damals, vor drei Monaten, kamen Paula und Ertu zu mir in die Praxis und redeten eine Weile über Problematiken in ihrer Beziehung, von denen ich bereits in Minute eins das untrügliche Gefühl hatte, dass es absolute Nebensächlichkeiten waren. Sie hätten ab und zu Schwierigkeiten, über Geld zu reden, da gäbe es dann hin und wieder Missverständnisse, oder wenn es um Entscheidungen bezüglich des Urlaubs ginge, wären sie auch schon mal in Streit geraten. Wie sich mir die Gesamtsituation allerdings darstellte, waren die beiden ein Paar, das hervorragend kommunizierte, Wertschätzung lebte und einen insgesamt erstaunlich harmonischen Alltag mit einem gerade fünfjährigen Mädchen und einem achtjährigen Jungen verbrachte. In den Sitzungen hörten sie einander zu, sie lachten viel miteinander, und ich erfuhr, dass sie sich gegenseitig auch in ihrer beruflichen Entwicklung sehr unterstützten. Sie waren einander tatsächlich auch beste Freunde. Die Konflikte, von denen sie sprachen, wirkten eher wie kleinste Dissonanzen, die jedes Mal schnell aus dem Weg geräumt waren. Selbstverständlich hörte ich ihnen dennoch jedes Mal geduldig zu, und wir besprachen Möglichkeiten zur Lösung.

Nach etwa vier oder fünf Sitzungen kam dann auf den Tisch,

worum es eigentlich ging: Die beiden hatten keinen Sex mehr. Seit der Geburt des ersten Kindes vor acht Jahren war er immer seltener geworden, seit zwei Jahren hatte er ganz aufgehört. Ertu hatte Lust, Paula nicht. Das bestätigten beide. Ertu berichtete, dass er sich seit Langem sehr bemühte, Paula genügend Raum zu geben, zu ihrer Entspannung beizutragen, ihr Zeit zu lassen, mit ihr darüber zu sprechen. Aber nichts schien zu helfen. Und Paula schilderte, dass sie sich einfach nur noch unter Druck gesetzt fühle und es für sie so einfach nicht funktioniere.

Ich weiß noch, dass ich sehr erleichtert war, als ich damit nun endlich einen klaren Auftrag hatte und wusste, wie ich den beiden wirklich helfen konnte. Denn ich spürte deutlich, dass diese Beziehung ansonsten sehr intakt und die Bindung stark war. Solange ein Paar aber die eigentliche Problematik umschifft wie eine Insel aus Lava, kommen wir in der Therapie natürlich nicht voran. Jetzt aber hatten sie geankert, und wir gingen gemeinsam an Land. Angenehm war es nicht, auf dem heißen Boden zu laufen. Aber es glühte nicht so sehr wie vermutet, die gefürchteten Verbrennungen traten nicht auf. Paula und Ertu wurden mutiger, und jeder Schritt wurde leichter. Bis Paula vor einer Klippe stand. Ich habe diesen Moment noch genau vor Augen.

«Du kannst eben nur geben beim Sex, nicht nehmen.» Ertu sagt das bemüht sanft. Und trotzdem ist das eine harte Aussage. Paula zieht die Augenbrauen hoch und lehnt sich ein Stück zurück. Ihre hellgrauen Augen sehen mich fragend an.

Ich habe das Bedürfnis, das geradezurücken. «Ertu, können wir uns darauf einigen, dass das deine Wahrnehmung ist und keine Tatsache?», frage ich ihn.

Ertu nickt. «Ja. Das stimmt. Ich will Paula nicht angreifen. Ich habe das aber so erlebt.» Er sieht zu seiner Frau, prüft, wie sie das aufnimmt.

Paula hat den Blick auf ihre Hände gerichtet. Sie dreht ihren goldenen Ring, der die Form eines Blattes hat. Dann schiebt sie ihn an ihrem schmalen Finger nach oben und wieder herunter.

«Ich gebe mir Mühe», sagt sie dann mit erstickter Stimme. Sie räuspert sich und setzt sich etwas gerader hin. Sie wirkt noch zierlicher als die letzten Male. Oder liegt das an dem weit geschnittenen dunkelblauen Kleid, das sie heute trägt, in dem ihre Silhouette noch schmaler wirkt und die Haut an ihren Armen und Beinen noch heller?

«Das ist es ja!» Ertu fährt sich energisch durch die schwarzen Haare, seine dunklen Augen blitzen. «Du sollst dir keine Mühe geben, du sollst es genießen!» Seine breite Brust spannt sich unter dem T-Shirt.

«Du *sollst* es genießen!», wiederholt Paula giftig. «Ich *soll*! Was für ein Kommando!»

«Mensch, Paula, das ist kein Kommando! Du weißt genau, wie sehr ich versuche, auf dich einzugehen!»

Jetzt zeigt sich der ganze Frust, der sich bei beiden offenbar schon über Jahre angestaut hat. Wenn wir hier weiterkommen wollen, müssen wir diese Ebene verlassen. Den Berg hinunterrutschen und tauchen. Erst dann werden wir sehen, was unter der Oberfläche liegt.

«Oh Mann, ich weiß einfach nicht mehr weiter!» Ertu schnaubt und drückt die Finger an seine Schläfen.

Es gibt Menschen, denen sieht man ihre Impulsivität und Leidenschaftlichkeit auf den ersten Blick an. Es ist ihre Ausstrahlung, der Glanz in ihren Augen, die gewisse Grundspannung, die sie im Körper haben. Ertu ist so ein Mensch. Sein dunkler Teint, die fast schwarzen Augen, die oft aufbrausende Art, die Gestik seiner Hände, während er spricht - all das verstärkt diesen Eindruck. Und ich denke daran, dass man solche Menschen oft für sehr körperlich hält und ihnen automatisch Sinnlichkeit und ein intensives und leidenschaftliches Sexleben unterstellt.

Merkwürdig. Denn selbstverständlich können auch impulsive Menschen andere Seiten haben und zum Beispiel im Bett sehr zurückhaltend oder langsam sein, viel Zärtlichkeit brauchen oder große Unsicherheiten haben. Ertu ist beim Sex ein leidenschaftlicher Mensch, sagt er von sich. Und auch wenn sich jetzt frauensolidarisch etwas regt in mir und ich mich frage, ob er vielleicht nicht aufmerksam und zärtlich genug für Paulas Empfinden ist, lasse ich diesen Gedanken ganz bewusst sofort wieder los. Ich möchte keine Vermutungen über Paulas Bedürfnisse und über potenzielle Verhaltensweisen von Ertu anstellen. Ich möchte mit ihnen darüber sprechen. Damit wir gemeinsam herausfinden, wie es wirklich ist - oder vielmehr, wie es die beiden jeweils empfinden.

«Wie war es denn am Anfang eurer Beziehung?», frage ich. «Wie habt ihr euer Sexleben da wahrgenommen?»

Paula zieht wieder die Augenbrauen hoch. Dann schaut sie erneut nach unten, dreht an ihrem Ring.

«Wir hatten am Anfang viel Sex», sagt Ertu. Seine Worte klingen hart. Der Frust spricht weiter mit.

«Ja, und er war anders», ergänzt Paula leise.

«Kannst du sagen, was anders war?», hake ich nach.

«Da war mehr ... mehr ... Hingabe.» Sie spricht weiter leise und schaut vorsichtig zu Ertu.

Ertu nickt. Er sieht sie an, atmet ein und aus: «Ja, von deiner Seite auch», entgegnet er. Und es ist spürbar, dass er versucht, seinen Ton zu zügeln.

Ich muss an eine Studie zweier deutscher Soziologinnen denken, die die Veränderung der sexuellen Zufriedenheit in Langzeitbeziehungen untersucht haben.[1] Wie sie herausfanden, nahm diese im ersten Jahr einer Beziehung in aller Regel zu. Danach folgte ein stetiger Rückgang - für den teilweise die abnehmende Häufigkeit des Geschlechtsverkehrs ein Grund war. Die beiden

Wissenschaftlerinnen erklärten sich diese Entwicklung zum einen durch einen «anfänglichen Lerneffekt in Bezug auf partnerschaftsspezifische sexuelle Fähigkeiten» und zum anderen durch eine anschließend stetig abnehmende Leidenschaft. Darüber hinaus konnten sie signifikante Auswirkungen auf die Gesundheit, die Intimität in der Paarkommunikation und den Konfliktstil feststellen. Ich kann diese Ergebnisse nur bestätigen. Ist die Partnerschaft sexuell unbefriedigend, hat das fast immer auch deutliche Folgen für andere Bereiche der Beziehung. Aber eben auch umgekehrt. Und: Es gibt unzählige weitere Gründe, die sehr individuell sein können. Um ihnen auf die Spur zu kommen, müssen wir ins Detail gehen.

«Könnt ihr das noch etwas konkreter formulieren?», frage ich.

«Paula war viel mehr dabei», stößt Ertu hervor. «Sie hatte damals noch Spaß am Sex.»

Paula dreht ihren Ring und schaut mich an. Ich kann ihren Blick nicht richtig deuten. Ist er fragend, ängstlich, hilfesuchend? Sie schweigt.

«Paula, wie siehst du das? Was war für dich anders damals?», ermutige ich sie, sich mitzuteilen.

Sie schweigt, dreht ihren Ring, ihre Hände zittern.

«Da hatte ich noch andere Brüste», platzt es plötzlich aus ihr heraus. «Seit der Geburt von Nuray und Akin sind sie ... leer ... und hässlich.»

Ertu sieht Paula an. Ich habe für einen Moment den Eindruck, er möchte sich ihr nähern. Aber anscheinend traut er sich nicht. Obwohl er sonst so selbstbewusst und forsch ist. In diesem Moment wirkt er fast schüchtern. Weich. Aber nicht überrascht, er kennt diese Aussage. Ich möchte ihm gerne den Weg ebnen, sich Paula zu zeigen, aber Paula ist gerade zu tief in ihrer schmerzlichen Wahrnehmung.

«Sie sind hässlich, und sie bleiben hässlich.» Jetzt ist Paulas

Stimme hart. «Auch wenn Ertu mir einzureden versucht, dass sie das nicht sind.»

Ich fühle mit dieser Frau. Nicht nur, weil ich selbst Angst vor der Veränderung meiner Brüste habe, sondern auch, weil ich weiß, wie viele Frauen darunter leiden, gerade nach einer oder mehreren Schwangerschaften. Doch leider ist das Thema noch immer schambesetzt, und deshalb sprechen die wenigsten Frauen darüber. Viele denken: Ich kann es ja nicht ändern, da helfen auch keine Klagen, ich muss es einfach ertragen. Dadurch verschwinden der Schmerz und die Scham aber nicht. Im Gegenteil, oft wachsen sie. Und irgendwann fühlen sich diese Frauen nicht nur sexuell unattraktiv, sondern auch einsam.

«Ich war schon immer sehr dünn. Und hatte kleine Brüste», erzählt Paula. «Als ich schwanger war, sind sie riesig geworden, wie Fußbälle. Ich habe auch extrem zugenommen. Und danach habe ich alles wieder abgenommen. Ist ja logisch, was dann mit der Haut passiert.» Jetzt sucht ihr Blick bei mir nach Verständnis. Das gebe ich ihr uneingeschränkt.

«Ja, das hat natürlich eine starke Veränderung zur Folge», sage ich. «Das kennen sehr viele Frauen, und sehr viele leiden extrem darunter.»

Auch wenn man meinen könnte, dass diese Tatsache absolut bekannt ist und ein solcher Satz überflüssig: Meiner Erfahrung nach ist er es nicht. Die meisten Frauen, die nach der Schwangerschaft Schwierigkeiten mit ihrem Körper haben, sind sich nicht bewusst darüber, dass es anderen auch so geht. Sicher leisten Instagram, TikTok und Co. dazu einen nicht geringen Beitrag. Es gibt dort einfach viel zu viele scheinbar makellose Mütter à la Heidi Klum, deren Körper sich vermeintlich gar nicht verändert haben. Und auch wenn wir alle wissen, dass nicht nur Prominente, sondern auch viele andere Frauen auf den Plattformen operiert sind, und dass die restlichen Bilder, die suggerieren, dass alles ganz genauso straff und schlank ist wie zuvor, fake sind, fake sein müssen: Das, was wir über die Augen wahrnehmen, glauben wir. Das können wir auch mit rationalem Denken nicht abstellen. Also gehen wir der Lüge auf den Leim, dass da draußen unzählige Frauen sechs Wochen nach der Geburt wieder einen Bikini-Body haben und den auch für immer halten. Egal ob sie noch ein weiteres Kind bekommen oder vier. Erst seit Kurzem gibt es auch mal den ein oder anderen Insta-Account, auf dem Bauchfalten und Dehnungsstreifen sichtbar werden. Schwierig finde ich dabei allerdings, dass auch Frauen mit einem kleinen Bauchansatz oder zwei winzigen Dellen im Oberschenkel #Bodypositivity schreien, nur weil es gerade ein Mega-Hype ist und damit mehrgewichtigen Menschen, für die das Thema eine völlig andere Relevanz hat, die Aufmerksamkeit entziehen. Brüste, die Schwerkraft und Schwangerschaft verändert haben, tauchen in den sozialen Medien fast gar nicht auf. Zum einen sicherlich aufgrund des Nippel-Verbots, aber zum anderen wohl auch aufgrund des immer noch bestehenden Tabus. Dabei ist es ein Fakt, dass sich Frauenkörper in und nach Schwangerschaften verändern. Und es ist ebenfalls eine Tatsache, dass dies das Gros der Frauen belastet. Eine norwegische Studie mit über 80 000 Teilnehmerinnen eruierte, dass das Selbstwertgefühl von werdenden Müttern tendenziell abnahm. Nach der Geburt des Kindes, und bis dieses sechs Monate alt war, nahm das Selbstwertgefühl der Frauen zwar wieder zu, aber in den folgenden Jahren sank es erneut. Und zwar unabhängig davon, ob es sich um das erste, zweite, dritte oder vierte Kind handelte.[2]

«Durch die Schwangerschaft und das Stillen wird der Körper einer Frau ja komplett umfunktioniert», nehme ich Paulas Faden auf. «Vor allem die Brüste. Die haben plötzlich eine andere Aufgabe. Viele Frauen empfinden ihre Brüste dann nicht mehr als etwas Sexuelles.»

«Ja. So ist es bei mir auch. Und dann kriege ich auch nicht klar, dass sie das für meinen Mann noch sein sollen», fährt Paula fort, immer noch an mich gewandt.

«Aber wenn sie doch für mich immer noch wunderschön sind!?» Ertu schaut jetzt mich an. Er sieht unglücklich aus. Fast verzweifelt. Doch an diesem Empfinden, das Paula gerade geschildert hat, kann man von außen nichts ändern. Das Traurige ist, dass die andere Person das aber in so einem Fall sehr häufig hofft. Und versucht, mit Argumenten und Beteuerungen zu beweisen, dass sie diese Brüste immer noch toll findet, die Frau weiterhin begehrt und sich nichts geändert hat.

«Weißt du, Ertu, für dich ist vielleicht nichts anders», sage ich. «Aber das ist es eben: Für deine Frau hat sich etwas verändert. Und es ist wichtig, diese Veränderung erst mal zu akzeptieren.»

«Früher hat Paula es sehr gemocht, wie ich ihre Brüste berühre und ...» Ertu stockt. Er sieht Paula an. «Es ist einfach sehr schade, dass das nicht mehr so ist.» Paula holt Luft. Dann sieht sie Ertu an. Wartet. Aber da folgen kein Vorwurf mehr, keine Bewertung. Ich glaube, jetzt fühlt sie sich etwas mehr gesehen. Und Ertus Empfindungen haben auch ihren Platz.

«Vielleicht ist es auch deshalb schwer», denkt Paula laut, «weil meine Brüste, na ja, weil sie so eine wichtige Rolle gespielt haben, früher beim Sex. Und jetzt habe ich das Gefühl, diese Rolle passt nicht mehr zu ihnen.»

Ertu sieht Paula an und schweigt. Genau das tut ihr jetzt gut. Dass er das Gesagte stehen lässt. Wir neigen sehr oft dazu, negative Gefühle der oder des anderen sofort ändern zu wollen. Das ist zwar liebevoll gemeint, aber es funktioniert ganz häufig nicht. Wir stoßen den anderen eher vor den Kopf, wenn wir der Empfindung keinen Raum geben. Ich glaube, der Punkt mit den Brüsten wird noch mehr Aufmerksamkeit brauchen. Aber weil wir hier nicht in einer Einzeltherapie sind, geht es jetzt erst mal darum, alle Punkte zu finden, die ein erfülltes Sexleben zwischen Ertu und Paula verhindern.

«Gibt es denn noch andere Dinge, die für dich eine Hürde darstellen?», frage ich Paula. «Also Gründe, aus denen du vielleicht nicht mehr so große Lust hast, mit Ertu zu schlafen?»

Paula sieht mich wieder mit ihren großen Augen an. Ich glaube, sie denkt wieder nach. Möglicherweise ist das auch eine nächste Klippe für sie.

«Ich weiß nicht», antwortet sie. «Ich weiß nicht, wie es besser sein könnte.»

«Was meinst du mit *besser*?», versuche ich dranzubleiben.

Paula streckt ihren Rücken durch: «So, dass es mir mehr gefällt.» Sie sieht Ertu in die Augen und wirkt in diesem Moment auf einmal kraftvoller.

Ertu macht ein großes Gesicht. Mit seiner stark gebräunten Haut hebt er sich heute äußerlich noch mehr als sonst von der blassen Paula ab. Obwohl ich bei den beiden von Anfang an dachte, dass Gegensätze sich hier augenscheinlich anziehen, weil sie auch optisch ein spannendes Paar sind, ist die Unterschiedlichkeit gerade eher als Kluft spürbar. Die Frage ist, was in diesem Moment in Ertu vorgeht.

«Ich habe den Eindruck, das hat dich sehr überrascht, Ertu, stimmt das?»

Ertu schürzt die Lippen und zieht stoßweise Luft ein: «Tja, ich wusste nicht, dass der Sex an sich auch ein Problem ist.»

«Dass er ein Problem ist, ist ja wohl mehr als offensichtlich!», entfährt es Paula.

Selbstverständlich sind wir hier noch nicht auf einem konstruktiven Weg zur konkreten Lösung. Aber ich nehme positiv zur Kenntnis, dass die beiden streiten können, dass es eine Spannung gibt. In der Regel bedeutet das ganz einfach, dass

Menschen einander nicht kaltlassen, und die Reibungshitze aus einem Streit lässt sich im besten Fall auch auf andere Bereiche übertragen, als Energie nutzen. Auch wenn viele denken, dass Streiten etwas Negatives ist: Im Konflikt kommen Emotionen hoch, und die sind wertvoll und wichtig. Vielleicht ist das nicht immer besonders angenehm, aber es hilft uns. Denn die Fähigkeit zu fühlen ist die Voraussetzung dafür, sich geliebt zu fühlen und andere spüren zu können. Doch besonders vor Wut haben manche Paare Angst. Wut ist zwar eine sehr starke Emotion und kann verletzend sein. Aber sie kann uns auch helfen, besonders in einer für uns wichtigen zwischenmenschlichen Beziehung. Manchmal ist sie ein Signal für eine Grenzüberschreitung und bringt uns dazu, uns zu schützen oder zur Wehr zu setzen. Aber sie kann auch ein Motor sein, sich Konflikten zu stellen und sie zu lösen. Wir brauchen alle Emotionen - so auch Wut -, um lieben zu können. Und: um sexuelle Lust aufzubauen. Idealerweise kann man Gefühle wie Wut, Angst und Enttäuschung mithilfe ganz handfester Mittel in eine gewollte Spannung transformieren. Deshalb versuche ich nun, in diese Richtung zu gehen.

«Paula, ich habe gerade rausgehört, dass du keine Idee hast, wie ihr den Sex ganz praktisch verändern könnt, sodass er dir mehr Spaß macht. Ist das richtig?»

Paula seufzt und nickt.

«Kennst du OMGYes.com?», frage ich. Sie schüttelt den Kopf.

«Das ist eine Website, auf der es um die weibliche Lust geht», erkläre ich. «Es gibt verschiedene anschauliche Videos, in denen Frauen erzählen, welche Berührungen ihnen gefallen.»

«Okay ...», sagt sie und zieht das Wort in die Länge.

«Schau es dir einfach mal an, vielleicht inspiriert dich ja etwas», meine ich unbekümmert und lächle sie an.

«Ich habe aber auch noch einen Impuls für dich, Ertu!» Ist er gerade zusammengezuckt? Denkt Ertu eventuell, wir müssten hier nur seine Frau sexuell wieder auf Spur bringen, und dann sei alles geritzt? Ich schiebe den Gedanken beiseite. Er ist immer wieder sehr empathisch. Und ich glaube ihm, dass er versucht, seinen Teil beizutragen. Aber ich bin mir auch sicher, dass bei ihm noch Luft nach oben ist.

«Ja, bitte, ich bin ganz Ohr.» Jetzt ist wieder sein souveränes Ich vorn.

«Ich habe den Eindruck, dass das Thema Sex euch in eurer Beziehung beide auf unterschiedliche Weise frustriert. Deshalb möchte ich dich einladen, dir einmal Gedanken zu machen, wie viel mehr Engagement du in die Beziehung und in euer Sexleben einbringen kannst und möchtest. Vielleicht kannst du das bis zum nächsten Mal sacken lassen und dann versuchen, eine Prozentangabe zu nennen? Was meinst du?»

Er atmet tief durch. «Okay.»

Zweimal «okay», und keines hörte sich zuversichtlich oder gar vorfreudig an. Aber diese Situation ist mir sehr vertraut. So ist es oft, wenn Paare merken, dass jetzt die Arbeit beginnt und dass sie aus ihrer Komfortzone herauskommen müssen, wenn sie eine echte Veränderung wollen. Aber ich bin mir sicher, dass Paula und Ertu dazu bereit sind. Es geht jetzt darum, dass sie sich Zeit geben, Zuversicht entwickeln und sich selbst und dem anderen die Veränderung zutrauen. Das ist manchmal die größte Herausforderung. Unsere Haltung zu der Konfliktproblematik ist schließlich über Jahre gewachsen. Wir haben eine Überzeugung erlangt. Wir glauben, etwas ist so oder so, weil wir es immer wieder so erlebt haben. Wir können uns etwas anderes einfach noch nicht vorstellen. Oder wir haben Angst, dass wir die Veränderung nicht schaffen, dass wir das Neue nicht hinbekommen. Oder befürchten, dass unsere Partnerin oder unser Partner sich nicht verändern kann. Dieses Zutrauen müssen wir erst einmal lernen. Und lernen geht bekanntlich nicht auf Knopfdruck.

Es geschieht oft in kleinen Schritten. Manchmal fühlt es sich so an, als würde sich überhaupt nichts bewegen. Oder sogar so, als würden wir rückwärtsgehen. Ein anderes Mal ist es wie Achterbahnfahren, dann braust man in einem Moment nach oben und im nächsten ganz tief nach unten.

Und lernen sieht niemals gut aus! In einer Liebesbeziehung erst recht nicht: Wir finden uns selbst dämlich oder den anderen zu langsam, zu unbeholfen, zu wenig bemüht. Lernen und Veränderung sind hier besonders mühsam und anstrengend und dauern lange. Auch weil es sich so fragil anfühlt: Wir haben bei kaum einer Sache so viel Angst, etwas falsch zu machen, wie in der Liebe.

Diesen Tatsachen muss man bei der Arbeit an einer Beziehung ins Auge sehen, egal, worum es thematisch geht. Deshalb stelle ich auch die Frage nach dem Maß an Bereitschaft immer wieder. Nur wenn zwei Menschen sich wirklich committen und sich darüber bewusst sind, dass sie eine Veränderung tatsächlich gemeinsam erarbeiten wollen, kann das auch gelingen. Es ist ein unabänderlicher Fakt, dass ich als Paartherapeutin in diesem Prozess nur Begleitung sein kann. Die Arbeit muss das Paar selbst übernehmen.

Als Paula und Ertu zwei Wochen später wieder in die Praxis kommen, kann ich diese Bereitschaft bei Paula sofort sehen. Ihre Worte bestätigen meinen ersten Eindruck.

«Ich habe so einen Film gesehen auf der Website», platzt es aus ihr heraus. Sie lacht etwas verlegen, hält kurz inne, doch der Drang, sich mitzuteilen, ist größer: «Da hat eine Frau erzählt, wie sie es sich selbst macht und dabei ganz langsam ist, erst die Berührungen nur antäuscht und mit ihrer Aufregung spielt. Das hat sie auch gezeigt!» Paula war von OMGYes.com offensichtlich positiv überrascht. Und ich bin es von Paula. Ertu scheint ganz leicht zu lächeln. Oder bilde ich mir das ein?

«Wie war es für dich, das zu sehen?», bleibe ich bei Paula.

«Mmh ... gut, glaube ich», sagt sie nachdenklich. Sie betrachtet den Klimt-Druck, der schräg hinter mir auf dem Sideboard steht. Ich frage mich, ob sich ihre Augen nur darauf ausruhen oder ob sie sich die Frauen ansieht, die darauf abgebildet sind. *Wasserschlangen II* heißt das Bild. Drei nackte Frauen lassen sich darauf in einem Meer aus stilisierten Blüten und Schlingpflanzen treiben, die Augen halb oder ganz geschlossen. Ihre Haut ist hell wie die von Paula, die Haare rotblond.

«Hat es dich denn ein bisschen inspiriert?», hake ich nach. Ich bin nicht sicher, ob Paula meine Beharrlichkeit guttut und sie ermutigt oder ob ich ihr jetzt zu naherücke. Es ist ein sehr schmaler Grat. Ich möchte sie nicht bedrängen.

«Ja. Ich glaube schon.» Sie denkt wieder nach. Offenbar möchte sie nicht weitererzählen. Vielleicht braucht sie doch noch etwas mehr Zeit. Sie schaut weiter auf das Gemälde. Ich überlege, ob wir das Thema jetzt besser erst mal wechseln.

«Ich kann das nicht!» Die Worte ploppen aus Paulas Mund, als hätten sie das selbst entschieden und sich eigenmächtig auf den Weg gemacht. Sie sitzt unbewegt da.

«Ich kann mich nicht selbst befriedigen. Ich habe das nie gemacht.» Paula schaut noch immer auf das Bild mit den drei Frauen. Vielleicht sind sie ihr in diesem Moment Komplizinnen.

Ertu hat jetzt einen ganz offenen Blick und sich zu Paula gewandt. Ich kann nicht sagen, ob er verwundert ist. Aber ich vermute, dass er das so von Paula noch nie gehört hat.

«Weißt du, ob es dafür einen bestimmten Grund gibt?», frage ich vorsichtig. Womöglich kennt Paula keinen Grund. Es gibt viele Frauen und Mädchen, die sich nicht selbst befriedigen. Eine Studie des UKE Eppendorf hat herausgefunden, dass sich nur 43 Prozent der befragten 16- bis 19-jährigen Mädchen selbst befriedigen, während es bei den Jungen 97 Prozent waren.[3]

Eine amerikanische Studie aus dem Jahr 2021 hat zutage gebracht, dass von 1300 befragten Frauen 25 Prozent Scham und andere negative Gefühle bei der Masturbation empfinden.[4] Es ist höchstwahrscheinlich für viele noch immer ein Tabu. Auch wenn die moralische oder religiöse Verfolgung von Masturbation lange vorbei ist: Die pädagogischen Kampagnen, die Onanie mit Verwahrlosung in Verbindung gebracht haben, hielten sich bis ins 20. Jahrhundert und wirken möglicherweise noch immer nach. Dass die Klitoris in Schulbüchern immer noch viel zu selten benannt und die weibliche Sexualität fast ausschließlich im Zusammenhang mit Schwangerschaft und Geburt thematisiert wird, trägt ebenfalls nicht zu einer natürlichen sexuellen Sozialisation von Mädchen bei. Auch wenn heute unzählige Bücher zum Thema weibliche Lust und Masturbation auf dem Markt sind und sich in den sozialen Medien Tipps, Tools und Coaching-Angebote en masse finden: Das unterstreicht den Eindruck, dass es Support braucht und Frauen nicht - wie Männer - ihren eigenen Körper ohne Hilfestellung freudig erkunden. Selbstverständlich ist es nicht per se problematisch, wenn Frauen nicht masturbieren! Und wir sollten nicht auf einmal anfangen, das zu pathologisieren. Allerdings entgeht vielen damit die Chance, sich selbst und ihre Bedürfnisse im Detail kennenzulernen. Wer sich selbst nicht versteht, hat es in der Folge oft auch schwer, sich dem anderen verständlich zu machen, und umgekehrt können Menschen, die wissen, was sie mögen, das auch meist besser zeigen. Abgesehen davon schenkt Selbstliebe Autonomie. Das gilt natürlich auch für Körperlichkeit.

Paula wendet den Blick nun vom Bild ab und schaut mich an. «Wir haben als Kinder mal Arzt gespielt», berichtet sie. Ihre Stimme klingt tonlos, aber fester. «Ich lag auf dem Bett, und meine Freundin hatte mir gerade eine Murmel da unten reingesteckt. Und dann ist meine Mutter ins Zimmer gekommen.

Sie hat mich vom Bett gezogen, mir eine Ohrfeige gegeben und gesagt, das sei widerwärtig, und dass ich froh sein solle, wenn sie es meinem Vater nicht erzählt.» Paula schaut noch mal zum Klimt-Bild. Die Frauen scheinen sie zu beruhigen. Schwestern im Geiste. Ohne das Bild in diesem Moment zu sehen, habe ich genau vor Augen, wie die Frauen im Wasser liegen, vielmehr schweben, sehe ihre Sinnlichkeit, ihre Leichtigkeit und Freiheit. Genau das wurde Paula in diesem Augenblick als junges Mädchen genommen. Was Paula erlebt hat, ist eine Traumatisierung. Auch wenn das Wort momentan leider inflationär und oft falsch benutzt wird. Hier ist es die richtige Bezeichnung. Das Erlebnis ihrer Kindheit hat ihr die Freude daran, den eigenen Körper zu entdecken, verdorben. Ihre Neugier und Unbeschwertheit sind von einem auf den anderen Moment zerstört worden. Sie lassen sich zwar zurückgewinnen, aber das ist mit Arbeit verbunden. Die Erkenntnis, dass an diesem Punkt etwas Entscheidendes passiert ist, stellt allerdings den ersten und wichtigsten Schritt zum Wandel dar: Wenn Paula sich bewusst macht, dass sie in diesem Augenblick zu der Überzeugung gekommen ist, ihr Körper und ihre sexuelle Neugier seien etwas Widerwärtiges und Verbotenes, und dass sie selbst diese Überzeugung durch eine andere ersetzen kann, ist sie die halbe Strecke zur Befreiung schon gegangen.

«Ich stelle mir vor, dass dich das sehr verunsichert und verletzt hat», biete ich meine Gedanken an. «Und wahrscheinlich hat es auch Schamgefühle in dir ausgelöst, oder?»

Paula nickt und schaut mir in die Augen. «Ja. Und wie.»

Ich glaube, es ist das erste Mal, dass sie darüber in dieser Weise spricht, und ich habe den Eindruck, es tut ihr schon jetzt gut und stärkt sie.

«Natürlich finde ich masturbieren nicht eklig», erzählt sie, «oder mache das bewusst nicht wegen irgendwelcher Schuldgefühle, aber ich habe eben auch keine Lust drauf. Noch nie gehabt.»

Jetzt sieht Ertu doch erstaunt aus. Und etwas angestrengt. Ich bin mir sicher, dass er Anteil nimmt. Aber er wirkt müde. Es geht extrem viel um Paula, und es ist wichtig, gleich auch wieder zu dritt ins Gespräch zu kommen. Aber ich möchte diesen Faden hier nicht als loses Ende zurücklassen.

«Wie ging es dir, als du die Frauen in den Videos auf OMGYes bei der Selbstbefriedigung gesehen hast?», frage ich Paula. «Sind die nicht sehr sympathisch?»

«Ja, total!», stimmt sie mir sofort zu. Ihre Augen sehen fast fröhlich aus, und ihr Gesichtsausdruck hat etwas Kindliches. «Die waren alle so easy mit dem Thema, so ganz natürlich und frei, das hat mich voll beeindruckt! Ich muss auch zugeben, ich hatte ältere Frauen erwartet, Sexualtherapeutinnen oder Gynäkologinnen, die das ganz sachlich erklären, aber das sind ganz normale Frauen, und viele sind jung und richtig sexy.» Paula lächelt.

Ich wusste es! Oder war mir zumindest fast sicher, dass diese Seite Paula erreichen würde. OMGYes war schon immer ein genialer Tipp bei diesem Thema. Die Machart dieser Seite ist einfach überzeugend: hochprofessionell, sehr ästhetisch, gut und klar erklärt und überall ist die richtige Prise Humor dabei. Die Auswahl an Themen ist außerdem riesig: von Kommunikation, Überraschungen, G-Zonen und Rhythmus über Sextoy-Techniken bis hin zu Abspritzen (ja, weibliches!). Frauen beschreiben detailliert, wie sich bestimmte Berührungen für sie anfühlen, wie mehr Erregung erzeugt werden kann, was hilft, das Denken abzuschalten, und wie sie mehrmals und intensiver kommen können. Es gibt verständliche Schaubilder, knackige und charmante Texte und eben sehr angenehme und authentische Akteurinnen. Die im Übrigen ganz normale Körper haben – und keine Insta-Fake-MILFS sind.

«Ich fand das schon spannend. Aber ich hatte trotzdem keine Lust, es mir zu machen.» Paula redet schon freier und selbstbewusster. Das freut mich innerlich sehr. Auch wenn ich noch nicht weiß, wie wir Ertu jetzt am besten mit ins Spiel bringen. Er wirkt abgemeldet. Aber interessanterweise scheint mir das eher deshalb der Fall zu sein, weil Paula gerade mehr Aufmerksamkeit für mich, das Thema und Klimts heiße Schlangen hat als für ihren Mann. Aber vielleicht täusche ich mich auch.

«Lust braucht Zeit und Aufmerksamkeit», gebe ich Paula zurück. «Schau dir doch vielleicht noch ein paar Videos an, vielleicht entdeckst du ja noch mehr. Aber natürlich kann diese Seite nicht automatisch Verletzungen wie die in deiner Kindheit verheilen lassen. Ich finde es wichtig und sehr mutig, dass du uns diese Geschichte erzählt hast. Und wenn du merkst, du wünschst dir noch mehr Unterstützung dabei, das zu verarbeiten, kann ich dir auch gerne helfen, eine Einzeltherapeutin oder einen Therapeuten zu finden. Wenn du das möchtest.»

Paula sieht mich aufmerksam an. Sie nickt fast unmerklich: «Danke, ja … das muss ich mir mal überlegen.»

Dann drehe ich mich bewusst ein Stück mehr zu Ertu hin. «Und ich habe auch noch eine andere Idee für euch beide heute», sage ich. «Aber vorher würde ich gerne wissen, wie es dir mit deinem Impuls ging, Ertu?»

Ertu sieht aus, als wäre es fünf Uhr morgens, und ich hätte ihn gerade aus dem Tiefschlaf gerissen.

«Impuls?», er blickt mich fragend an.

«Ich hatte doch vorgeschlagen, dass du dir einmal überlegst, wie viel Engagement du in diese gemeinsame Arbeit einbringen kannst?»

«Ah ja … Ja, das kann ich ganz klar sagen.» Er sieht jetzt zu Paula. «Ich kann 30 Prozent einbringen. Ich möchte da ganz ehrlich sein. Ich habe schon so viel versucht. Ich bin erschöpft davon und am Ende meines Lateins. Und ich glaube, Paula braucht da jetzt gar nicht so sehr mich. Ich finde das toll mit dieser Seite.»

30 Prozent sind selbstverständlich sehr wenig. Und Ertu sollte nicht erwarten, dass Paula die Arbeit allein macht. Im Grunde sollten beide Partner 100 Prozent investieren – was nicht bedeutet, die Beziehungsarbeit zum Vollzeitjob zu machen, das kann keiner leisten, sondern, soweit es das Leben zulässt, mit vollem Engagement für die Beziehung da zu sein. Allerdings gibt es Phasen, in denen eine Partnerin oder ein Partner mehr Kapazitäten hat als die oder der andere. Und eine Weile darf das auch so sein. Doch Ertu hat das Gefühl, schon über einen sehr langen Zeitraum sehr viel gegeben zu haben. Er fühlt sich ausgelaugt. Und es ist gut, dass er das offen sagt und keine falschen Versprechungen macht. Nur sollte sich sein Engagement auch irgendwann wieder steigern. Deshalb muss ich ihn dazu einladen. Und genau prüfen, ob er dafür erreichbar ist.

«Hast du auch mal draufgeschaut?», frage ich ihn. Es gab durchaus schon Paare, die gemeinsam vor OMGYes.com saßen, sich Inspiration holten und dann jede Menge Spaß hatten, gemeinsam neue Bewegungen oder Impulse zu erforschen.

«Ja, mal kurz», erwidert Ertu zu meiner Verwunderung. Er hat sich ja als sehr leidenschaftlich bezeichnet, sehr neugierig scheint er allerdings nicht zu sein. Vielleicht ist es doch an der Zeit, auch mal über seine Vorlieben zu sprechen und darüber, was genau er schon alles «investiert» hat?

«Und? Wie gefiel es dir?», bohre ich ein bisschen.

«Ja, gefällt mir gut. Das ist sehr schön gemacht, und ich fand manches auch interessant.» Ertu klingt, als hätte seine Frau ein neues Hobby entdeckt, das ihn sehr freut. Aber er selbst scheint nicht involviert.

Plötzlich sehe ich, dass Paula eine Träne die Wange hinunterläuft. «Es ist auch schlimm für mich, dass Ertu so unbefriedigt ist», sagt sie mit bebender Stimme. «Ich bin einfach keine gute Ehefrau.»

Dieser Satz taucht den ganzen Raum in ein fahles Grau. Und die Luft wird buchstäblich dünn. Ich habe das dringende Bedürfnis, das Fenster zu öffnen. Damit dieser Satz den Raum verlässt. Dieser Satz, der so viel Schmerz impliziert und auch einen falschen Glaubenssatz, der Paula stark unter Druck setzt. Aber ich möchte den Moment jetzt nicht unterbrechen und den beiden noch mal meine volle Aufmerksamkeit schenken. Wir haben ohnehin nur noch eine Viertelstunde.

Ertu rückt ein Stück näher zu Paula. Er legt eine Hand auf ihren Oberschenkel und den anderen Arm um ihre Schultern. Sie weint. Ertu streichelt ihre Wange und wischt die Tränen weg. Dann küsst er sie auf die Schläfe. Diese Nähe ist überraschend und schön, und ich merke, dass es für mich gerade nichts zu tun gibt. Ich lasse die beiden einfach so dasitzen, reiche ihnen die Tempo-Box. Und denke: Ertus Sprache der Liebe ist offenbar tatsächlich Körperlichkeit.

Als ich das Gefühl habe, es ist Zeit und die beiden sind wieder ansprechbar, spiegele ich ihnen meine Wahrnehmung: «Das berührt mich sehr. Es ist schön, dass du gerade so für Paula da sein kannst, Ertu, und dass ihr in so einem Moment beieinander sein könnt.» Das ist ein entscheidender Aspekt einer Paartherapie: dass man als Therapeutin hilft, Dinge zu sehen, die nur minimal stattfinden oder oft als selbstverständlich wahrgenommen und schnell wieder weggeschoben werden. Wenn ich solche kleinen kostbaren Momente nicht noch einmal aus meiner Perspektive beschreibe, bleiben sie dem Paar nicht in Erinnerung, und nur die großen schmerzhaften Augenblicke, in denen etwas Schlimmes gesagt wurde, prägen sich ein.

Paula nimmt jetzt Ertus Hand, drückt sie. Ertu drückt zurück.

«Ich habe hier noch etwas für euch.» Ich reiche ihnen den

‹Let's-talk-about-sex-Bogen›. Erwiesenermaßen wirkt sich die Kommunikation über Sex nicht nur auf die Orgasmusfrequenz bei Frauen aus, sondern auch auf die Zufriedenheit beider Geschlechter in der Beziehung generell und in sexueller Hinsicht.[5]

«Diesen Fragebogen könnt ihr euch gerne zu Hause einmal in Ruhe ansehen. Fürs Erste könnt ihr jeder auch nur eine der Fragen beantworten.»

Paula putzt ihre Nase und wirkt neugierig.

«Paula: Bitte schreibe du bis zur nächsten Sitzung eine sexuelle Fantasie auf, die du gerne mal mit Ertu ausleben würdest.»

Mit dieser Aufgabe beabsichtige ich nicht nur Paulas Lust zu aktivieren. Sexuelle Fantasien haben auch verschiedene psychologische Funktionen. Sie können uns helfen, unerfüllte Bedürfnisse zu befriedigen, und uns Trost und Ablenkung bescheren. Zudem dienen sie dazu, sexuelle Szenarien in Gedanken durchzuspielen, bevor wir sie in die Tat umsetzen.[6]

«Und Ertu», fahre ich fort. «Für dich wäre die Frage: Wie würde es dir gefallen, wenn Paula einen Quickie initiiert? Und welchen? Bitte beantwortet die Frage aber nicht nur in einem Satz, sondern geht wirklich in die Tiefe, stellt euch das detailliert vor und malt ein Bild mit ganz vielen Farben ... Was denkt ihr? Wollt ihr das ausprobieren?»

Die beiden sehen den Fragebogen an und nicken.

«Ja», sagt Paula, «gerne.»

Ertu nickt nur noch einmal.

Als die beiden gegangen sind, beobachte ich ein Eichhörnchen vor meinem Fenster. Es sitzt im Blumenkasten und schaut sich um. Dann fängt es an zu buddeln. Ich gehe die Dialoge von eben noch einmal durch. Ich merke, dass ich Paula schon gut spüren kann, glaube, ihre Hürden und Ängste zu verstehen. Ich habe den Eindruck, sie hat große Angst, nicht zu genügen und Ertu am Ende zu verlieren. Aber heute ist auch ihr Selbstbewusstsein aufgeflammt. Und ich hatte das erste Mal das Gefühl, dass sie diese Arbeit hier nicht mehr nur für Ertu und zur Rettung der Beziehung macht, sondern auch für sich. Sie öffnet sich und verlässt ihre Komfortzone.

Das Eichhörnchen hat eine Walnuss gefunden, die es offenbar im Blumenkasten versteckt hatte. Jetzt versucht es, die Nuss zu knacken, dreht sie in seinen Pfoten. Ich muss an Paulas Spiel mit dem Ring in der letzten Sitzung denken. Heute hat sie es nicht gemacht. Sie hat heute auch weniger nach unten gesehen, hat sich mehr Raum genommen. Sie war bereit, auch über ihre Scham und ihre Schuldgefühle zu sprechen. Wenn das geschieht, öffnen sich wahrlich neue Türen. So unangenehm und schmerzhaft es auch ist: Dann entstehen echte Chancen, etwas Großes hinter sich zu lassen und zu heilen. Ich glaube, dass Paula das schaffen kann, wenn sie diesen Weg weitergeht.

Aber ich weiß gerade nicht, wo Ertu steht und wie ich ihn abholen kann. Er war am Ende so weich und liebevoll mit seiner Frau. Dass er ansonsten einfach müde ist und ratlos, manchmal auch wütend, ist nachvollziehbar. Aber bisher hat er wenig von seinem Inneren gezeigt. Er muss doch auch einen Schmerz empfinden? Wenn er sich schon viele Jahre so engagiert hat, um mit Paula wieder körperliche Nähe zu entwickeln, muss er sich inzwischen doch extrem abgelehnt fühlen. Vielleicht genauso ungenügend, wie Paula sich fühlt? Möglicherweise haben wir Paulas Erleben und ihre Empfindungen zu sehr in den Fokus gerückt. In der nächsten Sitzung sollte es unbedingt mehr um Ertu gehen.

Das Eichhörnchen hat die Nuss geöffnet. Und in diesem Moment bekommt es Besuch. Oh, das könnte böse enden, denke ich noch, als das zweite Eichhörnchen sich sehr nah zum ersten setzt. Überraschenderweise teilt dieses seine Beute. Die beiden sitzen jetzt da und knabbern. Sie machen Quietsch-Geräusche, und es sieht aus wie ein sehr vergnügliches Lunch-Treffen. Genug für heute mit Paula und Ertu. Ich muss dringend auch etwas essen, bevor das nächste Paar kommt.

Die nächste Sitzung beginnt überraschend für mich. Paula trägt heute Baggy-Jeans, ein ausgeblichenes T-Shirt und Turnschuhe, sagt kaum Hallo und kommt direkt auf ihre Frage zu sprechen, deren Antwort sie offenbar dringend berichten will.

«Es war ganz verrückt», erzählt sie und wirkt fast aufgeregt. «Auch wenn ich eigentlich gar nicht mehr richtig Lust auf Sex habe, hatte ich sofort eine Szene im Kopf! Also von mir und Ertu!» Sie lächelt.

«Wie schön», sage ich. «Möchtest du sie erzählen?»

«Ja.» Jetzt schaut sie doch kurz auf ihre Hände, noch einmal zum Klimt-Bild, als würde sie sich ein Go abholen, und dann zu mir.

«Ertu und ich sind spazieren gegangen. Und ich hatte einen Regenmantel an, so einen ganz langen, schwarz und mit einem Lackstoff, der mit einem breiten Gürtel zugebunden war. Während wir langsam die Straße entlanggegangen sind, habe ich irgendwann Ertus Hand genommen und sie in die Öffnung vorne gesteckt. Und dann hat er meine nackte Haut am Bauch gespürt und mich ganz erstaunt angesehen, weil er nicht wusste, dass ich nichts darunter trage.» Paula redet schnell und etwas tonlos. «Er hat gegrinst und ich auch. Und dann habe ich ihn in einen Hauseingang gezogen und einen Schenkel um ihn geschlungen. Ertu hat mich am Hals geküsst und dann ganz wild auf den Mund. Ich habe seine Hose aufgemacht, und dann war er auch sofort in mir.» Jetzt schaut Paula, als hätte sie gerade gebeichtet, dass sie einen spektakulären Banküberfall durchgeführt hat, den sie selbst aber absolut genial findet und nicht bereut.

Wow! Ich bin zugegeben ein bisschen baff. Ich hatte nicht damit gerechnet, dass Paula so etwas mitbringt. Ich schaue zu Ertu.

Er lächelt. Aber ich kann nicht sagen, ob er sich richtig freut. Da ist etwas in seinem Blick, das mich irritiert.

«Ertu, wie gefällt dir Paulas Fantasie?», frage ich ihn ganz direkt.

«Gut», sagt er. Und es klingt etwas zu nett. Das verwundert mich. Ich habe selten erlebt, dass ein Mensch, der zuvor eher gehemmt war, was das Thema Sex angeht, bei dieser Aufgabe so eine Offenheit an den Tag gelegt hat. Die Reaktionen der Partner:innen waren aber in ähnlichen Situationen auch bei den kleinsten erotischen Andeutungen weitaus positiver.

«Wir haben zu Hause schon darüber gesprochen», schiebt Ertu nach. Das erklärt natürlich, dass er jetzt nicht reagiert, als würden Weihnachten und Geburtstag zusammenfallen. Dennoch ist das nicht nur der fehlende Überraschungseffekt. Es muss noch einen anderen Grund für seine Zurückhaltung geben.

«Und wie war das in dem Moment, als Paula dir die Fantasie zum ersten Mal erzählt hat?», frage ich.

«Schön. Ich habe mich gefreut.» Es hätte mich nicht gewundert, wenn er jetzt noch ein ‹für sie› hintendran gehängt hätte. Ich werde das Gefühl nicht los, dass Ertu das alles hier als Wellness-Retreat für seine Frau betrachtet und ihr jede Massage und Fango-Packung von Herzen gönnt, aber selbst eben nur im Auto vor der Tür wartet.

«Er hat sich wirklich gefreut», bestätigt Paula jetzt. Sie sieht zufrieden aus.

Und ich bin für einen Augenblick ziemlich ratlos. Bin ich das Ganze zu einseitig angegangen? Habe ich Ertu zu wenig gespiegelt, dass in der Regel zwei Menschen Teil einer solchen Problematik sind und dass auch seine Gefühle einen wichtigen Part einnehmen? Oder leide ich gerade unter Hybris, nehme mich und die Therapie zu wichtig und will nicht einsehen, dass mein Job schon so gut wie beendet ist und ich hier gar nicht so etwas

Glorreiches leisten muss? Wenn die beiden so happy sind, sollte ich mich vielleicht auch einfach freuen? War das eben nur eine Einzeltherapie mit Gast? Nein! Mein Bauch sagt ganz klar: Nein. Die Sache ist hier nicht zu Ende. Es gibt da noch einen anderen Aspekt. Und den dürfen wir nicht übersehen. Ich habe selten ohne Grund ein so klares Gefühl gehabt, dass einer der beiden Partner:innen noch nicht genug sichtbar und spürbar war und uns genau das im Prozess fehlt.

«Wie geht es dir damit, Ertu?», frage ich.

«Ja, gut, wie gesagt, das ist toll.» Ertu bleibt in der Friendzone.

«Hast du Lust, uns deine Antwort auch zu erzählen?», schwenke ich um. Ich lasse mich hier jetzt nicht einfach abspeisen. Ich erkenne den Unterschied zwischen Verhätscheln und echter Intimität. Wenn Letztere sich zeigt, ist das etwas völlig anderes. Dann sind beide absolut da, vollkommen präsent und aufeinander bezogen. Und genau das kann ich als Dritte im Raum auch sehr genau spüren. Das ist übrigens auch das, was bei erfüllendem Sex geschieht: Es gibt keine Ablenkungen, das Außen ist völlig gleichgültig, niemand wertet das, was passiert, die inneren Kritiker:innen schlafen - es zählt nur, diesen einen Augenblick und jede Sekunde der Lust des Gegenübers und des eigenen Begehrens zu genießen.

«Ich finde die Fantasie von Paula wirklich eine super Idee für einen Quickie. Das kann man ja kaum toppen!» Okay, sind wir jetzt bei einem Kreativwettbewerb in der Schule, und Ertu kann den Sieg des Gegners mit Wertschätzung anerkennen?

«Ich wollte hier eigentlich keinen Preis für die beste Sex-Vision verleihen!», sage ich und strahle Ertu provokant ins Gesicht. «Es ist okay, wenn du heute noch keine Fantasie teilen möchtest. Oder willst du uns einfach nur ein bisschen auf die Folter spannen?»

Ertu muss lachen.

«Nein ... Ich kann das auch gern erzählen.» Ist er jetzt unsicher? Das wäre ja schon ein Step. Ich muss mich selbst fragen, ob ich mich über Ertus Verunsicherung freuen würde, weil das wenigstens ein authentischer Moment wäre oder weil ich Paula ein Gegengewicht wünsche? Finde ich es gerade einfach unfair, dass nur sie sich verletzlich und verletzt zeigt? Und übersehe ich dabei, dass Ertu das vielleicht in ganz anderen Dingen ebenfalls ist oder eben in Bezug auf Sex schon jahrelang war?

«Ja, gerne!», ermutige ich Ertu.

«Also ... ich wünsche mir eigentlich nur, dass Paula, wenn ich nach dem Joggen dusche, plötzlich ins Bad kommt, sich auszieht und zu mir kommt ... Und wir es unter der Dusche treiben.» Ertu sieht aus, als hätte er den rostigen Nagel endlich aus dem alten Stück Holz bekommen. Da ist eine gewisse Erleichterung, aber sonst auch nichts. Mit Erotik hat das alles nichts zu tun.

«Okay», sage ich. «Paula, wie ist es für dich, das zu hören?»

«Na ja, ich kenne diese Fantasie», Paula wirkt fast gelangweilt. «Ich weiß, dass Ertu sich das wünscht. Und ich habe das auch schon mal gemacht.»

Ich habe keinen Schimmer, wie ich mit den beiden aus dieser Sparkassen-Filial-Stimmung herauskommen soll. Ich würde ihnen jetzt am liebsten ungefragt einen sechsstelligen Kredit geben und ihnen befehlen, in die Südsee abzuhauen!

«Dann ist doch alles bestens», höre ich mich sagen. Und denke, es ist extrem gewagt, aber einen Versuch in jedem Fall wert. «Dann wisst ihr doch, wo es in Zukunft langgeht. Das freut mich. Habt ihr sonst noch ein Anliegen?»

Ertu schaut entgeistert. Paula blickt irritiert erst zu mir und dann zu Ertu. Ich platze fast, aber schweige lächelnd. Es ist ein Risiko, aber ich bin zu 98 Prozent sicher, dass das Experiment gelingt.

«Was soll das heißen?», fragt Ertu jetzt. «Es ist doch nichts bestens! Ich meine, unser Problem ist doch damit nicht gelöst!»

Okay, Ertu ist wach. Diese Stufe ist schon mal erreicht. Ich liebe paradoxe Interventionen.

«Warum denn nicht?», beharre ich.

«Weil, weil … wir das doch noch nicht umsetzen können», antwortet Ertu. Und jetzt sehe ich etwas Neues in seinem Blick. Ja, da ist ein neues Gefühl. Das ich aber noch nicht benennen kann. Außerdem hat er endlich das entscheidende Wort gesagt: wir. Wir können das noch nicht umsetzen.

«Was hast du für ein Gefühl, woran das gerade liegt?», frage ich ihn. «Was fehlt dir denn?»

Ertu streckt seine beiden Arme nach unten aus, als wollte er sie dehnen, er hält inne. Seine Augen bewegen sich durch den Raum, als suche er etwas. Sein Körper ist jetzt völlig unbewegt.

«Ich weiß nicht. Freiheit?»

Es ist interessant, dass seine Stimme am Ende des Wortes ein Fragezeichen setzt. Ich lasse es erst mal im Raum stehen. Freiheit. Dieses Wort muss atmen. Ertus Augen suchen weiter. Dann sieht er auf seine Knie.

«Ich habe beim Sex oft das Gefühl gehabt, Paula macht alles nur mir zuliebe. Sie will es mir nur recht machen.»

Paula schaut sofort mich an. Ihre Augen sind glasig. Dieser Blick sagt: ‹Hilf mir!›

«Paula, stimmt das, was Ertu sagt?», frage ich. Oh Mann, was für eine blöde Formulierung. Ich klinge wie eine Grundschullehrerin.

Man kann Paula geradezu denken hören. Sie schaut auf ihre Hände, dreht wieder ihren Ring. Dann sieht sie auf, ihre hellgrauen Augen halten sich an mir fest.

«Er hat immer versucht, mich zu befriedigen», sagt sie jetzt. Ihre Stimme ist viel ruhiger als bisher. Und klar. «Er hat ganz viel dafür gemacht und ich habe mich bemüht, dass er sich gut fühlt. Und dann habe ich heftig geatmet und überlegt, was ich als Nächstes machen soll, damit es ihm gefällt und er denkt, ich sei erregt. Ich weiß, dass er mir wirklich etwas Gutes tun wollte, aber ich habe ganz oft überhaupt nichts mehr gefühlt, weil es in meinem Kopf viel zu laut war und ich nur darüber nachdachte, wie es ihm geht und dass ich endlich kommen müsste.»

Jetzt ist es doch wieder Paula, die sich öffnet. Das ist sehr wertvoll. Aber wieder sind wir bei ihr, bei ihrer Scham und bei etwas, das sie vermeintlich falsch gemacht hat. Und ich frage mich, wohin das hier führt und wann Ertu sich einbringen wird. Ich muss ihn noch einmal einladen. Ich schaue ihn an. Warte noch einen Moment. Ich will Paulas Worte wirken lassen. Jemand, der so ein Geständnis hört, braucht einen Moment, das zu verarbeiten.

Nach einer Weile habe ich das Gefühl, Ertu verkriecht sich nach innen. «Ertu, was macht es mit dir, das zu hören?», versuche ich ihn zurückzuholen.

Er sieht mich an. Sein Blick sieht traurig aus.

«Das ist bitter», sagt er. «Das ist nicht …», jetzt stockt seine Stimme. Er schluckt. «Das ist nicht schön zu hören.» Er wirkt getroffen.

«Wie fühlt sich das für dich an, dieser Gedanke und das Gefühl, dass Paula es dir nur recht machen wollte?»

«Absolut nicht gut.» Ertu sieht aus dem Fenster, in den perfekt blauen Himmel. «Um ehrlich zu sein: beschissen!»

Ich lasse eine Pause. Vielleicht möchte er das noch ausführen.

«Ich meine, das ist doch nicht schön, wenn deine Frau selbst gar nichts will», ergänzt er. «Und es nicht genießt, nur im Kopf ist. Dann ist sie eigentlich doch überhaupt nicht anwesend, gar nicht richtig bei dir!» Er schluckt noch einmal.

«Ertu, ich kann mir vorstellen, dass es auch wehgetan hat,

dass Paula irgendwann gar nicht mehr mit dir schlafen wollte», bleibe ich dicht an dem kleinen Türspalt, den Ertu jetzt geöffnet hat. «Und nun zu erfahren, dass sie es wirklich nicht genießen konnte und dir das Gefühl geben wollte, dass sie es tut - das ist sicher auch traurig, oder?»

«Ja.» Ertu schluckt wieder. Wahrscheinlich kämpft er dagegen an, zu weinen.

«Gab es auch das Gefühl in dir, abgelehnt zu sein?» Jetzt habe ich den Fuß in die Tür gestellt und hoffe, das war nicht zu forsch.

«Ja», sagt Ertu leise und nickt.

«Was hast du damit gemacht?», gehe ich einen kleinen Schritt weiter. «Ich meine jetzt nicht deine Versuche, weiter auf Paula einzugehen. Ich meine: Wie hast du versucht, damit innerlich umzugehen?»

«Ich weiß nicht ... mich in die Arbeit gestürzt ... viel mit den Kindern unternommen am Wochenende ...»

«Hast du denn auch mal mit einem Freund darüber gesprochen?» Mist, ich glaube, dieser Schritt war zu groß.

«Nein», Ertu setzt sich wieder etwas gerader hin. «So was bespreche ich nicht mit Fremden.» Dann fällt ihm auf, dass er gerade vor einer ziemlich fremden Person sitzt. Er muss ein wenig lächeln. «Also, nicht mit Freunden, meine ich, normalerweise bespreche ich das gar nicht.»

«Hast du manchmal die Hoffnung verloren, dass es sich wieder ändert?» Ich habe das Gefühl, Ertu jetzt sehr nahzukommen, aber ich glaube auch, dass es ein wichtiger Augenblick ist und eine Chance. Ja, am Ende, eine Chance zur Freiheit.

«Ja. Das habe ich. Immer öfter sogar.» Tatsächlich scheint sich direkt etwas in ihm zu lösen. «Ich meine, ich habe nur noch gearbeitet, mich um unsere Kinder gekümmert und immer mehr auch um meine kranke Mutter. In den Sommerferien habe ich in Akins Fußballclub das Trainingscamp gemacht und in den Winterferien das Haus umgebaut. Und die ganze Zeit versucht, dafür zu sorgen, dass meine Frau endlich wieder Nähe möchte. Aber das war alles aussichtslos.»

Ertu schluckt wieder. Dann drückt er mit Daumen und Zeigefinger auf seine Nasenwurzel.

«Ich kann mir sehr gut vorstellen, dass man da die Hoffnung verliert», sage ich und schaue zu Paula, die dasitzt wie ein Kind, das beim Klauen erwischt worden ist. Sie starrt wieder auf ihre Hände und dreht ihren Ring.

«Das kann doch nicht alles gewesen sein!», ruft Ertu jetzt, und es ist das erste Mal, dass er sich wirklich zeigt und spürbar wird, dass ihn das hier alles sehr wohl etwas angeht. «Ich möchte leben!» Jetzt rinnt doch eine einzelne Träne seine Wange entlang. Er wischt sie mit dem Handrücken weg. Da legt Paula eine Hand auf sein Bein.

Ich gebe dem Moment Raum. Lasse die beiden einfach so dasitzen. In dieser Stille, die ihnen etwas Luft gibt. Nach einer Weile habe ich das Gefühl, es ist gut, auch diesen Augenblick für die beiden zu konservieren. «Dass du das so sagst, Ertu», beginne ich leise, «dass du leben willst und deine Traurigkeit und Verzweiflung, das zeigt alles, finde ich, sehr klar, wie es euch gerade in eurer Beziehung geht. Und Paulas Annäherung macht das auch deutlich. Ich bin mir sicher, dass auch sie im Grunde das Leben mit dir genießen will. Oder?»

Paula nickt stumm. Sie sieht wieder hilflos aus.

Unsere Zeit ist um, und ich habe eine Intervention vorbereitet, die mir jetzt sehr gewagt erscheint und vielleicht auch völlig unpassend. Aber ich riskiere es, weil ich schon viele Paare begleitet habe, für die das Erlebnis zu einem echten Turn führte.

«Ich möchte euch noch etwas mitgeben, das vielleicht ein schöner Schritt sein könnte, raus aus der Theorie und dem Denken und Warten und Zweifeln.»

Beide sehen mich mit einem großen Fragezeichen im Gesicht an.

«Ich meine eine ganz praktische Übung aus der sogenannten Sexocorporal-Therapie», erläutere ich. «Und zwar geht es dabei um die Verbindung von Atmung und körperlicher Erregung. Die Übung führt jeder allein durch. Ihr setzt oder legt euch dazu bequem hin und konzentriert euch auf euren Atem. Und schließt die Augen, wenn ihr mögt. Dann atmet ihr mehrmals tief in den Bauch ein, sodass er sich beim Einatmen hebt und beim Ausatmen senkt. Stellt euch dann vor, dass die Luft, die ihr einatmet, eine erregende Energie ist. Spürt, wie sie sich im gesamten Körper ausbreitet. Und dann beobachtet, welche körperlichen Empfindungen ihr wahrnehmt, wenn ihr so atmet. Sind da vielleicht Wärme, ein Kribbeln oder ganz andere Empfindungen? Ihr könnt mit der Energie auch experimentieren und euch vorstellen, dass die erregende Energie sich intensiviert, wenn ihr tiefer atmet, und dass sie abnimmt, wenn ihr flacher atmet. Anschließend nehmt euch Zeit, noch mal nachzuspüren: Wie fühlt sich der Körper jetzt im Vergleich zu vorher an? Sind bestimmte Körperteile erregt oder entspannt? Oder ist etwas anderes passiert? Es gibt dabei kein Richtig und Falsch, und ihr könnt natürlich jederzeit aufhören, wenn es nicht angenehm ist. Was meint ihr? Wollt ihr das ausprobieren?»

Die beiden sehen einander an. In ihrem Blick sind Vorsicht und eine sanfte Zuneigung. Sie nicken beide. Und ich bin unglaublich froh, dass sie dafür offen sind und dass diese Sitzung noch so eine Wendung genommen hat.

Danach bin ich allerdings auch erst mal sehr erschöpft. Es ist in so aufgeladenen Situationen immer herausfordernd, den Raum zu halten, die richtige Richtung einzuschlagen, wenn es nicht weitergeht, dranzubleiben, wenn es wichtig ist, und abzulassen, wenn es zu viel wird. Und eben nicht zu lange einer völlig falschen Fährte zu folgen. Deshalb bin ich jetzt erleichtert, dass ich nicht ganz danebenlag, was Ertu angeht. Und trotzdem ist mir noch ein Rätsel, wie die beiden wieder Nähe zulassen und das Körperliche genießen können sollen. Dazu wird jeder für sich noch einen Weg vor sich haben. Beide haben tiefe Verletzungen, die man nicht mit ein paar guten Gesprächen mal eben aus der Welt schafft. Es geht in jedem Fall um Geduld.

Die nächste Sitzung läuft allerdings wieder ganz anders als gedacht.

«Wir haben miteinander geschlafen», fällt Paula direkt mit der Tür ins Haus und lächelt. Sie wirkt fast stolz.

«Und wie hat sich das für euch beide angefühlt?», frage ich und sehe zu Ertu. Aber er reagiert nicht auf meinen Blick. Nickt nur, schaut nach unten.

«Ertu, wie war das für dich?»

Ertu sieht mich überrascht an. Er hatte wahrscheinlich damit gerechnet, dass ich zuerst bei Paula nachhake. Aber da ich von ihr ja schon deutliche Signale bekomme, ist es mir wichtiger, erst einmal ihm meine Aufmerksamkeit zu schenken.

Ertu räuspert sich. Er wischt seine Hände an der Hose ab. Ist er nervös? Das passt so gar nicht zu dem Mann, als den ich ihn bis dato kennengelernt habe.

«Es war schön. Ja ... Natürlich war es schön.» Er spricht zögerlich. «Ich ... ich habe mich nur gefragt, ob Paula ... ob sie es wirklich wollte.»

Ich sehe Paula fragend an.

«Ja. Ich wollte das. Und ich habe es auch ein bisschen genossen.» Sie lächelt noch mal. Es wirkt authentisch. ‹Ein bisschen› ist ein Anfang. Es wäre schwer irritierend, wenn sie jetzt gesagt hätte: ‹Es war ein Feuerwerk der Liebeskunst! Ich bin achtmal gekommen!›

Ich schaue wieder zu Ertu. Er sieht unglücklich aus, zermürbt.

«Es fällt mir schwer, das zu glauben», gibt er zu. «Nachdem ich jetzt weiß, dass sie mir das auch oft vorgespielt hat.»

«Aber es war so. Ich mochte es diesmal ganz gerne», versucht Paula ihn zu beruhigen. «Ich habe diese Übung gemacht, und dann hatte ich Lust, es zu tun.»

Es klingt noch immer ein wenig so, als würde Paula von jemand anderem sprechen und nicht von sich selbst. Als würde sie einfach noch etwas fremdeln. Aber auch das kenne ich von vielen Paaren. Man muss sich nach einer langen Zeit der körperlichen Distanz erst mal wieder aneinander gewöhnen.

Ich möchte Ertus Empfindungen auf den Grund gehen: «Hast du es denn genießen können, Ertu? Oder warst du auch währenddessen schon unsicher?»

Ertu quält sich anscheinend mit einem Gedanken. «Ich weiß es nicht. Ja, schon, aber nicht so wie früher.»

«Okay, und wie fühlt sich der Gedanke für dich an, euch noch Zeit zu geben, damit es sich wieder entwickeln und etwas Neues daraus wachsen kann?», versuche ich ihm etwas Hoffnung zu machen.

«Ja, vielleicht», antwortet er. Dann starrt er auf die dem Sofa gegenüberliegende Wand. «Ich weiß nicht, ob ich dich noch liebe.»

So ist das alles abgelaufen, vom ersten Treffen bis jetzt, bis zu diesem Moment, in dem wir hier sitzen und Ertu diese Wand anstarrt. Und Paula Ertu anstarrt. Und dieser Satz und die Stille den Raum ausfüllen.

Ausgerechnet bei diesem Satz spricht Ertu Paula das erste Mal direkt an und sagt nicht «sie», wie sonst immer.

«Paula, wie geht es dir damit gerade?», frage ich in die Stille hinein.

Paula dreht sich wie in Zeitlupe zu mir, ihre großen hellgrauen Augen sehen mich mit leerem Blick an. «Es ist ...», sie spricht sehr langsam, «als würde alle Luft aus mir gesogen werden ... Aus meinem Leben ... Mein Leben ist gerade eine leere Hülle.»

Wieder Stille. Paula sieht zum Klimt-Bild. Es ist, als verschwinde sie darin.

«Es tut mir leid», fügt Ertu nach einer weiteren ewigen Pause an. Und erreicht Paula trotzdem nicht. Sie ist mit den Wasserschlangen weit, weit weggeschwommen.

«Ertu, kannst du vielleicht sagen, was bei dir gerade passiert ist und woher diese Aussage von dir kommt?», ich finde meine Frage nicht ideal, aber ich habe in diesem Augenblick keine bessere. Sein Satz war einfach übermächtig, da ist jede Annäherung schwer.

«Ich weiß nicht, ich habe das Gefühl, es ist einfach zu spät», jetzt rollt ihm eine Träne aus dem Auge. Er sieht Paula an. «Ich habe so viel versucht, ich bin so oft gescheitert und an dir abgeglitten. Du warst wie Teflon. Ich konnte dich nicht mehr berühren. Und jetzt reden wir hier über alles, und du siehst ein paar Videos und hast urplötzlich wieder Lust!? Ich weiß nicht, das geht mir alles viel zu schnell.»

Ich bin überrascht. Aber diesen Punkt kann ich sehr gut verstehen. Ertu hat über acht Jahre alles gegeben, damit seine Frau Lust auf Sex hat, nichts hat funktioniert, und jetzt geht es nach drei Sitzungen bei der Paartherapeutin ganz easy, und Paula scheint wieder fast unbeschwert und zuversichtlich zu sein. Ertu kommt da offenbar emotional nicht hinterher.

«Ich habe mich jahrelang von dir nicht mehr gesehen und gewollt gefühlt.» Jetzt ist Ertu ganz da. Jetzt kommen die Tränen, und jetzt zeigt sich seine ganze Erschöpfung. Paula lässt ihr Klimt-Bild und die Enttäuschung für einen Moment los. Ertus Tränen scheinen in ihr etwas zu verändern. Sie erreichen sie. Sie zieht ein Tempo aus der Box und will Ertu die Tränen wegwischen, aber er nimmt ihr das Tuch ab und macht es selbst.

«Es tut mir leid», sagt Paula jetzt und nimmt Ertus Hand. «Es tut mir leid, dass du darunter gelitten hast ... Aber jetzt sind wir doch auf einem Weg, oder?» Sekundenlang hat sie wieder diesen fast kindlichen, hellen Blick.

Ertu drückt ihre Hand. «Ja, vielleicht», sagt er und klingt weit entfernt davon, überzeugt zu sein. Paula zieht ihre Hand zurück.

Ich gebe den beiden heute nur den Impuls mit, zu versuchen, das schmerzliche Gefühl von Ertu anzunehmen und ihm Raum zu geben. Mit ihrem Hinweis, dass sie doch jetzt auf einem guten Weg seien, lässt Paula Ertu in seiner Verzweiflung nämlich wieder allein. Ich sage den beiden deshalb, wie wichtig es ist, dass Ertu sich in seiner Verletzung durch die lange Zeit der Ablehnung gesehen fühlt. Denn erst dann kann er Paula auch wieder vertrauen, wenn sie körperliche Nähe sucht.

Wieder allein, gehe ich die Sitzung noch mal durch und lasse nachwirken, was gerade alles passiert ist. Auch wenn die beiden sie noch nicht sehen können: Ich sehe die Chance. Ich spüre, dass eine Wendung passiert ist. Ertu hat einen großen Teil seines Schmerzes gezeigt, und Paula konnte ihre eigene Enttäuschung trotz aller Getroffenheit beiseitelegen und sich Ertu und seinen Gefühlen zuwenden. Er wurde gesehen. Und das ist der entscheidende Punkt. Allerdings kann es auch zu spät für die beiden sein. Ertu klang eben wieder weit entfernt, und auch in den Sitzungen war er oft nicht greifbar. Diese Entwicklung beweist für mich wieder, dass es mehr als die pure Sextherapie braucht. Dass man auch immer wieder das Emotionale beider Partner:innen ausarbeiten muss. Und dass es wichtig ist, zu eruieren, wie ein Paar zu diesem Punkt gekommen ist, an welcher Stelle sich die beiden emotional so weit verloren haben, dass sie nicht mehr ehrlich und sicher über ihre Wünsche, Gedanken und Bedürfnisse beim Sex sprechen konnten. Aber Paula und Ertu haben mich nunmal beauftragt, mit ihnen an diesem Thema zu arbeiten. Und immer wieder auf die Sexualität verwiesen, wenn ich über andere Themen sprechen wollte. Das muss ich als Therapeutin ernst nehmen. Auch wenn für die beiden heute viel passiert ist: Natürlich ist es erst der Anfang. Ertus Unsicherheit hat sich über Jahre aufgebaut, sie wird sich auch nur langsam wieder abbauen lassen. Genauso wird es noch eine ganze Weile dauern, bis zwischen beiden in Sachen Sex wieder eine echte Leichtigkeit entstanden ist. Und vor allem braucht es Zeit, bis das Vertrauen wieder da ist, dass das, was passiert, echte Entwicklungen sind und nicht nur Ausnahmen und Übersprungshandlungen.

Am nächsten Morgen, als ich mein Mailprogramm öffne, habe ich Post von Ertu.

«Liebe Anna.

Ich muss dir etwas sagen: Ich habe eine Frau kennengelernt, vor sieben Wochen. Ich habe das nicht gewollt, aber ich habe mich verliebt. Ich dachte, es hört auf, aber das tut es nicht. Ich fühle mich bei dieser Frau endlich wieder gesehen, ich bin wieder ich, ich fühle mich wieder lebendig! Ich merke, dass ich einfach nicht wieder zu Paula zurückfinde. Bitte unterstütze uns dabei, uns friedlich zu trennen. Sie ist mir immer noch der wichtigste Mensch im Leben, aber ich kann einfach nicht mehr mit ihr zusammen sein.»

Ich kann es kaum fassen. Ich habe alles Mögliche erwartet, aber nicht das. Mir schießen fünfzig Gedanken auf einmal durch den Kopf: sieben Wochen? Das kann er doch nicht für Liebe halten!? Ihm muss doch bewusst sein, dass sein Gehirn gerade auf einem Highspeed-Trip der Botenstoffe ist. Ich habe doch gespürt, wie viel die beiden einander bedeuten, wie viel auch Ertu noch empfindet. Wie kann es seine Entscheidung sein, sich zu trennen, anstatt die Affäre als Antrieb für einen neuen Schritt in der Beziehung zu nutzen? Wovor hat er Angst? Und wie wird

Paula das verkraften? Sie wird in einen Abgrund stürzen. «Uns unterstützen, uns friedlich zu trennen» – ja, das habe ich hundertmal gemacht, und es hat auch fast immer sehr gut geklappt: Warum weiß ich hier beim besten Willen nicht, wie das gehen soll und vor allem, weshalb? Es gibt immer wieder Menschen, die auf einem echten Weg hin zu wahrer Nähe und Intimität sind und sich diese Entwicklung dann plötzlich nicht mehr zutrauen und auf dem Absatz kehrtmachen. Aber ich halte Ertu eigentlich für mutig und willens, für reflektiert und geöffnet. Er war immer wieder so liebevoll und wohlwollend mit Paula. Und wie er sich in der letzten Stunde in seinem Schmerz gezeigt hat ... Warum hat er überhaupt die Therapie weitergemacht, während es die andere Frau schon gab? Ich bin nicht gegen Trennungen. Ich denke sogar, dass sie manchmal der beste und ehrlichste Weg sind, damit beide glücklich werden können. Vielleicht bin ich bei Ertu und Paula nur wieder zu einer hoffnungslosen Romantikerin geworden.

Ich versuche, erst mal durchzuatmen. Sehr oft kommt alles doch anders, als man als Therapeutin erwartet. Möglicherweise überlegt Ertu es sich bis zur nächsten Sitzung wieder anders. Vielleicht wird im nächsten Gespräch bei Paula noch mal etwas passieren. Es ist nichts final. Wir werden sehen.

Ich schreibe Ertu, dass ich überrascht bin, aber seine Bitte natürlich ernst nehme. Und ich weise ihn darauf hin, dass ich ihm nur helfen kann, das Gespräch einzuleiten, aber dass er selbst sagen muss, was er zu sagen hat. Auch hier gilt: Die Paare müssen die Arbeit selbst machen und ihre Schritte gehen. Das kann ihnen keiner abnehmen. Was für eine bizarre Vorstellung auch: «Liebe Paula, Ertu möchte sich von dir trennen, er hat eine andere. Tut mir leid, das war's dann wohl!» Ich muss an eine App namens SOMEBODY denken, die die Künstlerin Miranda July entwickelt hat. Sie erteilte einer in der Nähe des Adressaten befindlichen Person den Auftrag, eine essenzielle Botschaft zu überbringen. Nach dem Motto: «When you can't be there ... Somebody can.» Unglaublicherweise gab es einen wahren User-Ansturm, und July sah sich vor die Aufgabe gestellt, ein Startup zu gründen - entschied sich aber dann doch für das Aus des Dienstes. Gott sei Dank. Eine lustige Idee war es, aber bestimmt keine Lösung für wirklich wichtige Mitteilungen.

Am Morgen der entscheidenden Sitzung bin ich ungewöhnlich nervös und muss mich immer wieder erinnern, dass es hier kein Richtig und kein Falsch gibt und dass ich nicht «besser» wissen kann, was für dieses Paar gut und stimmig ist. Ich mache mir nur Sorgen, dass das gerade erst aufgebaute Selbstvertrauen von Paula durch diese Botschaft wieder einbricht, viele Tränen getrocknet und Wut ausgehalten werden müssen, bis sich Ertu in ein paar Monaten meldet und um einen neuen Termin bittet, weil er alles bereut. Aber auch das: nur meine Fantasie. Auch wenn ich es schon öfter so ähnlich erlebt habe, jeder Mensch ist individuell und damit auch jedes Paar.

Als Paula und Ertu dann wieder auf meinem blauen Sofa sitzen, kommt Ertu sofort selbst zur Sache und sagt ziemlich genau das, was er mir per Mail geschrieben hat. Paula sitzt stumm da, mit großen Augen. Im ersten Moment wie paralysiert. Es muss erst mal ankommen, denke ich, gleich kommen sicher die Wut und die Tränen. Vielleicht sogar Verzweiflung. Aber sehr lange kommt gar nichts.

Irgendwann versuche ich vorsichtig einen Anfang: «Paula, ich kann mir vorstellen, dass das gerade viel für dich ist, aber kannst du sagen, was du gerade empfindest?»

Paula dreht ihren Kopf ganz langsam zu mir. «Ich weiß nicht», sagt sie. «Ich bin irgendwie leer.»

Wieder Stille. Etwas Ähnliches hat Paula auch nach Ertus letzter Beichte gesagt. Aber heute wirkt sie anders. Weniger abgeschaltet. Vielleicht auch weniger schockiert? Vielleicht gibt es auch in ihr noch eine andere Seite?

«Und da ist noch was anderes», fügt sie dann an. «Ich glaube ... ich glaube, ich bin erleichtert für Ertu ... Er muss jetzt nicht mehr kämpfen.»

Es ist beeindruckend, dass diese Frau jetzt noch immer so empathisch sein kann. Aber vielleicht ist die Nachricht auch einfach noch nicht ganz bei ihr angekommen?

Ertu schluckt. Ich glaube, es rührt ihn sehr, dass Paula das gerade gesagt hat.

«Und was empfindest du noch?», hake ich nach.

Paula überlegt. Sie schaut wieder zu den Klimt-Frauen im Blütenmeer.

«Es ist komisch. Irgendwie ist da auch ... Auch eine Erleichterung für mich», sagt sie. Ihr Blick zeigt, dass sie tief in Gedanken ist. Aber es scheinen positive zu sein. Oder?

Ich lasse ihr bewusst noch etwas Raum. Und Ertu tut das auch. Obwohl seine Hand sich Paula etwas nähert, ohne sie zu berühren.

Paula wendet sich an mich. «Weißt du was, ich war noch nie allein», sagt sie plötzlich in ganz ruhigem Ton. «Als Kind hat meine Schwester bei mir im Bett geschlafen, und als ich bei den Eltern ausgezogen bin, hatte ich schon einen Freund. Ich war nie Single. Ich bin noch nie allein verreist. Ich glaube, ich freue mich darauf, wenn ich jetzt eine Zeit ganz für mich habe.»

Ich bin nicht sicher, ob Paula gerade überkompensiert oder uns das vorspielt. Aber es klingt echt.

Dann schaut sie zu Ertu. «Ja, es ist einfach schrecklich für mich», sagt sie dann, und ihr laufen die Tränen. «Aber ich will auch nicht, dass wir weiter leiden und kämpfen und uns verdrehen. Das kann nicht unser Weg sein!» Jetzt zieht Ertu sie an sich heran und hält sie einfach fest im Arm. Auch er beginnt zu weinen. «Ich liebe dich immer noch, Paula. Es ist doch nur unsere Anziehung verschwunden. Und das können wir nicht ändern. Aber unsere Verbindung ist noch da. Und die wird auch immer bleiben!»

Paula legt ihre Arme um seinen Hals, jetzt schluchzt sie, und ich muss einmal sehr tief ein- und ausatmen, weil mich das jetzt doch fast umhaut.

«Ja. Wird sie», spricht Paula in Ertus Hals. Dann löst sie sich ein Stück. «Wir waren immer unsere wichtigsten Kritiker, und wir sind immer noch fantastische Eltern», sagt sie, und beide müssen lächeln.

«Ja, das sind wir», sagt Ertu. Er nimmt Paulas Hand. «Wir werden uns immer nah bleiben. Das kann gar nicht anders sein. Du bist für mich der Mensch, dem ich am meisten vertraue auf dieser Welt. Und du bist die, die entscheiden wird, was auf meinem Grabstein steht.»

Paula umarmt ihn noch einmal. Und ich bin wirklich berührt und sehr bewegt von der Verbindung dieser beiden Menschen.

Paula löst sich wieder: «Ich weiß, dass ich auch noch mal sehr wütend sein werde, und ich möchte jetzt auch nichts hören von dieser Frau, absolut nichts. Aber ich weiß, dass es am Ende gut sein wird für uns. Ich will auch leben. Und ich will, dass du frei bist, Ertu!»

Paula macht mich tatsächlich sprachlos. Diese Stärke hätte ich in diesem Moment nicht erwartet. Ich freue mich über meine Fehleinschätzung. Und dass ich mal wieder lernen darf, dass Menschen sich permanent verändern, wachsen, neu sind. Selbst als Therapeutin und gute Menschenkennerin täusche ich mich immer wieder und werde überrascht. Deshalb sind eines meiner wichtigsten Werkzeuge meine innere Offenheit und Neutralität. Wir Menschen sind niemals wirklich objektiv. Wir schaffen es auch selten, kein Gefühl zu etwas zu haben oder gar keine Meinung. Aber wir können uns diese Tatsache immer wieder bewusst machen und auch den Fakt, dass unser Blick auf Dinge und unsere Einschätzung eben nur eine von unendlich vielen möglichen Perspektiven ist. Eine, die wir als Therapeut:innen anbieten können. Nicht mehr und nicht weniger. Und dann sagt das Leben eben manchmal: ist ganz anders. Und zwar viel schöner.

Bei aller Traurigkeit, die zu dieser Trennung von Paula und Ertu gehört, die so viel mehr als die gemeinsamen Jahre und zwei Kinder verbindet: Das, was vor allem in diesem Moment präsent ist, sind Ehrlichkeit und Öffnung. Und paradoxerweise bleibt, gerade weil die beiden loslassen, die Verbindung bestehen. Sicher werden noch Wut und vielleicht auch Verzweiflung auftauchen, Paula ist das sogar in diesem Augenblick bewusst. Dennoch können die beiden immer wieder auf ihre Verbundenheit zurückgreifen. Denn die ist stark. Sie waren einander sehr viel. Vielleicht war auch das am Ende die Problematik: Sie haben so viele Rollen füreinander eingenommen, ja, wie es mir jetzt erscheint, im Grunde jede Rolle - sie waren Liebende, engste Vertraute, wichtigste Berater, Eltern und fast Bruder und Schwester. Das führte wohl zur Überlastung. Wenn wir von der Partnerin oder dem Partner alles wollen und uns auch selbst aufopfern, entsteht ein Vakuum. Und es wird irgendwann unmöglich, die Paarrolle mit einer gesunden Freiheit und Eigenständigkeit zu leben. Die Paartherapeutin Esther Perel sagt, Feuer braucht Luft, Leidenschaft braucht auch Zeiten der Distanz. Wir müssen uns vom anderen wegbewegen können, um gerne und freiwillig zurückzukommen. Das konnten Paula und Ertu irgendwann nicht mehr. Sie haben sich ausgelaugt. Verlustangst, Mühe und das Gefühl, nicht zu genügen, haben ihnen die Luft genommen. Deshalb ist es gut, dass sie nun loslassen, um wieder atmen zu können. Wie es aussieht, brauchen beide jetzt etwas ganz anderes als diese Enge. Freiheit für sich selbst und die eigene Entwicklung, die in dieser Partnerschaft wohl nicht mehr möglich war.

Umso schöner und wichtiger ist es, dass jeder für sich in diesem Prozess gewachsen ist. Beide haben ihren Schmerz zugelassen, Ängste und Wut gezeigt, sich verletzlich gemacht. Genau darin konnten sie sich begegnen und einander wieder spüren. Darin zeigte sich Nähe. Ja, am Ende glaube ich, das ist vielleicht die höchste Form der Liebe: dem Glück des anderen Vorrang zu geben vor den eigenen Wünschen an ihn. Und das ist dann nicht nur Liebe, sondern auch echte Freiheit.

ESTHER UND FRANK

«Wenn du so genau weißt, was für die Jungs richtig ist, lös das Problem doch selbst mit ihnen!» Franks Stimme ist hart. Seine blauen Augen wirken dunkler als zuvor und kühl, sie fixieren Esther. Er hat seinen langen Rücken ganz durchgestreckt und ist jetzt auch im Sitzen deutlich größer als seine Frau. Sein nachtblauer Anzug und das gleichfarbige Hemd lassen ihn zusammen mit seinem silbergrauen Haar noch imposanter erscheinen.

«Das ist wieder so typisch!», ruft sie. «Jetzt lässt du mich wieder hängen, nur weil ich eine andere Meinung habe.» Sie verschränkt die Arme vor der Brust. Ihre schwarze, hochgeschlossene Bluse spannt an den Schultern. Genau wie ihr dunkelrotes Haar am Kopf, das sie heute streng zurückgenommen und oben zu einem Dutt gebunden trägt. Ihre bordeauxroten Lippen sind schmal. «Und dann muss ich alle Probleme mit den Kindern wieder allein lösen! Als wenn ich nicht schon genug für diese Familie tun würde!»

«Ach so, du tust so viel für die Familie und ich nicht!?», fährt Frank sie an. «Ja, klar! Und dass ich mir derart den Arsch aufreiße, um uns alle zu ernähren, oder dass ich kaum noch irgendwas für mich mache, jedes Wochenende fast nur für die Jungs da bin, dass ich mit allen dreien für jede verdammte Klassenarbeit lerne und ihnen bei jedem Referat helfe, dass ich sie überall hinfahre … Das zählt natürlich nicht!» Auf seinen Wangen und seinem Hals sind jetzt rote Flecken zu sehen. Doch sein Blick ist kalt. «Eigentlich tue ich absolut nichts so, wie du es gerne hättest. Für dich bin ich ein mieser Vater und ein noch mieserer Ehemann!»

«Schon wieder diese abstrusen Unterstellungen!», giftet Esther zurück. Sie schlägt ein Bein über das andere, sodass der spitze Absatz ihrer schwarzen Stiefelette in Franks Richtung zeigt. Ihren Kopf dreht sie weg von ihm und spricht zur Tür. «Das ist echt deine Lieblingsbeschäftigung, Dinge zu erfinden, die ich angeblich denke, und dich selbst zu bemitleiden! Anstatt mir mal zuzuhören und wirklich mit mir zu reden!»

«Ach ja, zuhören kann ich also auch nicht!» Frank hebt beide Hände in die Luft. «Und nicht wirklich mit dir reden. Ich frage mich langsam, ob du mit irgendetwas an mir zufrieden bist!?»

Esther dreht sich ruckartig zu ihm, die Arme weiter fest vor der Brust verschränkt, wie eine Art Panzer. «Ha! Das ist echt die Höhe! Jetzt willst du auch noch Komplimente hören! Während du mir *nie* sagst, was du an *mir* schätzt oder gar toll findest! Glaubst du, ich fühle mich von dir gesehen?»

«Okay, fantastisch, jetzt sehe ich dich nicht mal mehr!» Frank schaut demonstrativ zum Fenster. «Wenn ich zu so absolut nichts zu gebrauchen bin, was willst du dann noch mit mir!?»

Esther und Frank sind auf dem besten Weg in die Eskalation. Und das auf meinem blauen Sofa. Heute wirkt die Farbe leider kein bisschen beruhigend. Und meine Anwesenheit augenscheinlich auch nicht. Die Dynamik ist so stark, und für mich als Therapeutin ist derart offensichtlich, was hier passiert, dass ich mal wieder erstaunt bin, wie wir Menschen es nicht schaffen, etwas Abstand zu nehmen und den Teufelskreis der Anklage zu durchbrechen, wenn wir selbst Teil eines Konflikts sind. Und das völlig unabhängig von einer sehr ausgeprägten Ratio bei Kopfmenschen oder einem generell hohen Reflexionsvermögen von sehr bewussten Partner:innen. Im Konflikt sind wir (fast) alle buchstäblich in einem Tunnel und können außerhalb unseres eigenen winzigen Sichtfelds nichts mehr wahrnehmen. Und vor allem nicht in Distanz zu uns selbst gehen.

Für Esther und Frank ist es besonders schwer, ein Stück zurückzutreten, das Geschehen von außen zu betrachten und den anderen wieder richtig in den Blick zu bekommen. Denn sie sind Verfolger:innen im Kampf. Blind vor Wut. Für sie ist klar: Der andere ist der Erzfeind Nummer eins, der nur angetreten ist, um mich zur Strecke zu bringen. Ich muss ihn umlegen, bevor er mich umlegt. Entsprechend hole ich alles an Waffen heraus, was mein Arsenal hergibt, und das Einzige, worum es hier geht, ist möglichst schnell nachzuladen und das neue Geschoß abzufeuern – bevor mich der andere wieder trifft!

Es gibt Paare, die bei einem so krassen Konflikt innerhalb einer Therapiesitzung irgendwann doch aus der Situation heraustreten und Scham spüren. Die merken: Wir sitzen in einer Praxis mit einer uns nahezu fremden Person. Das ist zu viel des Guten! Wir müssen aufhören!

Aber Esther und Frank ist es offenbar nicht peinlich, sich in meiner Gegenwart derart anzugehen. Oder besser gesagt: Sie nehmen es in Kauf. Denn der Kampf ist wichtiger. Vielleicht haben sie mich auch schon komplett vergessen. Bevor es also eskaliert und einer von beiden gleich zu meiner Freud-Büste oder nach der Blumenvase greift, mache ich mich besser mal bemerkbar.

«Okay, ich weiß, ihr seid noch lange nicht fertig», sage ich trocken. «Aber ich muss hier trotzdem mal unterbrechen.»

Die beiden drehen sich noch ein Stück mehr voneinander weg, setzen sich erneut gerade hin. Frank schaut nach draußen, Esther zur Tür. Am liebsten würden sie jetzt wahrscheinlich beide direkt die Praxis verlassen, um vor dem Haus in aller Ruhe weiter zu streiten. Dummerweise ist die Stunde aber noch nicht vorbei. Und auch wenn sie davon gerade ganz sicher nichts hören wollen, müssen sie jetzt meine Spiegelung der Situation über sich ergehen lassen.

«Ihr habt sicher selbst gemerkt», spreche ich in die wutgeschwängerte Luft im Raum, «dass ihr in eine Dynamik geraten seid, die sehr zerstörerisch ist.» Selbstverständlich haben sie das nicht gemerkt und merken es auch jetzt noch nicht sofort. Aber meine Worte werden ihre Wirkung schon entfalten. Auch wenn es noch einen Moment dauert.

«Ihr seid beide sehr willensstark und schlagfertig.» Ich sehe, wie gut ihnen das Lob tut. Und denke: Leute, das ist jetzt nur etwas Ego-Futter! Schnallt euch bitte an: Der entscheidende Punkt kommt erst noch: «Und ihr seid unerbittlich. Ihr behandelt den anderen wie einen Todfeind. Ihr kämpft da einen blutigen Kampf», ich senke bewusst die Stimme: «gegen den Menschen, den ihr liebt!»

Jetzt sieht Frank zu Boden. Ich vermute, meine Botschaft kommt langsam bei ihm an, die Wut legt sich etwas, und dann folgt wohl gleich das schlechte Gewissen. Esther wackelt unruhig mit dem Fuß. Ihr Schuhabsatz sticht Löcher in die Luft. Sie sieht aus, als wäre sie sechs Jahre alt und ich hätte gerade ihr Sticker-Album in eine Badewanne voll blitzblauem Schlumpf-Schaum geworfen. Sie schaut weiter zur Tür, reckt den Kopf sogar noch etwas nach oben.

«Ja», sagt Frank jetzt betroffen, er öffnet sein Jackett. «So geht es nicht weiter. Das ist ja das Schlimme, dass wir auf diese Art streiten. Auch vor den Kindern. Die imitieren uns schon, wenn sie selbst einen Konflikt haben - und sind richtig aggressiv.» Er schaut zu Esther.

Die wippt weiter mit dem Absatzschuh und hat das Kinn zur Seite gestreckt. Sie sieht zum Bücherregal. Ich kann mir vorstellen, dass sie sogar die Buchrücken liest. Wenn sie das tut, dann nicht aus bösem Willen, aus Ignoranz Frank, mir oder der gesamten Paartherapie gegenüber. Sie tut es, um sich zu beruhigen. Sie kocht innerlich weiterhin. Und sie versucht, die Hitze zu drosseln. Aber das braucht eben einen Augenblick. Das ist eins der vielen Dinge, die Partner:innen oft nicht erkennen können und dann falsch interpretieren. Esther kann auch wegen der immer noch starken Wut noch nicht sprechen. Sie befindet sich in einem Ausnahmezustand. John Gottman spricht hier auch vom ‹emotional flooding› - in diesem Zustand ist eine Person so überwältigt von negativen Emotionen, dass sie nicht mehr in der Lage ist, klar zu denken und effektiv zu kommunizieren. Die Konzentration an Stresshormonen wie Adrenalin und Cortisol steigt erheblich an, es wird eine «Kampf-oder-Flucht»-Reaktion ausgelöst. Das konnte in Experimenten auch an einer erhöhten Herzfrequenz abgelesen werden. Bei einer Posttraumatischen Belastungsstörung oder anderen Traumastörungen sind Menschen zum Beispiel chronisch überflutet.

Gerät eine gesunde Person während eines Konflikts in diesen Zustand, ist nach Gottman eine konstruktive Lösung unwahrscheinlich. Dann ist die Empfehlung des Psychologen eine Auszeit oder «Cooling-off-Periode». Damit die Emotionen abklingen können und die Kommunikation anschließend in einem ruhigeren Zustand weitergeführt werden kann. Tiefes Atmen hilft, oder zu versuchen, sich an die Realität zu erinnern, und - als Gegenüber - empathisches Zuhören.[1]

Ich lasse Esther also erst mal etwas Zeit, wende mich an Frank und versuche auf die pragmatische Ebene zu gehen: «Der Ausgangspunkt war, wenn ich das richtig verstanden habe, die Frage, welche Regelung ihr bezüglich der Medienzeit eurer Kinder finden könnt, oder?»

Frank nickt.

«Kannst du mir bitte die Problematik noch einmal aus deiner Sicht beschreiben?», bitte ich ihn.

«Ich bin der Meinung, man muss den Kindern die Möglichkeit geben, einen natürlichen Umgang mit den digitalen Medien zu finden.» Frank klingt jetzt absolut nüchtern und klar. «Sie sind einfach ein selbstverständlicher Teil unserer heutigen Lebenswirklichkeit», erklärt er. «Die Kinder spielen ja nicht nur Computerspiele, sie haben auch Lern-Apps und machen sehr kreative Dinge mit den Devices.» Er legt seinen Unterarm auf der Sofalehne ab, was in Anbetracht der aktuellen Stimmung unangemessen lässig wirkt.

Esther dreht den Kopf sehr plötzlich zu mir und zischt: «Das ist jetzt die Argumentation, die er nach seiner Internetrecherche erarbeitet hat. Das meiste stammt aus dem Medienratgeber der Bundesregierung. Eine echt fundierte Broschüre! Und bitte: Die Fachleute im Ministerium für Kultur und Medien müssen schließlich wissen, wie es richtig geht!»

Frank stößt Luft zwischen seinen kaum geöffneten Lippen aus: «Pfffff. Du hast das doch nicht mal gelesen!», blafft er, nimmt den Unterarm ruckartig von der Lehne und wendet sich an mich: «Es wird in diesem Heft unter anderem aufgezeigt, warum es so wichtig ist, Dinge online gemeinsam auszuprobieren und zusammen zu spielen. Kinder finden immer Wege, Medien zu konsumieren. Besser man ist als Eltern dann so gut wie möglich involviert!»

«Ha!», ruft Esther jetzt: «Da ist sie ja wieder: seine Universalentschuldigung! Am besten spielen Väter mit ihren drei Teenie-Söhnen das ganze Wochenende *Fortnite*! Das ist pädagogisch garantiert total sinnvoll!»

Und schon sind die beiden zurück in ihrer vertrauten Dynamik. Die Macht der Gewohnheit ist tatsächlich ein Teil der Problematik bei derlei heftigen Konflikten. Es heißt nicht umsonst Streitkultur. Menschen entwickeln in Beziehungen - und vor allem als Paar - eine bestimmte Art und Weise, wie sie Konflikte austragen, und können dann, gerade wenn sie dies schon jahrelang so machen, nur schwer von ihrem Muster abweichen.

Selbst wenn sie wissen, dass es ihnen nicht guttut: Sie rutschen sehr schnell wieder in die gelernte Form. Deshalb braucht es ein tieferes Verstehen dieser Dynamik und eine hohe Veränderungsbereitschaft. Ich muss versuchen, die beiden in eine Beobachterposition zu bringen, in der sie mit etwas Abstand auf sich selbst schauen und ihre ehrlichen Wünsche sehen und artikulieren können. Ich habe keine Ahnung, ob das bei Esther jetzt schon möglich ist. Aber ich muss es versuchen.

Doch sie kommt mir zuvor: «Kann ich jetzt auch noch mal sagen, wie ich das Ganze sehe?», fragt sie mit gereizter Stimme.

«Was die Problematik ist, habt ihr ja beide schon geschildert», versuche ich sie vorsichtig auf einen anderen Pfad zu bringen. «Ich würde gerne mit euch in Richtung gemeinsamer Kompromissfindung schauen. Vielleicht kannst du einmal konkret sagen, welchen Umgang du dir wünschst, Esther, und dabei möglichst in Ich-Botschaften sprechen?»

Esther setzt sich etwas gerader hin und nickt. «Ich will lediglich, dass die Medienzeit eingehalten wird und bestimmte Inhalte tabu bleiben», antwortet sie mit fester Stimme und klingt etwas weniger scharf. «Wir haben dafür ja längst Regeln: eine Stunde pro Tag und keine Gewaltspiele. Eine *Fortnite*-Session mit Papa über vier Stunden am Sonntagnachmittag sprengt diese Regeln logischerweise komplett!»

Ich schaue zu Frank. «Frank, wie siehst du diese konkrete Situation?», frage ich ihn. Sein Blick ist etwas klarer: «Es ärgert mich maßlos, dass sie das so zusammenfasst.» Man hört, dass er seinen Ton kontrolliert. Außerdem hat er schon ein klein wenig Distanz gewonnen. Er kann seine Empfindungen beschreibend äußern. «Es gibt die Ein-Stunden-Regel, das ist richtig», fährt er fort. «Und die wurde auch lange eingehalten. Unter der Woche klappt das problemlos.»

«Das ist einfach nicht wahr!», fährt Esther dazwischen. «Du

kriegst das doch gar nicht mit! Das sind Riesenkämpfe, die ich da jeden Tag habe. Und das liegt alles nur an diesen idiotischen Wochenend-Aktionen! Die Jungs sind schon absolut süchtig!»

Franks Unterkiefer spannt sich an. Er beißt sichtbar die Zähne zusammen. Es ist für mich jetzt essenziell, auch seine Sicht dieses Parts zu kennen.

«Ich würde euch bitten, noch mal zu versuchen, eure Wahrnehmung konsequent in Ich-Botschaften zu schildern», erinnere ich. «Die Sicht der oder des anderen könnt ihr gerne aufnehmen, nur möglichst mit dem Hinweis, dass es das ist, was ihr *gehört* habt - und keine Tatsache.» Ich sehe Frank an: «Bitte erzähl noch mal, wie du das mit dem gemeinsamen Spielen siehst», fordere ich ihn auf, in der Hoffnung, dass er bei seiner Sicht bleibt und auch die dazugehörigen Gefühle teilt.

«*Fortnite* ist bei den beiden Älteren ein großes Thema», antwortet Frank. «Sehr viele Mitschüler spielen das Spiel, und sie haben es bei denen schon ausprobiert. Ich finde es nicht richtig, dass wir es rigoros untersagen und sie dann bei Freunden ausgeschlossen sind. Also habe ich entschieden, dass wir es gemeinsam spielen, damit ich mir ein Bild machen kann.» Frank klingt immer noch etwas schroff, aber er spricht jetzt in Ich-Botschaften. Immerhin. «Und dabei habe ich festgestellt, dass der kreative Part sehr groß ist. Die Spieler bauen, verstecken sich, suchen andere, müssen ihre Ausrüstung verbessern und durch Wirbelstürme hindurchkommen. Und die Kinder haben sehr viel Spaß daran. Es gibt inzwischen sogar Studien, die belegen, dass Videospiele die Aufmerksamkeit und die räumlich-visuellen Fähigkeiten verbessern. Und ein Zusammenhang zwischen Gewaltspielen und Gewalttaten in der Realität konnte im Übrigen noch keine Untersuchung nachweisen!» Frank wirft Esther einen provokanten Blick zu. Dann sieht er mich wieder an. «Ich spiele mit den Kindern, damit sie möglichst nicht allein spielen!»

«Deine schlaue Strategie geht aber, wie du längst weißt, nicht auf!», fährt Esther dazwischen. «Sie spielen alleine und wollen auch immer mehr Zeit dafür. Es gibt übrigens auch Studien, die das Suchtpotenzial beweisen: Das Gehirn verändert sich genau wie bei Junkies!»

«Aber doch nicht bei unseren Söhnen!», ruft Frank. «Das ist doch totaler Unsinn! Von Sucht kann man reden, wenn etwas zwanghaft ist, Entzugserscheinungen auftreten und das Interesse an anderen Dingen schwindet. Das ist alles nicht der Fall! Unsere Jungs sind super Schüler und haben genug andere Hobbys, die sie mit sehr viel Enthusiasmus betreiben.» Er schnaubt. «Bleib einfach mal bei den Tatsachen, Esther!»

Ich werde heute wirklich oft wie Luft behandelt. Mal wieder eine sehr gute Geduldsübung für mich. Aber ich muss dennoch immer wieder den richtigen Punkt finden, an dem ich mich einmische, damit ich den beiden auch wirklich eine Hilfe bin.

«Gibt es denn bezüglich des *Fortnite*-Spielens auch schon eine feste Regel?», frage ich und sehe jetzt bewusst beide an.

«Nein», antworten sie im Chor und müssen beide kurz schmunzeln.

Ich lache. «Ihr seid mal einer Meinung! Das ist doch schon ein Anfang!»

Esther atmet durch. Ich sehe, dass sie sich jetzt konstruktiv beteiligen will. «Ich möchte aber eine Regel», sagt sie und klingt das erste Mal in dieser Sitzung recht ruhig. «Nein. Das allein ist es nicht», stößt sie dann noch hervor. «Ich will, dass sie dieses Spiel nicht spielen!»

Ich spüre sehr klar, dass hinter dieser Abwehr noch etwas anderes steckt.

«Ich habe es satt, dass du sie damit so auf deine Seite ziehst!», ruft Esther jetzt. Damit haben wir noch einen ganz anderen Punkt auf dem Tisch. Auch wenn das eine Unterstellung an

Frank ist: Dahinter steckt eine ganz konkrete Angst. Es ist jetzt immens wichtig, diese sensibel zu behandeln und auf Esther einzugehen, bevor Frank sich wieder bis aufs Blut verteidigt. Denn dazu setzt er augenscheinlich gerade an.

«Esther, ich würde gerne besser verstehen, wie du dich fühlst», gehe ich dazwischen, «wenn Frank und eure Söhne am Sonntag spielen: Kannst du mir beschreiben, wie du so einen Nachmittag erlebst? Und was du dabei genau empfindest?», versuche ich, sie zu einer ehrlichen Äußerung über ihre Emotionen einzuladen.

«Das ist einfach beschissen», platzt es aus ihr heraus. «Nach dem Mittagessen geht es ja meistens direkt los. Sie haben kaum den letzten Bissen runtergeschluckt, da rennen sie schon ins Wohnzimmer. Und ich räume den Tisch ab, mache den Abwasch, putze die Küche.» Esther tippt bei jeder Tätigkeit, die sie aufzählt, mit dem linken Zeigefinger an einen Finger der rechten Hand. «Dann mache ich die Wäsche, putze das ganze Haus.» Sie ist bei fünf angekommen und hält jetzt die Hand mit ausgestreckten Fingern nach oben. «Bis es kurz vor sechs ist und Zeit, wieder Abendbrot zu machen.» Jetzt zeigt sie mit dem Zeigefinger auf Frank. «In dieser Zeit sitzen sie durchgehend vor diesem Scheiß-Bildschirm! Vier verdammte Stunden! Und wenn ich rübergehe und frage, ob einer den Tisch fürs Abendessen decken könnte, lassen sie mich auch noch saublöd im Türrahmen stehen und beachten mich nicht!»

Hier zeigt sich ein weiterer Schmerzpunkt von Esther. Das Bild, das sie gerade zeichnet, ist wirklich kein schönes, und es ist allzu verständlich, dass sie sich nicht nur ausgeschlossen, sondern auch mit der Arbeit alleingelassen fühlt. Über ihre eigenen Empfindungen hat sie allerdings noch immer nichts gesagt. Sie wechselt die Beinüberschlagung und sieht wieder zum Bücherregal.

«Früher haben wir stundenlang zusammen gebastelt», erklärt

sie und schaut jetzt nach unten. Sie wirkt angefasst. «Ich finde es wichtig, dass die Kinder etwas mit ihren Händen machen. Und ich kann einfach nicht glauben, dass es für Frank egal ist, ob sie vor den Bildschirmen verkommen!» Jetzt ist der Moment, in dem Esthers Schmerz aufblitzte, schon wieder vorbei, und sie geht erneut komplett in die Wut. «Er ignoriert die Tatsache einfach, dass es Internet-Sucht gibt und viele Kinder die echte Welt irgendwann ablehnen und vereinsamen, adipös werden und nicht mehr zur Schule gehen! Ich will nicht, dass meine Kinder so enden! Und Joni ist erst acht! Der hat doch bald auch nur noch Gaming im Kopf, wenn er das ständig bei den Großen sieht. Er ist ja am Wochenende schon immer dabei!»

«Er ist im Raum», entgegnet Frank barsch. «Er spielt sein eigenes Spiel. Und er sieht, dass Papa dabei ist und keiner von den Großen Angst hat: Das gibt ihm doch Sicherheit! Und wie schon gesagt, sind Karl und Lovis weit davon entfernt, mediensüchtig zu sein! Dass du das behauptest, ist blanke Hysterie!»

Esthers Augen sind jetzt Schlitze, aus denen sie giftige Pfeile auf Frank abschießt: «Wenn dir deine Kinder etwas bedeuten würden, hättest du auch Sorge um sie!»

Und schon sind wir wieder unter der Gürtellinie. Ich muss das stoppen und das Gespräch endlich auf die Emotionsebene bringen. Wenn sie da nicht hinschauen, werden sie sich einfach zerfleischen. Dann kann ich sie demnächst bei der Trennung begleiten. Wie so viele andere Paare, die durch ihre Elternschaft in extrem destruktive Spiralen geraten sind, aus denen sie nicht mehr herauskommen. Kinder sind meiner Erfahrung nach der häufigste Grund für Beziehungskonflikte. Es gibt eine große Familienstudie, die feststellte, dass Paarkonflikte nach der Geburt eines Kindes in Häufigkeit und Destruktivität massiv zunehmen, während die Kommunikation und der Austausch von Zärtlichkeiten deutlich zurückgehen.[2] Auffällig war, dass bei Paaren, die ein weiteres Kind bekamen, die Männer das Streitniveau danach als sehr hoch angaben, während Frauen es als so niedrig wie in der ersten Schwangerschaft erlebten. Allerdings gaben die Frauen höhere Werte bei der Unzufriedenheit in der Partnerschaft an. Die Studie sieht darin einen Hinweis auf eine typische, fatale Dynamik: Frauen empfinden ihre Männer als weniger streitbar, Männer nehmen Frauen als fordernd und nörgelnd war. Frauen äußern Kritik, auf die Männer mit Rückzug reagieren, woraufhin die Frauen noch mehr kritisieren. Ein sich selbst verstärkender Mechanismus. Meine Praxis liefert dazu leider jede Menge lebender Beweise. Nach meinen Beobachtungen entzweien sich viele Paare auch aufgrund ihrer unterschiedlichen Erziehungsstile. Das liegt nicht unbedingt nur daran, dass wir alle verschiedene Vorstellungen von einem ‹richtigen› Umgang mit Kindern haben. Das wird dann zu einer großen Hürde, wenn Menschen nicht früh genug und ganz offen darüber kommunizieren – am besten, bevor sie Kinder bekommen. Genauso wäre es hilfreich, wenn man zu diesem Zeitpunkt auch schon bespricht, welche Rollenaufteilung man sich wünscht und wie man sich sein Paarsein mit Kindern vorstellt. Leider sprechen die meisten Paare darüber jedoch nicht. Oder erst, wenn es (fast) schon zu spät ist. Ich hoffe, das ist es bei Esther und Frank noch nicht. Ich habe immer wieder eine intensive Nähe zwischen den beiden gespürt, darin liegt auf jeden Fall ihre Chance. Sie müssen es nur schaffen, sich zu öffnen.

«Esther, was ich gerade wahrnehme, ist deine immer noch sehr große Wut, die dich sehr vereinnahmt», melde ich ihr zurück. «Du gehst zurück in den Kampf und schießt mit Vorwürfen. Dadurch hat Frank schon fast keine andere Möglichkeit, als sich zu rechtfertigen.» Ich sehe Frank an: «Was nicht hilfreich ist. Denn dadurch bleibt ihr weiter in der Dynamik. Und seht nicht das, was darunterliegt! Nämlich die Emotionen, die euch dazu bringen. Anschließend feuerst du, Frank, auch wieder Vorwürfe und Herabwürdigungen. Wenn ihr jetzt zu Hause wärt, würdest du, Esther, darauf wahrscheinlich wieder mit Rechtfertigung und Kritik reagieren und so weiter und so fort!» Die beiden sitzen in diesem Moment endlich ganz ruhig da, hören einfach zu.

«Ich könnte mir vorstellen», füge ich an, «dass es für euch von außen betrachtet sehr schmerzlich wäre, zu sehen, wie ihr beide davon überzeugt seid, die andere Person wollte euch mit ihrem Handeln schaden. Also, dass sie mit Vorsatz gegen euch handelt. Hast du das Gefühl, Esther, dass du in so einer Beziehung mit Frank lebst?»

Dieser Frage muss ich Raum geben. Sie muss wirken. Die ehrliche Antwort wäre wahrscheinlich erst mal Ja. Sehr viele Partner:innen und insbesondere Verfolger:innen sind sich leider über lange Zeit absolut sicher, dass die oder der andere generell alles tut, um sie zu ärgern oder zu verletzen. Aus dieser Überzeugung herauszukommen ist Arbeit. Das geht nicht auf Knopfdruck. Auch wenn manche meiner Klienten:innen auf diese Frage kleinlaut antworten: «Nein, mein Gegenüber will mich bestimmt nicht verletzen» - in der Regel haben sie das in der nächsten Konfliktsituation wieder vergessen und die oder der andere ist erneut der größte Feind auf Erden.

Esther schweigt. Sie sieht auf ihren Fuß, der in der Luft steht, legt dann eine Hand um den Absatz ihres Schuhs.

Frank hustet. «Ja, das stimmt natürlich nicht. Die andere Person will einem nicht schaden», sagt er nun. Aber es ist seine Vernunft, die da spricht. Ich bin mir sehr sicher, dass er das so noch nicht fühlt.

«Frank, wenn du dir jetzt noch mal ganz klarmachst, Esther will sich auch nur verteidigen, sie ist wahrscheinlich auch verletzt und traurig, verändert das etwas für dich?»

Frank legt die Stirn in Falten. Ist das Abwehr? Oder denkt er nach?

«Ich weiß nicht», sagt er dann, «ich sehe da keine Verletzung, ich sehe Wut!»

Sehr nachvollziehbar. Wut ist die sichtbare Emotion. Es ist allerdings wie so oft das sekundäre Gefühl - bei beiden. Die primäre Emotion, die darunterliegt, ist eine andere. Und die müssen wir finden und identifizieren.

Ich wende mich an Frank: «Ja, das verstehe ich», bestätige ich. «Ich habe auch Wut wahrgenommen. Bei euch beiden. Aber die Wut ist nur das vordergründige Gefühl. Sie ist quasi ein Symptom. Dahinter verbirgt sich noch ein anderes Gefühl, das die Ursache für die Wut ist.»

Franks Stirn ist immer noch faltig, er sieht angestrengt aus. Es arbeitet in ihm. Das ist schon mal ein Anfang.

Ich muss Esther jetzt noch mal dabei unterstützen, zu ihrer primären Emotion vorzudringen. «Wie du eben diesen Sonntagnachmittag beschrieben hast und wie du dich in der Situation fühlst, klang für mich auch sehr einsam.» Ich wage mich jetzt ein Stück weiter nach vorn. Auf die Gefahr hin, dass die nächste Bombe gleich in die Luft geht. «Und ich könnte mir vorstellen, dass es dir als Mama auch wehtut, wenn du das Gefühl hast, kein Teil von diesem Miteinander zu sein.»

Esther wippt wieder mit dem Fuß. Dann schiebt sie ihren breiten Silber-Armreifen nach unten aufs Handgelenk.

«Natürlich ist das nicht schön», sagt sie in meine Richtung, ohne mich anzusehen. Sie lässt eine Pause. «Vier Stunden! Das ist der halbe Sonntag!» Sie schluckt.

«Wie ist es denn sonst mit eurer Arbeitsteilung? Wer übernimmt was mit den Kindern und im Haushalt?» Ich versuche so neutral wie möglich zu schauen, obwohl ich mir bereits an allen zehn Fingern abzählen kann, wie die Antwort von Esther ausfällt.

«Frank macht nichts!» Esther geht wieder in ihr negatives Muster. Es wirkt, als würde sie schon gar nicht mehr versuchen, aus ihm herauszukommen und konstruktiv zu denken. Gerade glaubte ich noch, sie ist mit im Boot. Aber ich fürchte, da habe ich mich getäuscht. Vielleicht habe ich sie für heute auch schon komplett verloren.

Frank steht plötzlich auf, und ich zucke kurz zusammen, was auch an seiner imposanten Größe liegt.

«Wo ist bitte noch mal die Toilette?», fragt er. Und ich bin irgendwie erleichtert, weil ich für eine Sekunde dachte, er tut etwas Unüberlegtes. Aber das traue ich ihm dann doch nicht zu. Er braucht einfach eine Pause. Sehr nachvollziehbar. Und die beiden müssen genau das lernen: Wenn es arg wird, aussteigen! Pausieren. Sich besinnen und reflektieren, was man gerade erlebt hat. Und dann im Idealfall - nach einer Stunde - noch mal neu und konstruktiver ins Gespräch gehen.

Als Frank aus der Tür ist, nutze ich die Gelegenheit, Esther noch mal ein wenig abzuholen. «Ich kann mir gut vorstellen, dass so ein Sonntagnachmittag, wie du ihn beschreibst, echt deprimierend ist. Das war für euch beide bestimmt nicht die Vorstellung von Familie, als ihr euch für euer erstes Kind entschieden habt.»

Jetzt sieht Esther traurig aus. Vielleicht kann sie diesen Schmerz jetzt zulassen, weil wir kurz allein sind. Ich hoffe, sie verdrängt ihn nicht sofort wieder, wenn Frank zurückkommt.

Als er wieder neben ihr sitzt, spreche ich sie darauf an: «Esther, ich hatte gerade den Eindruck, dass du auch einfach traurig darüber bist, wie die Sonntage ablaufen. Stimmt das?»

Esther schiebt den Armreif wieder ein Stück nach oben. Dann atmet sie tief ein und aus. Pause.

«Ja», sagt sie, ihre Stimme ist leise, fast erstickt. Dann räuspert sie sich. «Ich will nicht wie meine Mutter enden. Und ich habe manchmal das Gefühl, Frank merkt gar nicht, was für eine Rolle ich inzwischen einnehme.» Sie schaut nicht zu Frank, rutscht unruhig auf ihrem Platz hin und her.

Frank sieht nach draußen, dann zu Esther: «Ich habe immer gesagt, wir können über alles reden! Aber du wolltest drei Kinder! Und du bist diejenige, die diese Kinder beäugt wie eine Glucke. Wann willst du denn da noch arbeiten? Und wie soll ich, solange ich das Geld verdiene, nebenbei den Haushalt schmeißen? Rollenbilder sind doch am Ende total egal! Sag mir doch, wie das praktisch aussehen soll!»

«Rollenbilder sind mir aber nicht egal!», ruft Esther. «Und sie sind auch in dieser Gesellschaft nicht egal. Der Punkt ist, dass du dieses traditionelle Modell richtig gut findest! Deshalb hast du auch keinen Grund, etwas zu ändern! Und deshalb stört es dich auch nicht, dass ich allein den Haushalt schmeiße, während du mit den Jungs Videospiele spielst!»

«Ich kann doch nichts dafür, dass deine Mutter als Hausfrau unglücklich war! Meine war es eben nicht. Sie hat sich für die vier Kinder entschieden und das dann auch genossen!»

Bevor es wieder richtig hochkocht, muss ich intervenieren: «Okay, das heißt, ihr habt einerseits eine ähnliche Prägung, weil eure Mütter beide zu Hause waren», greife ich das Thema auf. «Andererseits hast du das als etwas Positives erlebt, Frank. Und du, Esther, hast es als etwas sehr Negatives empfunden, richtig?»

Beide nicken.

«Dann ist es ja auch logisch, dass ihr euer Rollenmodell instinktiv unterschiedlich wahrnehmt. Allerdings könnt ihr gemeinsam auch zu einer ganz neuen Sicht darauf kommen. Es gibt so unendlich viele Möglichkeiten. Und jede Familie darf ihre eigene Form finden.»

Beide nicken noch mal. Sie sehen einander an. Flüchtig, aber im gleichen Moment. Und ich weiß, es gibt diese tiefe Verbindung noch, die ich ganz zu Anfang der Therapie wahrgenommen hatte, als sie von ihrem Beziehungsbeginn erzählt haben. Das ist jetzt vielleicht genau der Moment, in dem ich sie daran erinnern sollte.

«Ich muss gerade daran denken, wie ihr euch kennengelernt habt», sage ich und lächle die beiden an. «Im Zug damals, da habt ihr doch auf dieser irre langen Fahrt angefangen zu reden und irgendwann dieses Kartenspiel von den Sitznachbarn ausgeliehen. Was war das noch, was ihr gespielt habt?»

Sie sehen sich noch einmal an und dann beide schnell wieder zu mir. «*Canasta*», sagt Esther.

«Ah, genau: *Canasta*!» Ich merke, wie mich diese Erinnerung einnimmt, an diesen Tag im August, als die beiden hier das erste Mal saßen und ich sie, als sie von dieser Zugfahrt vor 15 Jahren berichteten, so bildlich dort sitzen sah im Großraumabteil. Frank hatte Kopfhörer auf und die Ansage verpasst und dann Esther gefragt, wie viel Verspätung sie jetzt hätten. Ab diesem Augenblick haben sie dann geredet, bis sie vier Stunden später ausstiegen. Und zwischendurch hatten sie lange *Canasta* gespielt. Frank hatte es Esther beigebracht. «Eure Augen haben derart geleuchtet, als ihr mir das erzählt habt», beschreibe ich meine Beobachtung von damals. «Wie ihr von einem Thema zum nächsten gekommen seid, über Architektur, Arthouse-Filme und Volleyball diskutiert habt. Und euch dann zusammen irgendwann total in dieses Kartenspiel hineingesteigert habt! An diesem ersten Tag habt ihr schon gemerkt, ihr versteht euch, ihr habt euch sehr viel zu sagen, und ihr seid beide Alphatiere, ihr habt Spaß am Wettbewerb. Und das Spiel war ja auch ein Kampf. Aber ein guter. Einer, bei dem ihr beide gewonnen habt!»

«Stimmt nicht!», ruft Frank dazwischen. «Esther hat am Anfang ständig verloren, weil sie es ja noch nicht konnte!» Er lächelt provokant.

«Moment», verteidigt sie sich, «vergiss nicht, dass ich verdammt schnell gelernt habe.» Jetzt muss sie lachen. «Und dann war ich diejenige, die dich sechsmal hintereinander abgezogen hat! Ich sag nur ...» Frank versucht plötzlich, ihr den Mund zuzuhalten. «Nein, sag nicht diese Zahl!! Nicht diese Zahl!»

Esther befreit sich: «8600 Punkte!», ruft sie mir entgegen. «8600 Punkte!!!» Frank versucht ihren Mund zu fassen zu bekommen. Aber sie wehrt sich erfolgreich: «8600 Punkte!», wiederholt sie noch mal.

Ich bin selbst etwas überrascht, wie gut meine Strategie aufgeht! Offenbar finden die beiden tatsächlich über das Spielerische und über die Erinnerung an gemeinsamen Spaß wieder einen Zugang zueinander, die Spannung löst sich, sie können lachen - und darüber Abstand gewinnen zu ihren erbitterten Kämpfen. Die perfekte Streit-Unterbrechung ohne Codewort. Ein solches würde bei den beiden als Verfolger:innen-Paar nämlich sehr wahrscheinlich nicht funktionieren, weil sie es ganz einfach nicht aussprechen würden. Oder es nur nutzen, nachdem sie den anderen komplett fertiggemacht hätten mit Vorwürfen und Erniedrigungen. Ansonsten hassen Verfolger Codeworte. Denn ein Codewort bedeutet Unterbrechung. Und Unterbrechung hassen sie noch viel mehr. Aber: Wenn die Unterbrechung nur ein Wechsel zu einer anderen Form von Kampf wäre, könnte es funktionieren.

«Ich möchte euch einen Vorschlag machen», wage ich mich ins Ungewisse. «Ihr lasst jetzt mal von diesem Thema Medienzeit ab. Gerade fällt es euch noch zu schwer, euch da anzunähern. Aber ihr findet eventuell einen Weg, wie ihr eure Streits unterbrechen könnt. Das wäre aus meiner Sicht der erste und wichtigste Schritt. Wenn ihr das nächste Mal aneinandergeratet, egal, bei welchem Thema: Dann spielt ihr, sobald die Kinder abends im Bett sind, *Canasta*. Das ist dann dran, nichts anderes!»

Die beiden sehen mich erstaunt an.

«Wenn wir mitten im Streit sind?», fragt Esther.

«Ja, ganz genau dann», gebe ich zurück. «Wie gesagt: Es geht um die Unterbrechung. Ihr braucht dann eine Pause von dem Thema und von der Anstrengung eurer Diskussion. Aber ihr seid dann beide immer so geladen, dass ihr euch nicht auf Knopfdruck beruhigen könnt. Deshalb braucht ihr ein Ventil. Und ein anderes gemeinsames Erlebnis.»

Ich sehe, wie es in Esther arbeitet. Frank denkt auch darüber nach. Sie sitzen in diesem Moment einfach nur da, ganz still und, obwohl sie sich nicht berühren, ganz nah. Vielleicht ist es nur eine Minute. Aber sie ist eine kleine Ewigkeit, und ich weiß, dass sie einen entscheidenden Beitrag leistet für den Frieden zwischen diesen beiden Menschen.

Sie akzeptieren meinen Vorschlag und stimmen beide zu, es auszuprobieren. Wir verabreden einen Termin in zwei Wochen. Ich bin bewegt und ziemlich müde, nachdem sie gegangen sind. Ich habe noch eine Sitzung vor mir und brauche eindeutig noch einen Kaffee. Oder vielleicht besser einen Fencheltee um diese Zeit. Während ich dem Wasserkocher zuhöre, denke ich, dass Esther und Frank zu den Paaren gehören, für die ich am liebsten eine Kamera in mein Therapeutinnen-Auge einbauen und sie filmen würde, um ihnen zu zeigen, wie ich sie wahrnehme. Aber leider habe ich noch nicht herausgefunden, wie das geht. Bis dahin bleiben mir nur Worte. Video ist leider auch keine Option für mich. Ich weiß, dass das ein hilfreiches Werkzeug sein kann, auch, um sich als Therapeutin selbst zu beobachten und zu reflektieren, oder für die Supervision. Mit den Paaren direkt habe ich damit nicht immer die besten Erfahrungen gemacht. Einmal ist ein Paar nach der Sichtung einer Aufnahme seines Streits nicht wiedergekommen. Ein anderes Mal habe ich während des gemeinsamen Ansehens erlebt, dass die beiden sich vorgeführt fühlten wie Zirkustiere, und zwei weitere Klient:innen waren so schockiert vom Zustand ihrer Beziehung, dass sie jede Hoffnung auf eine gemeinsame Lösung verloren.

Ich klaue mir einen Fencheltee aus dem Vorrat meines Kollegen und lege ihn langsam in meine große Tasse. Das Wasser ist kurz vorm Siedepunkt. Umso dankbarer bin ich gerade, dass meine Spiegelungen bei Esther und Frank angekommen sind. Und dass sie in das Erinnerungsbild eingestiegen sind wie in eine Riesenradgondel, von der aus sie auf einmal diesen berauschenden Blick auf sich selbst hatten. Viele psychologische Ratgeber schwören ja auf die Botschaften vom zukünftigen Ich. Wenn dieses Ich zum Beispiel schon 80 Jahre alt ist, finde ich es auch keine schlechte Idee, es mal zu befragen, welche Prioritäten ich in meinem Leben jetzt setzen sollte. Der Tee hat auch einen schlauen Rat: «Das Herz soll sich vor dem Kopf verneigen», steht auf dem kleinen Papier am Ende des Fadens. Danke, darauf wäre ich ja nie gekommen! Zum Glück gibt es Yogitee. Ich persönlich finde ja oft interessanter, das eigene Ich aus der Vergangenheit zu interviewen. Für Paare ist das Ich, das sich damals verliebt hat, das Wichtigste. Aber fast ebenso bedeutsam kann das Ich sein, das über seinen Schatten springen und einen Kritikpunkt loslassen konnte, jenes, das es schaffte, einen Schmerz wider alle Umstände doch zu verarbeiten, und das Ich, das in den guten Momenten der Beziehung so glücklich und dankbar war und ganz deutlich die Verbindung spürte. Manchmal gebe ich Paaren den Impuls mit, sich ganz konkret in eines dieser Ichs hineinzuversetzen und es sprechen zu lassen. Das werde ich in der nächsten Sitzung mit Esther und Frank vielleicht noch mal ausprobieren. Aber noch dringender müssen sie die ‹vier apokalyptischen Reiter einer Beziehung› von John Gottman kennenlernen. Verhaltensweisen, die, wenn man nicht aufpasst, direkt ins

Inferno führen. Nicht selten treten tatsächlich alle vier als dämonisches Gespann gemeinsam auf und zetteln einen unbarmherzigen Krieg an, aus dem das Paar dann kaum mehr aussteigen kann. Bei Esther und Frank ist das, nach allem, was ich bisher weiß, oft genug der Fall. Man kann diesen Schergen nur Einhalt gebieten, wenn man sie schon von Weitem erkennt: 1. KRITIK an der Person der oder des anderen, die verallgemeinernd ist, mit Schuldzuweisungen einhergeht und gerne mit den Worten ‹nie› und ‹immer› angebracht wird, 2. VERACHTUNG, die sich in der Regel in Sarkasmus, Verhöhnung und Bemerkungen unter der Gürtellinie zeigt, 3. RECHTFERTIGUNG, die oft die Reaktion auf Kritik und Verachtung ist und ebenfalls zur bösen Dauerschleife werden kann, und 4. MAUERN, das heißt, aus dem Raum gehen, sich abwenden, verstummen - und jede andere Form von ‹aus der Verbindung treten›.

Wenn man diese bösen Geister identifiziert, kann man sie stoppen, indem man ihnen eine ausreichend große Offensive entgegensetzt: Mitgefühl, Nachsicht, Annahme, Zuwendung, ehrliches Interesse am Gegenüber und seinen Gefühlen. Ich habe noch eine Viertelstunde bis zum nächsten Paar. Ich setze mich mit dem Tee in den Sessel und betrachte den Baum vor meinem Fenster. Ich könnte diese wilden Verästelungen stundenlang ansehen und würde immer wieder etwas Neues entdecken, das mir gefällt.

Was ich in Bezug auf die ‹apokalyptischen Reiter› besonders mag, ist der Tipp von Gottman, die Landkarte vom Inneren des Gegenübers aktuell zu halten: Das bedeutet nicht weniger, als sich immer wieder und wieder von dem Bild zu lösen, das ich mir selbst angefertigt habe, und wahrzunehmen, dass ich letztlich nur einen unglaublich kleinen Teil vom Innenleben dieser Person sehen kann. Und dass dieses Innere sich auch noch ständig verändert. In der Theorie glauben mir übrigens alle Paare, wenn ich davon erzähle. Aber in der Praxis sind sie dennoch felsenfest davon überzeugt, sie *kennen* die Partnerin oder den Partner und *wissen*, was sie oder er denkt und fühlt. Da kann ich nur sagen: fatale Fehleinschätzung! Immer, immer wieder! Natürlich habe ich nach fünf oder zehn Jahren Beziehung und erst recht nach 20 eine Menge von dieser Person mitbekommen, sie in vielen Situationen erlebt und kann das, was in ihr abläuft, ganz gut einschätzen. Aber genauso oft täusche ich mich! Das kann man sehr leicht überprüfen, indem man sich mal anschaut, wie oft man sich selbst von der oder dem anderen wirklich gesehen und verstanden fühlt. Ja, genau, von diesem Menschen, der eben auch glaubt, er kenne einen in- und auswendig und wisse genau, wie man tickt. Tut er eben nicht. Und das ist sehr gut so. Denn das bedeutet: Wir haben jeden Tag die Chance, etwas Neues am Gegenüber zu entdecken. Wir sind gar nicht dazu verbannt, uns gemeinsam zu Tode zu langweilen, weil wir *alles* voneinander wissen. Wenn wir offen bleiben für den Wandel. Wenn wir uns vergegenwärtigen, dass Veränderung sich in jedem Menschen vollzieht, immer wieder. In uns selbst und genauso in unseren Partner:innen. Weil viele Lebenssituationen und natürlich auch die Beziehung diesen Menschen formen. Wenn uns das bewusst wird, können wir gemeinsam in Bewegung bleiben. Dann erleben wir logischerweise auch Überraschungen. Dann lernen wir gemeinsam.

Zwei Wochen später wirken Esther und Frank relativ ruhig, als sie wieder vor mir sitzen. Aber ich traue dem Braten nicht.

«Wie ist es euch ergangen?», frage ich so neutral wie möglich.

«Geht so», antwortet Esther und wirkt doch leicht beleidigt. Sie trägt heute einen sehr eng sitzenden schwarzen Hosenanzug und Pumps, knallrote Lippen, den passenden Nagellack und wieder den großen silbernen Armreif am linken Arm. Sie umfasst ihn jetzt mit der rechten Hand, fährt dann mit dem Zeigefinger das eingravierte grafische Muster entlang, von einer Spitze der gezackten Linie in die nächste.

«Habt ihr *Canasta* gespielt?», bohre ich ein bisschen.

«Ja», sagt Frank jetzt und lächelt. Er ist heute ohne Jackett da. Das lässt ihn sofort etwas entspannter wirken. Er sieht zu Esther. Ich merke, dass sie seinen Blick spürt. Jetzt kann sie ihr Lächeln auch nicht mehr unterdrücken. Das ist auf jeden Fall schon ein Erfolg! Es klappt natürlich nicht bei jedem Paar, dass sie die Intervention sofort umsetzen können. Und auch Freude dabei haben.

«Und?», gehe ich noch ein Stückchen weiter, in diese hoffentlich stärkende Richtung. Ich sehe beide an. Und spüre selbst, wie erwartungsvoll mein Blick sein muss. Ich versuche, etwas neutraler zu schauen.

«Das war super», sagt Frank. Als wisse er, dass Esther das nicht sagen wird. Ganz einfach, weil sie nicht zugeben will, dass sie Spaß hatte und es ihr gutgetan hat, vom Streit abzulassen und etwas gänzlich anderes zu tun, als sie gerade ihre Waffe nachladen wollte.

«Aber am nächsten Tag haben wir weitergestritten», berichtet Frank. «Und die Sache mit der Medienzeit ist natürlich noch nicht gelöst.» Er wirkt etwas angestrengt, aber nicht überbeansprucht. Es ist für mich zentral, die Energie der beiden Partner:innen immer im Blick zu behalten. Es kann vorkommen, dass ein Part mal sehr wenig Kraft hat, und das ist durchaus eine Zeit lang überbrückbar. Wenn die oder der andere das ausgleichen kann. Allerdings kann ich, wenn beide komplett ausgebrannt sind, nicht helfen. Dann müssen sie erst wieder auftanken. Wer sehr erschöpft ist, hat nicht die Energie, die für eine Paartherapie unabdingbar ist. Und Menschen, die nah am Burnout sind, haben in der Regel auch wenig Hoffnung. Bei Esther und Frank jedoch spüre ich genug Energie. Sonst würden sie auch nicht so in die Kämpfe gehen. Das machen Paare, die schon so gut wie aufgegeben haben, nicht.

«Dass ihr am nächsten Tag weitergestritten habt, ist nachvollziehbar», sage ich. «Ihr habt euch schließlich abgelenkt. Das war nur ein erster Schritt, in dem es darum ging zu schauen, ob es euch hilft, aus dem Streit auszusteigen. Der nächste Schritt wäre zu überprüfen, warum jeder von euch im Konflikt so agiert hat. Und zu schauen, welche primären Emotionen vielleicht der Auslöser waren.»

Die beiden nicken.

«Aber ich freue mich sehr, dass ihr die Bereitschaft hattet, euch auf das Spiel einzulassen und für den Moment den Konflikt loslassen konntet, obwohl ihr emotional aufgeladen wart!»

Frank sieht noch einmal zu Esther, jetzt erwidert sie seinen Blick für einen winzigen Moment.

«Ich möchte euch heute erst mal etwas zeigen», wechsle ich das Thema und halte ihnen jeweils ein Papier entgegen, auf dem die ‹vier apokalyptischen Reiter› beschrieben sind. «Ich würde euch bitten, das einfach mal durchzulesen und kurz zu reflektieren, ob ihr davon etwas in eurer Beziehung erlebt. Bitte möglichst erst mal bei euch selbst anfangen und euch fragen: Verhalte ich mich so?»

Die beiden nehmen die Blätter und beginnen zu lesen.

Nach einer Weile nickt Frank. «Ja, das kenne ich leider», sagt er. Dann schaut er mich an. «Darf ich etwas dazu sagen?»

Ich schaue zu seiner Frau: «Bist du auch so weit, Esther?»

Esther nickt und sieht Frank an. Ich kann ihre Spannung spüren. Aber eine positive. Sie ist neugierig auf das, was Frank sagen wird.

«Ich glaube, ich mache das manchmal, dieses Mauern, und ich bin verachtend, wenn ich wütend bin», gesteht er. Wow. Das sind schon mal zwei große Eingeständnisse. «Und Esther kritisiert mich pausenlos.» Schade. Jetzt musste er noch einen Schuss in ihre Richtung abgeben. Das wäre auch zu schön gewesen, wenn er einfach hätte stehen lassen können, dass er Fehler macht – ohne seine Partnerin auch zu beschuldigen. Für ihn als Verfolger extrem schwer.

Esther reckt das Kinn wieder ein Stück nach oben. Ich weiß nicht genau, wie ich sie jetzt abhole.

«Esther, empfindest du das auch so, dass Frank manchmal mauert und verachtend ist?», frage ich einfach direkt.

Sie atmet tief ein und pustet die Luft dann sehr langsam durch ihre leicht gespitzten Lippen aus. «Ja, das finde ich auch», sagt sie in bemüht ruhigem Ton. «Und, ja», fügt sie an, «ich kritisiere Frank oft.»

Auch Esther geht hier gerade große Schritte. Die beiden decken wirklich auf, dass sie sich in sehr destruktiven Mustern befinden. Und gemeinsam die typische Konflikteskalation vorantreiben, die die Familienstudie beschreibt. Angriff und Verteidigung in Endlosschleife. In einer Langzeituntersuchung, in der John Gottman und Robert W. Levenson Paare über 14 Jahre beobachteten, konnte sogar festgestellt werden, dass Kritik, Verachtung, Rechtfertigung und Mauern das Risiko einer Scheidung erheblich erhöhen.[3]

«Ich freue mich wirklich für euch, dass ihr das so erkennen und aussprechen könnt», melde ich ihnen zurück. «Das ist schon sehr viel! Jetzt ist die Frage natürlich, was kann man mit dieser Erkenntnis tun? Wichtig ist, dass ihr euch noch mal anschaut: Was ist da bei mir los, wenn ich mich so verhalte? Und: Was macht das mit meinem Gegenüber?»

Beide sehen nachdenklich aus.

«Esther, kannst du sagen, was du empfindest, wenn du das Gefühl hast, Frank mauert oder ist dir gegenüber verachtend?»

Ich sehe sie an. Sie schaut zurück. Ich hoffe, sie bleibt hier auf dieser Ebene mit uns. Und kann die Vorwürfe weglassen.

«Ich fühle mich nicht gesehen», sagt sie. «Und allein.»

Esther öffnet sich. Und das ist für sie ein echter Step. Allerdings spricht sie nur Worte aus. Sie zeigt diese Dinge noch nicht.

«Kannst du das noch genauer beschreiben?», versuche ich dranzubleiben.

«Ich habe das Gefühl, er sieht mich und meine Gefühle nicht.» Jetzt ist ihre Stimme ganz dünn. Sie schaut wieder sehr konzentriert auf ihren Armreif. «Es kommt mir so vor, als wollte er die Jungs für sich haben und ich störe ihn dabei.»

«Und dieser Gedanke schmerzt dich?», frage ich.

Esther umfasst den Armreif wieder mit ihrer Hand. Dann nickt sie.

Ich schaue zu Frank. Und sehe an seiner Haltung, dass er weicher wird. Er schaut Esther jetzt sehr aufmerksam an.

«Frank, wie ist es für dich, wenn Esther dir diesen Schmerz und diese Angst zeigt?» Auch wenn sie es nicht als solche benannt hat, ich tue das jetzt einfach mal. Damit es für Frank noch deutlicher wird.

«Ich ...», er stockt. «Ich wusste das so nicht», sagt er leise. Er wirkt in diesem Moment plötzlich mitgenommen.

«Ich sehe gerade in deiner ganzen Körperhaltung und in deinem Blick, wie sehr es dich bewegt, Esther so zu sehen und zu hören», spiegle ich ihm. «Stimmt das?» Er nickt ganz langsam.

Ich drehe mich wieder zu Esther, merke, sie ist jetzt bei sich, in ihrem Gefühl.

«Esther, als du das gerade gesagt hast, dass du glaubst, Frank möchte eure Söhne für sich haben, hatte ich das Gefühl, deine Stimme war unsicher und deine Atmung flach. Hast du das auch so empfunden? Konntest du das körperlich spüren?»

Esther atmet sehr tief ein. «Ja», sagt sie mit angehaltener Luft.

«Das wird hier alles ganz eng!» Sie drückt mit beiden Händen auf ihren oberen Brustkorb, und ich kann die Enge in ihrer Brust selbst fühlen.

«Ich habe überhaupt keinen Raum zum Atmen», fügt sie an. Sie legt ihre Hände in ihren Schoß, sieht nach unten. «Ich habe überhaupt keinen Raum.» Eine Träne tropft auf ihre Hände, bleibt auf einem roten Fingernagel liegen.

Frank sieht sie an. Weiß offenbar nicht, was er tun kann. Dieser große Mann wirkt gerade sehr hilflos.

«Überhaupt keinen Raum mehr, keinen Raum zum Atmen», wiederhole ich Esthers Worte. «Esther, ich sehe, wie schmerzhaft und traurig das für dich ist.» Ich wende mich an Frank: «Wie ist es für dich gerade, Esther so zu erleben?», ermutige ich ihn, sich auch zu zeigen.

Er rückt ein winziges Stück in ihre Richtung.

«Ich weiß nicht», sagt er, beißt sich dann auf die Unterlippe. «Das ist schlimm.» Frank ringt mit den Worten. «Ich kann damit nicht umgehen ... Mit ihrer Wut komme ich irgendwie besser klar als mit dieser Traurigkeit!»

Das ist eine sehr plausible Erklärung dafür, dass er versucht, auf der Kampfebene zu bleiben. Es fällt uns oftmals leichter, harte Gefühle zu zeigen als weiche. Und es ist für uns auch leichter, auf die harten Gefühle zu reagieren. Wird uns Wut entgegengebracht, löst das bei uns in der Tiefe vielleicht ein schmerzliches Gefühl aus, aber wir reagieren in der Regel schnell, zum Beispiel ebenfalls mit Wut, mit Kritik oder Mauern und müssen uns so nicht mit unseren tiefer liegenden Ängsten, mit unserer Scham oder mit unseren Schuldgefühlen auseinandersetzen. Wenn wir den Ängsten oder dem Schmerz der Person ausgeliefert sind, die wir lieben und beschützen wollen, ist das für uns tiefgreifender und meist weniger leicht zu händeln. Denn es bringt uns mit unseren eigenen tiefsten Gefühlen in Kontakt.

«Ich auch!», sagt Esther, und weitere Tränen fallen in ihre Hände. «Mit der Wut komme ich auch viel besser zurecht als hiermit!» Jetzt seufzt sie heftig. Frank reicht ihr ein Taschentuch. Sie tupft ganz vorsichtig unterhalb ihrer Lider entlang.

Offensichtlich haben die beiden diese endlosen Kämpfe auch geführt, um auf keinen Fall auf diese Ebene zu kommen. Sie hatten Angst vor den intensiven Emotionen, die unter ihrer Wut verborgen lagen. Und diese Angst wurde selbstverständlich umso größer, je länger man sie verdrängte.

«Esther, ich finde das gerade so beeindruckend von dir, wie du dich Frank gegenüber öffnest», sage ich bewusst sanft. «Kannst du uns vielleicht noch etwas mehr über diese Traurigkeit erzählen, über diesen Raum, in dem du nicht atmen kannst?» Ich versuche sie an die Hand zu nehmen. Um gemeinsam weiter in die Tiefe zu gehen: zum Kern.

Sie weint jetzt heftiger. Dann sieht sie Frank an: «Dass du einfach kein Kind mehr willst und ich nicht weiß, warum!», bricht es aus ihr heraus. «Und ich so allein bin mit diesem Wunsch und du deshalb auch nicht mehr mit mir schläfst!»

Ganz kurz ist es mucksmäuschenstill im Raum. Dann schluchzt Esther. Ich schaue zu Frank. Er ist perplex. Obwohl es so klang, als hätten sie das Thema schon besprochen. Beide sehen sich für einen Augenblick an. Das erste Mal sind Esthers Augen sehnsüchtig. Und Frank ist jetzt auch ganz präsent. Bei ihr. Sie schweigen. Sehen sich weiter an. Dann rückt Frank noch ein Stück näher, nimmt Esthers Hand aus ihrem Schoß und hält sie.

«Frank, möchtest du etwas dazu sagen?», ermutige ich ihn.

«Ich dachte», er spricht leise. «Das wäre gar kein Thema mehr für sie.» Er sieht mich dabei an. Ich zeige mit dem Kopf in Esthers Richtung.

«Ich dachte, es sei kein Thema mehr für dich», wiederholt er, an sie gewandt. Sie schaut ihn an, dann wieder auf die Hand, die weiter in ihrem Schoß ruht.

«Ja, ehrlich, das schockiert mich irgendwie, dass du ein weiteres Kind willst ...», gesteht er. «Aber am meisten macht mich traurig, dass du denkst, ich wollte nicht mehr mit dir schlafen. Weil ich dachte ... ich zeige dir doch, dass ich Nähe will.» Er sieht Esther die ganze Zeit an. Jetzt hebt auch sie den Blick wieder, sieht ihm in die Augen.

«Okay», fügt Frank an. «Vielleicht habe ich unbewusst geahnt, dass du noch ein Kind willst. Und ich hatte das Gefühl, du willst nur deshalb Sex und nicht, weil du Lust auf mich hast.» Wow. Jetzt sind beide bereit, sich wirklich zu zeigen. Mit aller Scham und allem Schmerz.

Esther schüttelt langsam den Kopf. «Ich möchte vor allem, dass wir uns nah sind», sagt sie leise. Dann laufen ihr wieder die Tränen. «Sex war doch immer gut bei uns. Das war nie ein Problem. Und jetzt ist auch das weg!» Sie weint. Und Frank zieht sie an seine Brust, streicht über ihren Kopf. «Nein», sagt er leise. «Das ist nicht weg.»

Wenn wir ins Fühlen gehen, in unsere eigenen Gefühle und die des Gegenübers, verändert sich etwas. Immer. Dann ist der Austausch nicht ein Sprechen über die reinen Fakten, sondern eine intime Kommunikation. Es geht bei Esther und Frank nicht nur darum, ob sie sich bezüglich eines weiteren Kindes einigen können, ob sie tatsächlich Sex haben oder nicht oder wer sich bei der Medienzeit ihrer Söhne durchsetzt. Es geht um Ängste. Um die Angst, die Esther hat, weil sie sich abgelehnt und nicht gesehen fühlt. Verlustangst. Eine urmenschliche und doch auch so wichtige Angst: Denn ohne sie wären wir gar nicht bereit, uns fester zu binden, aufeinander einzugehen, es wieder und wieder zu probieren, noch weitere Hunderte Male über unseren Schatten zu springen, alles hineinzugeben in diese eine Sache, die so essenziell für uns ist. Auch bei Frank sind es diese Angst und der ganz unbedingte Wille, es gemeinsam zu schaffen. Sonst säße er jetzt nicht so innig da, mit dieser Frau, die er so oft so scharf angeht und in diesen Momenten doch auch nur deshalb als Feindin sieht, weil sie eine so große Bedeutung für ihn hat.

«Es fühlt sich so merkwürdig an», sagt Frank auf einmal. Seine Stimme klingt verändert. «Einerseits bin ich gerade unfassbar erleichtert. Ich habe mich in so vielen Momenten so allein gefühlt, wenn wir zum Beispiel abends nebeneinander auf dem Sofa saßen ... Und jetzt zu hören, dass Esther und ich in diesen Momenten wahrscheinlich den gleichen Wunsch hatten», er lacht unsicher, «das erleichtert mich.» Dann hält er kurz inne. «Und es macht mich gleichzeitig unfassbar traurig ... Traurig, dass wir uns beide damit so allein gelassen haben.» In Frank hat sich etwas Entscheidendes getan. Auch er will jetzt, dass sich etwas verändert, weil er die eigenen Gefühle nun zulässt. Und genau diese Gefühle kann Esther wiederum wahrnehmen. Augenblicklich entwickelt sich Empathie, und daraus entsteht die Chance auf Kompromisse. Das ist der Schlüssel, um in eine andere Kommunikation zu finden.

Esther lässt ihren Tränen freien Lauf, und Frank hält sie einfach im Arm. Jetzt kann sie den Schmerz zulassen, muss ihn nicht mehr mit Wut überdecken. Irgendwann sieht sie Frank an. «Aber was machen wir mit *Fortnite*?» Ihre Stimme ist brüchig.

«Ich weiß nicht», entgegnet er leise und streichelt ihren Arm.

Sie macht sich los, zieht ihre Anzugjacke zurecht. Dann öffnet sie den Mund und holt tief Luft.

«Esther», versuche ich zu verhindern, dass sie wieder in die Wut geht. «Was möchtest du gerade sagen?» Sie hält den Mund kurz offen. «Ist es vielleicht ein apokalyptischer Reiter?» Jetzt schließt sie den Mund wieder.

«Ich bin mir sicher, dass ihr auch für die anderen Fragen eine

Lösung findet», ermutige ich die beiden. «Aber was euch dabei hilft, ist verlangsamen. Wenn ihr darüber sprecht, versucht innezuhalten, gerade in der hitzigen Situation, wenn viele Gefühle im Spiel sind. Bevor ihr etwas sagt, stellt euch die Frage: Bin ich gerade auf dem Weg, einen apokalyptischen Reiter loszuschicken? Werde ich gleich unsachlich kritisieren? Verachtend werden? Will ich mich verteidigen? Oder mauern? Und will ich das wirklich? Ist das hilfreich? Welche Botschaft möchte ich denn eigentlich transportieren? Und warum ist mir das wichtig?»

Ich sehe, dass Esther nachdenkt.

«Okay», sagt sie leise. «Ich wollte sagen, dass Frank den Arsch nicht hochkriegt, mit den Kindern etwas anderes zu machen, was zu verändern, für uns alle.» Sie sieht ihn an und wirkt wieder etwas gefasster. Frank schluckt, aber er hält ihren Blick. «Aber ja, das ist nicht hilfreich», fügt sie an, «das stimmt.» Sie macht eine Pause. Atmet noch mal ein und aus. «Eigentlich möchte ich sagen, dass es mir einfach zu viel Zeit vor dem Computer ist», erklärt sie jetzt. «Ich möchte, dass die Jungs mehr soziale Interaktion haben und nicht irgendwann doch in die Sucht rutschen.» Esther benennt ihre Bedürfnisse jetzt ohne Kritik, ohne Verachtung - und ohne Drama.

Frank atmet tief ein und aus, sieht nach unten, faltet die Hände in seinem Schoß. Er versucht offensichtlich, sich zu beherrschen.

Ich möchte Esther helfen, sich noch ein Stück mehr in die Tiefe zu wagen: «Was macht dieser Gedanke mit dir, dass deine Söhne mediensüchtig werden?», frage ich sie.

«Das fühlt sich schrecklich an!», antwortet sie sofort. «Das macht mir total Angst. Ich will, dass es meinen Kindern gut geht. Was bin ich denn für eine Mutter, wenn ich dafür nicht sorgen kann? Wenn ich nicht verhindert habe, dass sie in eine Sucht rutschen und vereinsamen?»

Frank atmet wieder tief. Aber ich kann sehen, dass er ihr den Raum geben will, auch wenn ihm danach wäre einzuschreiten. Und ich bin ihm dankbar. Das hier ist eine sehr wichtige Spur! Esther fühlt ihre Angst, als Mutter zu versagen. Das ist der Grund ihrer Sorge und ihrer Abwehr gegen das Computerspiel. Wie so oft ist es nicht diese eine bestimmte Sache, die Ablehnung hervorruft, weil sie so schlecht ist. *Fornite* ist nur ein Auslöser. Es steckt eine Angst dahinter, die mit dem Spiel nur bedingt zu tun hat. Und die ist menschlich.

«Esther, diese Angst kennen so gut wie alle Eltern. Sie ist oft nur tief verborgen. Aber jede Mutter und jeder Vater haben diese Befürchtungen: ‹Wenn ich meinen elterlichen Pflichten nicht nachkomme, meinem Kind nicht genügend Freiheit gebe oder es nicht ausreichend beschütze, bin ich ein schlechtes Elternteil, und am Ende geschieht dem Kind vielleicht etwas Schreckliches, und ich bin schuld!› Gerade weil diese Angst oft unbewusst in uns wirkt, erkennen wir nicht, wenn sie unser Antrieb ist und uns dazu bringt, völlig irrational zu agieren und gegen den Partner zu handeln.»

Esther sieht mich aufmerksam an.

«Erlebst du das auch so?», frage ich.

Sie nickt.

Dieses Verhalten habe ich schon so oft beobachtet. Und ich kenne es leider sogar von mir selbst. Wenn wir diese heftige Angst um unsere Kinder haben und befürchten, ihnen gegenüber zu versagen, verhalten wir uns überfürsorglich, greifen die Partnerin oder den Partner rabiat an, wenn sie oder er gegen unsere Strategie arbeitet, oder verteidigen unser Vorgehen mit Klauen und Zähnen. Dann ist uns jedes Mittel recht. Wir verlieren jede Konstruktivität. Die oder der andere ist dann eine Person, die uns daran hindern will, alles für unser Kind zu tun: Sie muss aus dem Weg! Genau dieses Verhalten hat Esther jetzt sehr lange an den Tag gelegt. Und nach ihren anderen Andeutungen werden gerade auch weitere tiefer liegende Gefühle aktiviert. Deshalb ist es jetzt so wichtig, an dieser Stelle dranzubleiben, so unangenehm es für sie vielleicht ist.

«Esther, in der letzten Sitzung hast du diesen Sonntag beschrieben», erinnere ich sie, «wie du dich fühlst, wenn sie alle im Wohnzimmer sitzen und zocken und du in der Küche ackerst. Dieser Augenblick, wenn du in der Tür stehst und versuchst, mit ihnen zu reden, und sie nicht reagieren. Du hast gesagt, du hast da keinen Raum. Ich kann mir vorstellen, dass das schmerzhaft ist?»

Esther sieht mich an. Ihre Augen füllen sich wieder mit Tränen. «Ja, das ist es auch. Ich werde einfach nicht beachtet.»

Frank sieht Esther an, er wirkt traurig.

«Wie ist das für dich, Frank? Wenn Esther das beschreibt, wenn du hörst, dass sie sich nicht gesehen fühlt und Angst hat, etwas läuft schief mit den Jungs, dass es also gar nicht im Kern darum geht, dass *du* etwas falsch machst?»

«Ich war gerade zunächst noch mal wütend, als Esther das alles sagte», antwortet Frank. Ich bin kurz irritiert. «Aber nicht auf Esther», fügt er dann an, «sondern auf mich.»

«Kannst du sagen, warum?», hake ich nach.

«Ja», er schluckt. «So ein Mann will ich nicht sein. Ich will natürlich nicht, dass Esther sich so fühlt.»

Frank sieht auf seine Hände.

Ich möchte ihm helfen, da dranzubleiben. «Ich habe das Gefühl, dass da bei dir etwas hochgekommen ist», sage ich. «Fühlst du gerade so etwas wie Schuld oder Scham?»

«Ja, und wie. Es ist ganz schlimm, dass sie sich wie in einer anderen Welt fühlt, nicht bei uns. Ist doch klar, dass ich das nicht will!» Er kämpft mit den Tränen.

«Für dich ist das klar», entgegne ich. «Aber für Esther ist es das eben nicht. Ich kann mir vorstellen, dass es dich auch traurig macht, wenn das so abläuft.»

Jetzt nickt Frank. Er schluckt, unterdrückt das Weinen.

«Esther, wenn du noch mal an diesen Moment denkst, an den Sonntag, wenn du da im Türrahmen stehst: Wie könnte die Situation anders sein, sodass sie sich für dich besser anfühlt?»

Esther denkt nach. «Ich möchte etwas gemeinsam machen, ich möchte mehr Familienzeit.»

«Das ist doch ein schöner Gedanke», sage ich. «Mehr gemeinsame Zeit, mehr Familie. Aber ich frage mich gerade, das ist natürlich nur eine Vermutung: Kann das auch ein Grund dafür sein, dass du dir noch ein Kind wünschst?»

Esther atmet zweimal ruckartig ein. Dann laufen ihr erneut die Tränen.

«Ja», schluchzt sie. «Den Gedanken hatte ich auch schon. Ich frage mich an diesen Sonntagen immer, ob das alles an mir liegt. Und daran, dass die Männer eben einen anderen Zusammenhalt haben und ob es vielleicht anders wäre, wenn da noch ein Mädchen ...» Ihre Stimme bricht ab.

Frank rückt vorsichtig wieder zu ihr, legt einen Arm um sie.

«Esther, es ist wirklich gut, dass du das alles so sagen kannst. Das ist sehr wertvoll. Und du merkst, jetzt passiert etwas ganz anderes, als wenn du in die Wut gehst, in die Kritik oder in die Verachtung.»

Sie nickt. Die beiden sitzen einen Moment lang ganz ruhig da. Atmen nur gemeinsam.

«Frank, wie ist das jetzt für dich?», frage ich vorsichtig.

«Sehr traurig ... Ich schäme mich, dass mir nicht früher klar war, wie Esther leidet.»

«Hast du eine Idee, wie ihr mehr gemeinsame Zeit verbringen und diese Rollenverteilung am Sonntag aufbrechen könnt?», versuche ich zur Lösung zu kommen.

«Vielleicht», sagt er. Er spricht langsam, etwas unsicher. «Vielleicht ... ein analoges Spiel ... Also für alle?»

Jetzt sieht Esther ihm in die Augen. Verwunderung und Freude sind unübersehbar. Und ich denke in der Sekunde, wie unfassbar naheliegend diese Lösung doch scheint und wie schwierig es in Liebesbeziehungen oft ist, zu diesen einfachen, guten Kompromissen zu kommen. So anstrengend er jedes Mal ist, so wertvoll ist der Weg dorthin: Denn auf ihm lernen wir. Hätten Esther und Frank diese Idee sofort gehabt, wären die tiefer liegenden Ängste und Bindungsverletzungen nicht zutage getreten. Und die sind ja der eigentliche Grund ihrer Streitigkeiten. Hätten die beiden das Sonntagsthema also direkt lösen können, hätten sie den größeren Konflikt wenig später in einem anderen Punkt wieder gehabt. Wahrscheinlich hätte diese Lösung auf lange Sicht nicht funktioniert. Denn beide hätten sich weiterhin nicht gesehen gefühlt, und die Wut und Unzufriedenheit wären irgendwann durchgebrochen.

Auch wenn das Verhalten von Partner:innen immer wieder destruktiv ist: Niemand tut Dinge allein, um die oder den anderen zu verletzen oder die Beziehung zu zerstören. Menschen haben immer gute Gründe - sie handeln in ihrem Sinne und zu einem Zweck. Esther und Frank wollten mit ihren Kämpfen vermeiden, ihre schmerzhaften Gefühle zu spüren: Esther wollte nicht noch mehr unter dem Gefühl leiden, ausgeschlossen zu sein, als Mutter zu versagen und von Frank vielleicht nicht mehr gewollt und begehrt zu sein. Und Frank versuchte das Gefühl des Abgelehntseins durch Esthers Kritik nicht zuzulassen und wollte seine Scham nicht spüren, die Esthers Traurigkeit in ihm auslöste, und die Hilflosigkeit, die die Konflikte in ihm hervorriefen. Letztlich tun wir das alle auf die ein oder andere Weise. Wir alle haben Vermeidungsstrategien. Ganz einfach, weil wir glauben, den Schmerz nicht auszuhalten. Durch die Therapie haben

Esther und Frank gelernt, dass sie ihren Schmerz eben doch aushalten und darüber hinausgehen können. Sie lernten, dass hinter dem Schmerz die Nähe wartet. Und die Lösungen.

Wir vereinbaren, dass der Sonntag ab sofort ein Tag für die ganze Familie sein soll - zunächst zumindest drei Sonntage im Monat. Für den Übergang soll einer für *Fortnite* bleiben. Das Thema viertes Kind entscheiden die beiden einvernehmlich, auf Eis zu legen, um sich erst mal dem neuen Familiensonntag zu widmen. Um darüber in Ruhe und gesondert weiterzusprechen, wollen sie sechs Wochen später für einen Extra-Termin in die Praxis kommen. Step by step. Das erleichtert beide merklich. Außerdem, und das schlägt überraschenderweise ebenfalls Frank vor, wird sonntags vor dem Spielen ab jetzt eine Aufräumaktion gestartet, damit die Hausarbeit nicht mehr allein an Esther hängt. Ihre drei Söhne sollen die Gesellschaftsspiele, die sie sonntags ab jetzt gemeinsam spielen, außerdem selbst auswählen.

«Aber wenn sie dann *Canasta*-süchtig werden, hab ich das nicht zu verantworten!», warnt Frank Esther und grinst ihr breit ins Gesicht.

«Ganz ruhig, Brauner», gibt sie zurück und lächelt offensiv. «Pass du mal schön auf, dass sie dich nicht abziehen und du wieder die Krise kriegst - du willst ja vor ihnen nicht ausflippen, sondern ein gutes Vorbild bleiben, oder? Ich sag nur 8600 ...»

Frank küsst sie fest auf den Mund, und dann müssen beide prustend lachen. Und ich denke: Besten Dank an die beiden Ichs aus Esthers und Franks Vergangenheit!

SOFIA UND BEN

Am Abend zuvor habe ich den Film *Blue Valentine* gesehen, in dem es um ein Paar geht, das sich in einer völlig zerrütteten Beziehung wiederfindet, die eigentlich so besonders begonnen hatte: Sechs Jahre zuvor hatten sich Dean und Cindy schon bei der ersten Begegnung unsterblich ineinander verliebt. Ihre Verbindung war von Anfang an so groß, dass sie sicher waren, zusammenzugehören. Und als sie kurz darauf erfuhren, dass Cindy von ihrem Ex schwanger war, entschlossen sie sich, das Kind gemeinsam großzuziehen. Er zögerte keine Sekunde, stand bedingungslos zu ihr. Obschon sie noch sehr jung und so frisch zusammen waren. Sie heirateten, gründeten eine Familie und versuchten, mit allen Herausforderungen und der erbarmungslosen Eifersucht des ehemaligen Partners umzugehen. Sie waren so innig verbunden, glaubten, alles zu schaffen. Doch sechs Jahre später war alles anders: Sie hatten keine gesunde Form von Nähe und Distanz mehr, waren völlig verstrickt und missverstanden sich permanent. Sie arbeiteten sich aneinander ab, wollten nicht das Gleiche. Am Ende war es, als wäre von dem großen Gefühl des Anfangs nur noch die Erinnerung übrig. Und eine zermürbende Abhängigkeit. Als Cindy sich schließlich trennen wollte, flehte Dean sie in seiner Verzweiflung an: «Sag mir, was ich tun soll. Sag mir, wie ich werden soll. Sag's mir einfach. Ich mache es!»

Ich lag nachts noch eine ganze Weile wach und dachte darüber nach. Dachte natürlich auch an die Paare in meiner Praxis, in meinem Freundeskreis, an meine eigene Beziehung. Und stellte wieder einmal fest, wie schwierig es für so viele Menschen ist, in

Beziehungen intim, verbunden, nah zu sein und dennoch bei sich und autark zu bleiben. Wahrscheinlich ist es für uns alle immer wieder herausfordernd, die Balance zwischen den beiden Polen Nähe und Distanz zu finden. Und sich selbst nicht in der Beziehung zu verlieren - so wie es den beiden im Film immer wieder passiert ist und sie unendlich viel Kraft gekostet hat. Warum machen wir uns abhängig von einem anderen Menschen? Warum glauben wir plötzlich, ihn unabdingbar zu brauchen, wenn wir doch vorher, ohne ihn, auch ein gutes Leben geführt haben? Wieso fällt es uns so schwer, zu erkennen, dass wir uns immer wieder freiwillig für oder gegen diese Beziehung entscheiden dürfen? Warum haben wir stattdessen Besitzansprüche, glauben, der Partner müsse so sein, wie es uns passt, oder schlucken Dinge herunter, weil wir Angst vor Disharmonie oder Trennung haben?

Über all das denke ich auch am Morgen noch nach, als ich auf dem Weg zur Praxis bin und PaulWetz höre. Ich lasse die Kopfhörer drin und die Musik weiterlaufen, während ich mir einen Tee koche und die Wassergläser für die Klient:innen bereitstelle. Ich versuche noch kurz durchzuatmen, bevor das erste Paar da ist - um die Gedanken an den Film loszulassen und ganz frei zu sein für das, was jetzt kommt.

Es klingelt. Als ich öffne, steht eine kleine Frau etwa Mitte 30 vor mir: knallrotes Kleid, das ihre Kurven betont, dunkler Teint, schwarzbraune Mähne, ein Funkeln in den tiefbraunen Augen und ein riesiges Lächeln. «Ich bin Sofia», sagt sie. «Ben sucht noch einen Parkplatz. Ich hoffe, Sie lassen mich auch schon alleine rein?» Ihr ganzes Gesicht lacht. Und meine Stimmung steigt augenblicklich.

«Ja, natürlich», sage ich lächelnd und bitte sie in meinen Raum.

Sie setzt sich sofort, schaut sich kurz um, dann zu mir. «Sehr schön», sagt sie und sieht mir direkt in die Augen. «Unglaublich, wirklich so geschmackvoll eingerichtet.» Erst jetzt bemerke ich das dunkle Timbre in ihrer Stimme und ihren spanischen Akzent. «Hier kann man ja nur glücklich wieder rausgehen», fügt sie hinzu und lächelt wieder. Ihre Augen strahlen derart. Ich lächle zurück. Und bin kurz schockverliebt. In diesem Moment klingelt es auch schon ein zweites Mal. Ich gehe zur Tür. Ben: ein mittelgroßer Mann, dunkelblond, hellblaue Augen, Vollbart, Bauchansatz, kurze Hose, bedrucktes T-Shirt, Cap - und eine sehr warme Ausstrahlung. Er wirkt auf den ersten Blick jünger als sie, aber als sie nebeneinandersitzen, sehe ich, dass das nur an der Kleidung liegt. Ihr Kleid ist eher elegant, sein Style fast jugendlich.

Es ist immer wieder interessant, wie Paare sich für den Besuch in meiner Praxis anziehen. Oft machen sie sich schick. Und scheinen sich abgesprochen zu haben. Es kamen sogar schon Menschen in den gleichen Farben. Dass sie vollkommen unterschiedlich aussehen, ist eher selten.

Mir fällt auf, dass die beiden sehr nah beieinandersitzen. Ich biete ihnen Wasser an. Und obwohl sie sich nun bewegen, die Gläser entgegennehmen, trinken, die Gläser abstellen, bleiben sie nah zusammen. Sofias Hand liegt die ganze Zeit auf Bens Knie.

Nachdem wir uns über das Formale der Therapie ausgetauscht und uns auf das Du geeinigt haben, beginnt Ben zu meiner Verwunderung direkt zu erzählen. Das Temperament, das ich automatisch Sofia zugeordnet habe, hat mich erwarten lassen, sie mache den Anfang.

«Wir sind unsere erste große Liebe», sagt Ben. Seine Stimme ist sehr warm. Er sieht Sofia mit einem Lächeln an. «Seit der Schulzeit ein Paar! 19 Jahre!» Auch Sofia lächelt wieder, ihre Augen leuchten. «Und wir können uns gar nicht vorstellen, dass wir es hätten besser treffen können», er lächelt erneut in ihre

Richtung. Sie nickt und streichelt mit ihren sehr langen weiß lackierten Fingernägeln Bens Knie.

Soweit ja sehr erfreulich. Ich bin gespannt, was ihr Thema ist.

«Im Grunde haben wir nie Probleme», erzählt Ben weiter. Ich bin nach dem soeben gehörten Intro nicht besonders überrascht über diese Aussage. «Wir verstehen uns einfach super. Unsere Freunde sind alle neidisch darauf, dass wir nie große Konflikte haben - obwohl wir auch gut streiten können.» Seine Stimme ist wirklich einnehmend. «Wir gehen einfach gut miteinander um, wir schätzen uns und lassen uns genug Freiheit.» Er sieht immer abwechselnd zu mir und zu Sofia, was sehr höflich, aber in der Frequenz etwas anstrengend ist. Sie lächelt und nickt zwischendurch. Und ich erwische mich bei dem Gedanken, dass die beiden das zu Hause sicher geübt haben.

«Wir haben ein gemeinsames Hobby», fährt Ben fort. «Rumba tanzen. Das machen wir zusammen, aber jeder hat auch seine eigenen Interessen. Wir haben gemeinsame Freunde, aber jeder auch wiederum seine eigenen. Wenn mich ein Thema beschäftigt, das Sofia nicht interessiert, spreche ich einfach mit jemand anderem darüber. Und wenn Sofia etwas unternehmen möchte, worauf ich keine Lust habe, ruft sie eben eine Freundin an.»

Okay, und was will uns diese Werbesendung sagen? Ich versuche mich ehrlich über diese überaus positive Beschreibung einer so langjährigen Beziehung zu freuen. Was mir nicht so recht gelingt. Denn es klingt ganz schön glatt. Wenn es gar keine Reibung zwischen zwei Menschen gibt, dann meistens, weil einer oder beide nicht authentisch kommunizieren. Natürlich muss das nicht immer so sein. Aber bei den Paaren, die ich vor mir sitzen habe, ist es durchweg so. Dennoch: Das ist ja auch noch nicht die ganze Story der beiden! Ich platze vor Spannung, weil ich absolut keinen Schimmer habe, was als Nächstes kommt und warum sie überhaupt hier sind.

«Wir haben nur beide das Gefühl», berichtet Ben weiter und klingt jetzt langsam wie ein Profi-Sprecher, «dass wir ein bisschen was verpasst haben. Weil wir schon mit 16 und 18 zusammengekommen sind und vorher so wenig Erfahrung gesammelt haben.» An wen erinnert mich dieser Mann? Ja, an diesen Schauspieler. Ich komme nicht auf den Namen.

«Na, du ja mehr als ich!», ruft Sofia dazwischen und lächelt dann wieder breit.

«Ja, ich mehr als Sofia», bestätigt Ben. «Ich war eben schon 18 und habe zumindest schon mit ein paar Mädels geschlafen, bevor wir ein Paar wurden.»

«Ich hatte einen einzigen anderen Typen!», trällert Sofia jetzt. «Das muss man sich mal vorstellen! Selbst meine Großmutter sagt, für eine Latina ist das ganz schön brav!» Sie lacht laut. Ein dunkles, volles Lachen, das sofort gute Laune verbreitet. Dazu ihre funkelnden Augen. Diese Frau hat schon eine besondere Energie. Dennoch: Irgendetwas finde ich irritierend an ihr. An den beiden. Ich bin fasziniert und konfus zugleich, weil ich die Situation und dieses Paar noch so gar nicht lesen kann.

«Also», übernimmt Ben wieder, während er seine Partnerin ansieht: «Wir haben deshalb beschlossen, unsere Beziehung zu öffnen.»

Wow. Ich bin einigermaßen perplex. Und frage mich im selben Moment, warum. Es kommen so unterschiedliche Menschen zu mir, die diesen Plan haben oder ihn bereits umsetzen. Es gibt da kein Muster, kein *typisches* Paar für eine offene Beziehung. Also sind Sofia und Ben auch kein untypisches. Und trotzdem verwundert mich etwas.

«Wer hat den Gedanken zuerst ausgesprochen?», frage ich. Und hoffe, dass mein Ton nicht zu provokant war.

«Vorgeschlagen hat es Sofia», antwortet Ben. «Und ehrlich gesagt, war ich auch kurz irritiert, weil ich dachte, auf die Idee kommen doch sonst sicher nur Männer. Aber dann haben wir darüber gesprochen und waren uns ziemlich schnell einig.»

Ich glaube ihm nicht. Ben redet zwar beeindruckend souverän, aber das kommt mir immer aufgesetzter vor. Er wirkt gleichzeitig so sensibel. Wenn ich ihn betrachte, kann ich mir nur schwer vorstellen, dass er sich bei einer anderen fremden Frau fallen lassen könnte. Und ich bin mir auch nicht sicher, ob er es wirklich aushalten würde, wenn Sofia mit anderen Männern schläft. Dass sie das wirklich möchte, fühle ich auch noch nicht. Auch sie hat etwas Unschuldiges, fast Kindliches. Ja, vielleicht wirken sie beide ganz einfach zu lieb und viel zu sehr aufeinander bezogen für diesen Plan. Aber hallo!? Was für ein Klischee! Als müsse man abgebrüht, distanziert oder gar hart sein, um eine offene Beziehung zu leben. Ich wundere mich heute über meine eigenen Gedanken. Und erinnere mich an eine Studie, die nachwies, dass nichtmonogam lebende Menschen tatsächlich stigmatisiert werden.[1] Sie werden als weniger gute Arbeitskräfte und Eltern eingeschätzt. Absurd. Aber leider wahr. Meine hin- und herspringenden Gedanken kommen gerade allerdings eher aus der konkreten Situation: Es ist ja noch keine Problematik thematisiert worden. Logischerweise analysiere ich die beiden daraufhin und versuche herauszufinden, wo der Haken ist.

Sofia erklärt mir nun: «Wir finden auch beide, ein einzelner Mensch kann einem nicht alles geben. Bester Freund, Nähe, Sex, das überlastet die Beziehung.» Jetzt sieht sie Ben an. «Wir erwarten nicht, dass der andere sich für alle Themen interessiert, die einen selbst begeistern. Und genauso erwarten wir auch nicht, dass der andere einem in Sachen Sex alles geben kann.»

Das klingt alles so ‹richtig›. Aber irgendetwas fühlt sich daran nicht richtig an. Ich beobachte Ben, während Sofia spricht, und kann seine Reaktion nicht einordnen. Ist er wirklich der gleichen Ansicht? Ich muss an Yen und Georg denken, die letztes Jahr bei mir waren: Sie wollte eigentlich gar keine offene Beziehung und machte nur ihm zuliebe mit. Das ging natürlich irgendwann gehörig schief.

«Sofia hatte jetzt ein erstes Date», sagt Ben dann. «Und unsere einzige Regel gebrochen!» Sein Gesicht verfinstert sich. Also doch ein Problem!

Sofia lächelt wieder, diesmal ganz sanft. Sie wendet sich an mich: «Ich habe einen Mann getroffen», sagt sie ganz ruhig. «Und nicht mit ihm geschlafen.»

Ich muss beinah laut lachen und kann mich zum Glück gerade noch beherrschen. Ich fühle mich wie in einem Theaterstück. Und bin jetzt vollends verwirrt. Das scheint man mir anzusehen. Ben ergreift wieder das Wort: «Also die Regel war einmal zum Sex treffen. Aber Sofia hat mit diesem Typen drei Stunden gequatscht!» Er klingt pampig. Nichts mehr mit weicher Sprecherstimme. «Und dann hat sie sich, als wäre es das Selbstverständlichste der Welt, einfach noch mal mit ihm getroffen, zum Sex!»

Sofia legt den Kopf schief. «Benito», sagt sie mit betont tiefer Stimme. «Du hast dich doch schon so oft darüber geärgert. Das kostet doch nur Energie.» Sie streichelt wieder sein Knie. Diesmal ganz sachte.

Die Geste ist sicherlich lieb gemeint, aber Ben hilft das ganz offenkundig gar nicht. Im Gegenteil.

«Ja, das ärgert mich auch!», motzt er jetzt. «Wie kann man eine einzige Regel nicht befolgen?» Er zuckt mit dem Bein, entzieht es ihr aber nicht.

Ich sehe zu Sofia. «Für mich war klar, einmal Sex, nicht öfter», erklärt sie mir. «Aber ich dachte, zweimal treffen ist kein Problem. Ich habe das doch nicht gemacht, um dich zu ärgern, Benito!» Sie schaut noch immer mich an. Hat sie mich gerade angeblinzelt? Nein, das muss ich mir eingebildet haben.

Ben lächelt schief in meine Richtung. «Ich weiß. Trotzdem funktioniert es so nicht.»

Ich warte immer noch auf einen konkreten Auftrag an mich.

Jetzt beugt sich Sofia etwas nach vorne.

«Also, wir sind hier, damit wir sehen, wie wir das besser machen können mit der offenen Beziehung», sagt sie, fast im Flüsterton. Und lächelt erneut. Dann wieder lauter und fast bestimmend: «So schwer wird das sicher nicht sein. Wir wollen ja beide eine gute Lösung finden und dass es uns beiden damit gut geht!»

Ich nicke und schaue zu Ben.

«Vielleicht brauchen wir andere Regeln», sagt er. Jetzt hat er wieder auf Sprecher geschaltet. Er sieht mich weiter an: «Du hast doch sicher Erfahrungen damit, wie man das gut hinkriegt!?»

Ich räuspere mich. «Ja, also ich kenne einige Paare, bei denen das gut funktioniert», höre ich mich selbst sagen. «Aber was *gut* ist, muss jedes Paar erst mal für sich herausfinden. Dabei unterstütze ich euch natürlich gerne.» Ich weiß eigentlich noch nicht, ob ich sie gut unterstützen kann und das auch «natürlich gerne» will. Dafür gibt es ja das Drüberschlafen nach der ersten Sitzung. Aber die ist noch nicht vorbei.

«Tatsächlich helfen Regeln in offenen Beziehungen, die Gefühle von beiden zu schützen und klare Grenzen zu setzen», erkläre ich erst mal allgemein. «Damit sich beide respektiert und wertgeschätzt fühlen, ist für viele das Thema Gesundheit wichtig, also zum Beispiel Verhütungsmittel und Schutz vor Geschlechtskrankheiten. Und es ist gut, Erwartungen klar zu kommunizieren, um Enttäuschungen zu vermeiden.»

Die beiden nicken und wirken so, als wären das alles alte Hüte für sie.

«Und es ist hilfreich, über das Thema Eifersucht zu sprechen», füge ich an. Jetzt ist Ben leicht zusammengezuckt. Oder täusche ich mich? Vielleicht projiziere ich auch etwas in ihn hinein. Das muss ich beobachten. «Eifersucht kann in offenen Beziehungen besonders herausfordernd sein», ergänze ich. Die beiden nicken wieder.

«Habt ihr schon über die verschiedenen Optionen gesprochen, wie und wo man eine andere Person treffen kann?», frage ich, um auf die pragmatische Ebene zu kommen. Die beiden sehen einander an und dann mich: «Nein», sagt Sofia, «so direkt nicht.» Aha, also sind sie doch noch nicht so im Thema.

«Das macht aber durchaus Sinn», entgegne ich. «Am besten ihr überlegt euch einmal ganz konkrete Situationen. Also beispielsweise: Wie wäre das für dich, Sofia, wenn du dir vorstellst, dass Ben eine Frau im Club trifft, mit ihr tanzt und trinkt und die beiden dann zusammen zu ihr nach Hause gehen?»

«Wäre okay», sagt Sofia ohne Zögern.

«Und wenn du jetzt daran denkst, dass sie dort zusammen baden?», bohre ich ein bisschen weiter.

«Ja, kein Problem», entgegnet Sofia. Sie sieht zu Ben. «Ich gönne ihm das.»

Ich bin noch nicht ganz überzeugt, dass das alles wirklich so leicht für sie ist. Aber ich möchte sie beim Wort nehmen. Und er? Er ist mir noch ein Rätsel.

«Ben, wie ist es für dich, wenn du dir vorstellst, dass Sofia mit einem Mann schick essen geht, dann auf einen Cocktail in eine Bar und anschließend zu ihm?»

Ben nickt. «Ja, wäre in Ordnung.» Er wirkt ruhig. Und nicht so, als würde er spielen. Gehen wir mal einen Schritt weiter.

«Mich würde interessieren, ob ihr schon über konkrete Fantasien gesprochen habt. Gibt es Dinge, die ihr euch wünscht und die es bisher in eurem Sexualleben nicht gegeben hat?»

Sofia lächelt. Aber diesmal ist es ein anderes Lächeln. «Ich bin im Alltag eher der dominante Typ», sagt sie. Und ich denke: Das ist auf jeden Fall echt und sehr ehrlich. Und es ist ausnahmsweise mal exakt stimmig mit meiner Wahrnehmung. «Na ja, und dann möchte ich beim Sex, dass es auch mal andersherum ist.» Okay: sehr klar.

Ich sehe zu Ben. «Ich habe keine konkreten Fantasien, die ich ausleben will.» Seine Stimme ist wieder weicher. «Ich glaube nur einfach, es würde unserer Beziehung guttun, mal sexuelle Erfahrungen mit anderen zu machen.» Das klang jetzt wieder etwas zu gestelzt. Ich möchte diesen Menschen verstehen. Was will er? Wo ist seine Hürde? Oder bilde ich mir die ein?

«Gibt es denn bestimmte Dinge, von denen du dir wünschst, dass Sofia sie *nicht* mit einem anderen Mann macht?», frage ich ihn.

«Nein», antwortet er wieder direkt. «Gibt es nicht.» Ist er tatsächlich gelassen? Oder mauert er? Ich muss aufpassen, dass ich mich nicht fixiere.

Ich sehe zu Sofia: «Wie geht es dir damit?»

«Ich finde, man muss schon alle Freiheiten haben», gibt sie zurück. «Ich fände es nicht richtig, wenn man vorher Grenzen festlegt. Wir machen das ja gerade, weil wir uns Freiheit geben wollen!»

Ich sehe zu Ben, er nickt. Das wirkt hier alles, als sei es komplett harmonisch. Aber das ist es doch nicht. Oder? Ich verstehe selbst nicht, was hier querliegt. Vielleicht sind sie doch beide d'accord mit der Grundidee. Und brauchen nur klarere Regeln.

«Ihr habt ja schon erzählt, dass es eine Regel gab: einmal treffen zum Sex», sage ich. «Ich denke, es ist jetzt klar, dass sie genauso gemeint ist. Und bedeutet, mehrmals treffen ist tabu. Ist das für dich ab jetzt so in Ordnung, Sofia?»

Sofia nickt und lächelt Ben an. Er sitzt nun etwas steif da.

«Ben, kannst du Sofia da vertrauen?», frage ich ihn.

Er denkt offenbar nach. Es ist das erste Mal, dass er sich etwas Zeit für seine Antwort nimmt.

«Es geht so», sagt er leise. Sofia streichelt wieder sein Bein. Er zieht es ganz langsam weg. Sie hört auf, streicht ihr Kleid glatt, schaut zu mir. Es wirkt für eine Sekunde, als wolle sie in ihrem Versuch, lieb mit ihm zu sein, gesehen werden. Dann setzt sie sich gerade hin, schaut ihn wieder ganz offen an. Ist sie auch mit etwas unsicher? Mir ist dieses Paar unklarer als jedes andere zuvor. Noch! Manchmal dauert es eben länger, um ein Gefühl für zwei Menschen zu bekommen. Bleib ruhig, Anna. Geduld!

«Ben, kannst du sagen, warum diese Regel für dich so wichtig ist? Auch emotional? Und warum es dir schwerfällt, Sofia in dieser Hinsicht jetzt zu vertrauen?», frage ich. Er schaut nach unten, atmet tief ein und aus, hebt den Blick dann zu mir. Seine Augen sehen traurig aus. Und seine Arme sind auffällig angespannt.

«Ich verstehe einfach nicht, warum sie drei Stunden geredet haben!», stößt er hervor. Auf einmal wirkt er angegriffen. «Das ist doch eine ganz andere Ebene!» Seine Stimme ist jetzt viel härter. Er schiebt sein Cap erst ein Stück nach hinten, zieht es dann wieder nach vorne, als wolle er es stärker auf dem Kopf fixieren. «Es ging darum, dass wir uns sexuell stärker ausleben, aber wenn sie mit einem anderen reden will, ist das doch etwas komplett anderes!» Er rutscht auf seinem Platz hin und her, rückt dabei ein Stück von Sofia weg. Sie bewegt sich ebenfalls, rückt dann hinterher. Ihre Hand rutscht etwas in seine Richtung, aber dann entscheidet sie offenbar, ihn jetzt doch nicht wieder zu berühren. Sie umfasst ihr eigenes Knie.

Ich spiegle ihr meine Beobachtung und frage dann ganz direkt: «Warum hast du Ben dann doch nicht berührt?»

Sofia lächelt. «Ich hatte das Gefühl, Ben will es gerade nicht. Das ist manchmal so, wenn er emotional ist.»

Ich sehe zu Ben. Er nickt.

«Du hast also gerade wahrgenommen, dass bei Ben etwas Emotionales passiert ist?», gebe ich zurück. «Möchtest du denn auch etwas zu dem sagen, was Ben geäußert hat?» Ich sehe sie an. Sie schaut auf ihre Knie. Dann blickt sie mich an, lächelt. «Es hat sich einfach so ergeben, dass ich mit diesem Mann geredet habe», sagt sie ganz ruhig. «Ich finde es ganz normal, dass man Menschen, mit denen man Sex haben will, ein bisschen kennenlernen möchte.»

«Ja», geht Ben nun dazwischen. «Ein bisschen. Aber warum drei Stunden reden und dann keinen Sex haben?»

Sofia legt den Kopf wieder schief. «Benito, wir haben das doch schon ganz oft besprochen: Es hat einfach nicht in die Situation gepasst, er war ein bisschen angeschlagen. Dann muss man doch nicht Sex haben, weil das so abgemacht war. Ich wollte dich damit doch nicht verletzen! Wirklich, Benito. Das weißt du doch! Nimm das doch nicht so persönlich. Das hat doch nichts mit dir zu tun.» Jetzt legt sie ihre Hand doch wieder auf sein Knie. Es ist schon auffällig, dass es immer nur sie ist, die ihn berührt. Und nicht umgekehrt. Auch wenn es den beiden wahrscheinlich nicht bewusst ist: Das ist eine Dynamik. Wenn nur eine Person über Berührung entscheidet, nimmt sie damit eine höhere Stellung in der Beziehung ein. Sofia sagte ja auch bereits, dass sie im Alltag die Dominantere ist. Sie weiß also darum. Die Frage ist, ob Ben das auch so klar sieht und wie er sich damit fühlt. Aber zuerst möchte ich bei dem aktuellen Punkt bleiben.

«Wie geht es dir mit dem, was Sofia gerade gesagt hat?», frage ich.

«Nicht gut.» Er atmet wieder tief. Schweigt dann.

Ich gebe ihm einen Moment. Aber er scheint sich schwerzutun, hier weiterzukommen. Und auf einmal fällt es mir ein: Er erinnert mich an diesen Typen, der in so schnulzigen ARD-Serien immer diesen Softie spielt. Ich komme nicht auf den Namen. Aber vielleicht halte ich Ben deshalb für so weich und gleichzeitig etwas künstlich? Jedenfalls ist die Gefahr jetzt hoffentlich gebannt, das unbewusst zu übertragen. Ich werde das direkt noch mal genau prüfen.

«Kann es sein, dass du dich zurückgesetzt gefühlt hast, als Sofia mit diesem Mann so viel Zeit mit reden verbracht hat?», frage ich Ben. Er schaut überrascht auf. Bin ich zu direkt gewesen?

«Ja», er nickt. «Das kann sein. Wie gesagt: Es ging um sexuelle Dinge und nicht darum, neue Bindungen aufzubauen!»

Das ist jetzt mal sehr eindeutig. Und nachvollziehbar: Neue Bindungen aufbauen war ja schließlich nicht die gemeinsame Idee.

«Ich hatte nicht vor, da eine Bindung aufzubauen», verteidigt sich Sofia und schaut kurz zu mir. Ihr Blick ist ernst. Dann lächelt sie wieder. Sieht zu Ben: «Ich liebe dich, und das weißt du doch auch.»

Ben schweigt. Er faltet seine Hände im Schoß. Es sieht so aus, als wäre er sich dessen eben gerade nicht immer sicher.

Tatsächlich könnte man meinen, die größte Komplikation zwischen zwei Menschen entsteht, wenn sie Dinge *nicht* aussprechen. Und natürlich erzeugt das auch häufig Schwierigkeiten. Allerdings kann es genauso herausfordernd für die Partnerin oder den Partner werden, wenn die andere Person Dinge verbalisiert, die sie nicht einlöst: wenn ihre Taten eine andere Sprache sprechen. Double-Bind-Kommunikation nennt sich das. Sie ist verwirrend und zeigt sich in extremer Form in Gaslighting, dem bewussten Erschüttern der Selbstwahrnehmung der anderen Person, zum Beispiel durch Lügen und Unterstellungen. Allerdings geschieht diese Art der Kommunikation dann mit dem expliziten Ziel, das Gegenüber zu verunsichern. Menschen, die wiederholt inkonsistente Botschaften in Beziehungen empfangen und widersprüchliche Aufforderungen wahrnehmen, sind irgendwann desorientiert. Das hat Bindungsverletzungen zur Folge.

Ich bin aber recht sicher, dass das bei Sofia und Ben in dieser Form nicht abläuft und insofern nicht bedenklich ist. Sofia kommuniziert auch mit Sicherheit nicht absichtlich auf zwei Ebenen. Aber Ben geht es offensichtlich nicht gut. Und ich vermute, dass es mit der Art ihrer Kommunikation zu tun hat. Ihre verbale Botschaft ist: Ich habe mich mit diesem Mann getroffen, aber wir hatten keinen Sex. Die implizite Botschaft, die durch ihr Handeln bei Ben ankommt, ist aber offenbar: Obwohl wir die Regel hatten, nur Sex zu haben, war es mir wichtig genug, Zeit mit dem Mann zu verbringen, ohne diese Regel zu befolgen.

Ich muss herausfinden, ob es das ist, was Ben verunsichert.

«Wie hat sich dieser Moment für dich angefühlt, als Sofia dir erzählt hat, dass sie keinen Sex hatten, sondern lange geredet haben?», frage ich. «Ich kann mir vorstellen, dass das überraschend für dich war und sicher auch etwas Schmerzliches in dir hochgekommen ist, oder?»

Ben schaut Sofia von unten herauf an. Sie lächelt. Es wirkt aufmunternd. Fast mütterlich. Dann blickt er mich an. «Ich frage mich, ob ihr etwas bei mir fehlt», gesteht er. «Ich habe Angst, dass ich ihr nicht reiche und sie sich dann eine Affäre sucht.»

«Ben, das ist doch Unsinn!», springt Sofia sofort an. «Das weißt du doch! Das würde ich nie tun!»

Ben sieht mich an. Ganz konzentriert. Als müsste er sich bemühen, nicht zu Sofia zu schauen.

«Ich glaube», beginne ich vorsichtig. «Für dich ist das eine ganz eindeutige Tatsache, Sofia. Aber Ben weiß das vielleicht nicht so genau. Er spürt bei dem Thema nicht diese Sicherheit in sich, die du spürst. Und ich finde sehr wertvoll, dass er das äußert. Auch wenn seine Angst aus deiner Sicht unbegründet ist: Sie ist da, und es ist wichtig, sie anzuschauen.»

Sofia sieht irritiert aus. Ihre Mundwinkel zucken, als wollten sie automatisch ein Lächeln formen, können es aber nicht.

«Ja, das ist oft so», seufzt Ben. «Sofia ist nicht besonders empathisch.» Ich muss unüberhörbar laut schlucken. Was für eine Ansage! Ich schaue zu Sofia. Aber sie scheint das nicht getroffen zu haben. Im Gegenteil, sie nickt. Ben sieht einen Augenblick zu ihr, dann wieder zu mir.

«Wenn es mir nicht gut geht», erklärt er, «wenn ich mir Sorgen um etwas mache, geht sie darauf oft nicht ein.»

Sofia nickt weiter. Das ist schon einigermaßen merkwürdig. In aller Regel stimmen Partner:innen einer solchen Aussage nicht zu. Selbst wenn sie absolut korrekt ist. Kein Mensch möchte empathielos sein. Dachte ich bisher! Aber bei Sofia scheint die Sache anders zu liegen.

«Ich möchte meine Zeit lieber damit verbringen, positiv zu sein, Lösungen zu finden und etwas anzupacken», berichtet sie. «Ich finde, Sorgen sind oft reine Zeitverschwendung und bringen die meisten Menschen nur schlecht drauf.»

Ein Stück weit nachvollziehbar. Aber kein Grund, die Ängste des Partners komplett zu missachten.

«Das verstehe ich», entgegne ich. «Aber in einer Partnerschaft ist es in meinen Augen auch wichtig, belastenden Gefühlen Raum zu geben. Die kann man ja nicht negieren. Wenn man sie unterdrückt, lösen sie sich ja nicht auf. Oder?» Ich sehe sie an und möchte eigentlich gar keine Antwort auf diese Frage. Am Ende ist die nämlich ‹Doch!› – und dann landen wir in einer Diskussion, die uns von der zentralen Thematik der beiden viel zu weit wegbringt.

«Aber wenn es wirklich keinen Grund gibt!?» Sofia lächelt zwar wieder, aber ihr Gesicht sieht angespannt aus. «Diese Sorge macht wirklich keinen Sinn!» Jetzt schaut sie Ben an. «Wie oft soll ich das denn noch sagen? Du machst dich unnötig verrückt. Das bringt doch niemandem etwas.»

Wir sind an einem Punkt, an dem sich die Sache zu einem

Teufelskreis entwickeln könnte. Die beiden bleiben auf der Metaebene. Und in ihren gewohnten Frage-Antwort-Mustern. Ich muss das Thema wechseln, damit wir auf das Dahinter schauen können. Denn natürlich haben Bens Ängste einen Grund. Selbst wenn es alte Ängste sind, gibt es in der aktuellen Beziehung dafür einen Auslöser, und den sollten wir gemeinsam erkennen. Und dann ist die entscheidende Frage, ob Sofias Verhalten damit zu tun hat und ob sie bereit ist, darauf einzugehen und etwas zu verändern. Ganz ohne Empathie wird es wohl nicht gehen. Oder doch? Ich frage mich, ob ich da einer Überzeugung folge, die vielleicht für Ben und Sofia nicht stimmt - auch wenn sie bei unzähligen anderen Menschen hinhaut. Ich vermute aber vielmehr, dass Sofia nicht komplett empathielos ist, sondern dass die beiden sich ihre Felder nur sehr klar aufgeteilt haben: Ben ist für Ruhe, Empathie und Verständnis zuständig, Sofia für Positivität, Dinge umsetzen, nach vorne gehen. Soweit erst mal gut. Das ist schließlich in den meisten Beziehungen der Fall und oft auch zweckdienlich. Man ergänzt sich gerne. Allerdings wird es ungesund, wenn die Bereiche erstarren, die Aufteilung zu strikt ist, jeder sich an sein Feld klammert und die anderen Dinge, die in der Zuständigkeit der oder des anderen liegen, komplett von sich wegschiebt. Das endet dann auch gerne in symbiotischen Beziehungen, in denen ein Part keine Glühbirne mehr wechseln kann, weil der andere Part ja für *alles* im Haus zuständig ist und dieser Handwerker-Typus wiederum allein verhungern würde, da er sich nicht mal ein Ei kochen kann. Viele Paare der Nachkriegsgeneration kennen und schätzen die großen Vorteile der Arbeitsteilung - erleben aber auch die genannten Nachteile, wenn man das Konzept allzu vehement befolgt. Und Arbeitsteilung geschieht oft nicht nur auf der praktischen, sondern auch auf der emotionalen Ebene. Häufig übernehmen die Partner:innen bestimmte Emotionen buchstäblich komplett - und bedauern gleichzeitig, dass die oder der andere sie nicht mehr hat. Als würden sie zusammen Playmobil spielen und sich wundern, warum es keinen Spaß macht, wenn eine Person alle Tiere nimmt und die andere alle Menschen. Ich erinnere mich noch sehr gut an Iris und Kai. Er hat bei jeder Gelegenheit geweint, während sie immer nur pragmatisch handelte und durchaus kaltherzig wirkte. Bis beide erkannten, dass sie das furchtbar anstrengte. «Ich möchte endlich auch mal traurig sein dürfen», hatte Iris damals plötzlich geschrien und Kai sie vor Freude geküsst.

Während ich darüber nachdenke, wird mir klar, dass ich Sofia heute noch in keiner Sekunde als unsicher wahrgenommen habe. Möglicherweise ist das auch Bens Bereich. Aus dem sie sich konsequent heraushält. Keine so günstige Lösung! Das wird nämlich auf Dauer nicht gut gehen. Und schon gar nicht in einer offenen Beziehung.

«Ich habe eine Idee», wage ich den Themenwechsel. «Ich möchte euch bitten, mal eine kleine Übung zu machen. Und zwar geht es um emotionale Verbundenheit.»

Die beiden schauen mich irritiert an.

«Ich möchte euch gerne dabei unterstützen, eure Situation zu verbessern», versuche ich sie abzuholen. «Und ich glaube, dafür ist es hilfreich, dass wir uns eure jeweilige Wahrnehmung von Verbundenheit genauer ansehen. Einverstanden?»

Die beiden nicken zögerlich. Ich stehe auf, hole zwei weiße Blätter von meinem Schreibtisch und reiche jedem eins. Sofia strahlt, als sie das Papier sieht. Ich nehme an, sie freut sich, dass sie etwas Praktisches tun darf. Ben wirkt unsicher.

«Bitte schreibt einmal fünf Situationen auf, die euch spontan einfallen, in denen ihr euch mit dem anderen verbunden fühlt», erkläre ich die Übung und drücke beiden einen Kugelschreiber in die Hand. «Das können ganz kleine alltägliche Dinge sein oder auch besondere Momente. Was euch in den Sinn kommt und wichtig für euch ist.»

Sofia beugt sich nach vorne zu dem kleinen Tisch, legt ihren Zettel ab und fängt sofort an zu schreiben. Ben hält das Papier fest und starrt darauf. Dann schaut er mich an. Ich zögere. Braucht er noch etwas? «Hast du vielleicht eine Unterlage?», fragt er. Ich muss lächeln.

«Natürlich.» Ich reiche ihm eine Ausgabe der *Spektrum Psychologie* vom Sideboard.

«Danke», brummt er.

«Lass dir ruhig einen Moment Zeit», lege ich Ben nah. «Es geht nicht um Geschwindigkeit. Und wenn dir erst mal nur zwei Situationen einfallen, ist das auch okay.»

Sofia schreibt, fast hektisch. Ben denkt angestrengt nach. Ich atme ein und aus, fühle mich unwohl. Vielleicht war das jetzt nicht die passende Intervention. Vielleicht hätten sie etwas anderes gebraucht. Andererseits hat Sofia offenbar Antworten. Manchmal geht es auch für mich darum, dem Prozess zu vertrauen. Wenn ich ungeduldig werde, kann ich nichts ausrichten.

Ben beginnt zu schreiben. Dann sieht er aus dem Fenster, schreibt weiter. Ein paar Minuten später schaut er auf. «Okay», sagt er. «Ich bin so weit.»

«Ich auch», sagt Sofia und lächelt Ben an, dann mich. Erwartungsvoll.

«Wer möchte beginnen?», frage ich und kenne die Antwort schon.

«Ich!», ruft Sofia sofort. Sie setzt sich sehr gerade hin. «Ich fühle mich mit Ben verbunden, wenn er mir einen Pisco einschenkt, während ich uns Ceviche koche», lässt sie uns wissen. «Wenn er nicht gut drauf ist, mache ich ihm immer Ceviche mit Garnelen und Süßkartoffeln», fügt sie hinzu und lächelt. Ihre Wangen sind rosig. «Und ich fühle mich mit ihm verbunden, wenn er mir morgens einen Café con Leche ans Bett bringt. Das finde ich jedes Mal wieder wunderschön.» Ihre Augen strahlen. «Ich liebe es auch, wenn er abends das Geschirr abwäscht, wenn ich zu müde bin, oder wenn er sonntags früh noch mal ins Bett kommt, nachdem er Brötchen holen war, das ist sehr verbindend.» Sie lächelt breit. «Und ich ...»

«Das sind sehr schöne Momente, Sofia», unterbreche ich sie sanft, «die ich mir gerade bildlich vorstellen kann! Danke dir dafür.» Ben ist jetzt dran. Er sieht nicht glücklich aus. Und ich frage mich, was in ihm vorgeht.

«Ben, wie geht es dir damit?», frage ich direkt.

«Ja, das ist schön», antwortet er. Es klingt mechanisch.

«Was empfindest du in diesen Situationen?», hake ich nach.

«Ja, das mache ich gerne. Weil ich weiß, dass Sofia sich freut.» Ben will immer noch alles richtig machen. Das bringt uns nur leider nicht weiter.

«In welchen Situationen fühlst du dich mit Sofia verbunden?», frage ich ihn.

Ben schluckt. Er sieht auf seinen Zettel. «Ich fühle mich verbunden, wenn Sofia mich abends fragt, wie mein Tag war», liest er vor. «Wie es im Büro lief und wenn ich merke, dass sie mir zuhört.» Seine Stimme stockt. «Und wenn sie mir sagt, dass sie stolz auf mich ist.» Er starrt weiter auf das Papier in seiner Hand. «Und wenn sie mich anruft, einfach so, mitten am Tag ... und mir sagt, dass sie mich vermisst, und fragt, wie es mir geht.»

Sofia beobachtet ihn.

«Sofia, was empfindest du, wenn du das hörst?», frage ich. Sie sieht mich an. Ihr Blick ist traurig. Sie zögert.

«Das ... das mache ich aber nicht sehr oft», gesteht sie. Bens Blick wandert zu ihr. «Aber das ist wichtig für mich, dass du mir zuhörst», sagt er, «und mir Fragen stellst.»

Die beiden schweigen. Und ich spüre ihre Traurigkeit. Ben atmet tief durch. Es erleichtert ihn offenbar, dass er es ausgesprochen hat.

«Ich fühle mich verbunden, wenn du mich umarmst», platzt es dann aus Sofia heraus. «Und wenn du mir zeigst, dass du mit mir schlafen willst. Das machst du auch nicht oft!» Ihre Augen füllen sich mit Tränen. Endlich eine echte Emotion. Ich bin erleichtert. Diese Frau ist nicht so einseitig, wie es bisher gewirkt hat, und schon gar nicht immer stark. Möglicherweise ist das ein Teil der Problematik: Sie zeigt ihre Gefühle oft nicht. Und sie scheint immer in der gleichen Weise liebenswürdig zu Ben zu sein. Auf ihre Weise. Aber das ist nicht das, was er möchte.

Ben sieht sie lange an. Dann nimmt er ihre Hand. In diesem Moment wirkt er das erste Mal souverän, seit sie hier sitzen. Jetzt ist er es, der aktiv werden kann. Sie hat ihm den Raum dafür gegeben, indem sie ihr Bedürfnis ehrlich kommuniziert und ihren Schmerz gezeigt hat.

«Wir haben alle eine bestimmte Sprache der Liebe», erkläre ich. «Oder in der Regel zwei. Das heißt, wir zeigen auf unsere Art und Weise, dass der andere uns wichtig ist. Aber manchmal sind diese Sprachen nicht die gleichen.» Jetzt weint Sofia. Ben nimmt sie in den Arm.

«Aber das ist nichts Negatives», ergänze ich. «Das heißt nur, es ist gut, sich das bewusst zu machen. Man kann die Sprache des anderen lernen. Und vor allem verstehen lernen.»

Ben nickt.

«Ich möchte euch eine kleine Aufgabe mitgeben, wenn ihr das möchtet.» Ich schaue sie fragend an.

«Ja», sagt Ben. Und Sofia nickt.

«Es gibt einen ganz schönen Test zu den Sprachen der Liebe im Netz. Vielleicht kennt ihr das Buch von Dr. Gary Chapman: *The 5 Love Languages*? Der Test ist daran angelehnt. Den könnt ihr - jeweils allein - zu Hause machen. Und dann über die Ergebnisse sprechen. Dabei konzentriert euch bitte vor allem auf die beiden Sprachen, bei denen ihr jeweils die meisten Prozente habt.» Ich reiße einen Zettel von meinem kleinen Notizblock ab, notiere ‹5languagesoflove.com› und reiche ihn Ben.

«Außerdem möchte ich euch bitten, euch bis zu unserer nächsten Sitzung auch noch einmal zu überlegen, in welchen fünf Situationen ihr euch nicht verbunden fühlt, wann ihr einsam in der Beziehung seid und vielleicht auch verletzt vom anderen. In Ordnung?»

Die beiden nicken. Dann umarmen sie sich.

«Danke», sagt Sofia. Und ich weiß, dass sie es ehrlich meint. Sie lächelt nicht mehr. Aber das Danke bedeutet viel mehr.

Nachdem ich die beiden zur Tür gebracht habe, hole ich das Buch heraus, das ich immer empfehle, wenn ein Paar eine offene Beziehung lebt oder beginnen möchte: *Schlampen mit Moral*. Auch wenn ich in diesem Augenblick denke, dass die offene Beziehung für Sofia und Ben gerade vielleicht keine gute Idee ist: Ich werde es auch ihnen nahelegen. Dieses Buch kann ihnen helfen, herauszufinden, was sie wirklich wollen, vor allem die enthaltenen Übungen. Ich lese die zum Grenzen-Setzen nach. Und eine zum ‹Beziehungsschatz›, in der es darum geht, sich zu überlegen, was man selbst an sich schätzt und was die oder der andere wohl besonders wertvoll an einem findet. Sich darüber auszutauschen kann ein starkes Vertrauen erzeugen und eine sehr gute Vorbereitung sein für die Herausforderung, die es bedeuten kann, wenn die oder der andere neue Sex-Partner hat und man eventuell mit Eifersucht zu kämpfen hat. Oft steht das Gefühl dahinter, dass man selbst nicht genug ist. Ben hat das im Grunde schon ausgesprochen. Ich befürchte, er fühlt sich momentan nicht gebunden genug. Ich denke an Nadja und Radesh. Die beiden waren schon 15 Jahre ein Paar, wirkten sehr harmonisch und ausgesprochen gelassen, als sie anfangs von ihrer offenen Beziehung erzählten. Bis sich zeigte, dass Nadja doch ein Vertrauensproblem hatte. Es ging im Kern darum, dass sie befürchtete, Radesh würde sie irgendwann, nach dem Sex mit vielen anderen Frauen, nicht mehr attraktiv finden. Dass sie den Mut hatte, ihm das zu sagen, veränderte schon viel. Sie befasste sich dann mit ihren Selbstzweifeln, die sie gegenüber ihrem Körper hatte. Machte eine Übung, die ich ihr mitgab, in der sie Situationen und Aktivitäten festhielt, in denen sie sich körperlich gut und attraktiv fühlte. Sie kultivierte für sich kleine Selbstliebe-Rituale. Und überraschenderweise suchte sie die Bestätigung von Radesh dann in dieser Frage gar nicht mehr. Es ging nicht darum, dass er ihr vermittelte, sie hätte für ihn nichts an ihrer Attraktivität verloren. Der Punkt war ihr Selbstbild. Und als sie an dem arbeitete, konnte sie sich ganz anders auf die Beziehung und auch auf die besondere Form, für die sie sich beide entschieden hatten, einlassen. Tatsächlich hatte sie dann auch mehr Sex-Dates als er. Und er konnte sich darüber freuen.

Für viele Paare ist der Moment, in dem sie das Bedürfnis loslassen, von der Partnerin oder dem Partner jede Bestätigung zu bekommen, ein echter Wendepunkt. Oft führt das zu einer neuen Form der Selbstannahme. Und viele können dann auch den Besitzanspruch leichter aufgeben. Nadja sagte damals in unserer letzten Sitzung: «Unsere Beziehung hat sich verändert, weil wir uns jetzt bewusst sind, dass wir uns immer wieder entscheiden. Und unser Sex ist so viel schöner, weil wir nicht mehr glauben, die andere Person tut das aus Gewohnheit oder weil sie keine Alternative hat. Die hat sie jetzt. Wenn sie trotzdem mit mir schlafen will, ist das eine neue Form der Wertschätzung.» Das hat mich damals sehr berührt. Viele Menschen haben in ihrer Beziehung das Gefühl, von der anderen Person nur noch gebraucht, aber gar nicht mehr richtig gewollt zu werden.

In unserer zweiten Sitzung sehen Sofia und Ben noch unterschiedlicher aus als in der ersten. Sofia trägt einen langen eleganten Rock und eine fast durchsichtige Seidenbluse, beide schwarz. Er hat Jeans an, ein ausgeblichenes T-Shirt und ein Cap mit dem Aufdruck ‹I don't care›. Ich muss kurz schmunzeln und nehme an, dass Bens Look eine kleine Rebellion ist, die er in anderen Punkten vielleicht noch nicht so sehr wagt. Ich fühle mich diesmal wirklich schon viel wohler mit den beiden. Nach ihrer Mail, dass sie wiederkommen möchten, war ich noch einen halben Tag lang unsicher, ob unsere Konstellation wirklich passt, aber dann überwogen die Zuversicht und meine Neugier. Es wäre nicht das erste Paar, von dem ich zuerst geglaubt habe, die Arbeit werde herausfordernd, und bei dem sich dann doch ein enormes Entwicklungspotenzial gezeigt hat.

«Wie ist es euch ergangen?», frage ich.

Sofia und Ben sehen sich an. Beide lächeln. Und ich bin schon jetzt glücklich, dass wir alle drei entschieden haben, weiterzumachen.

«Ganz gut», sagt Sofia. «Wir haben den Test gemacht.» Sie hat heute einen anderen Blick. Irgendwie offener. «Meine erste Sprache der Liebe sind Acts of Service», erzählt sie. «Gefallen, kleine Gesten. Und die zweite ist Körperlichkeit.»

Ich wundere mich nicht über das Ergebnis. Mal sehen, was Ben herausgefunden hat.

«Meine sind wertschätzende Worte und Quality Time», berichtet er.

«Und? Könnt ihr das so bestätigen?», frage ich. Denn natürlich ist der Test auch ein bisschen von der aktuellen Befindlichkeit abhängig.

«Ja, absolut», antwortet Sofia.

«Ja», stimmt Ben ihr zu. «Das trifft es sehr.»

«Es war total gut, das zu erfahren», erzählt Sofia jetzt. «Wir haben uns das gleich zu Herzen genommen und jetzt zum Beispiel einen festen Abend pro Woche, an dem wir wirklich darüber reden, wie es uns geht.» Sie lächelt. Wieder ein anderes Lächeln. Kleiner, fast zärtlich.

«Das freut mich», sage ich. «Das ist etwas, das dir sicher guttut, Ben, oder?»

«Ja. Sehr.» Er lächelt Sofia an.

«Und Ben versucht jetzt öfter auf mich zuzugehen», sagt Sofia und wirkt für einen Moment fast schüchtern. «Also körperlich, meine ich.»

«Toll, dass ihr euch beide direkt so viel Mühe gebt, in den Sprachen des anderen zu kommunizieren!», gebe ich zurück. Auch wenn ich den schönen Moment nicht unterbrechen will, möchte ich die andere Aufgabe nicht unter den Tisch fallen lassen: «Habt ihr denn auch die Situationen notiert, in denen ihr die Verbundenheit verloren habt?»

Ben räuspert sich. Den Part haben sie wahrscheinlich auch vorbereitet.

«Ja, das haben wir auch besprochen.» Er räuspert sich noch mal. «Ich verliere die Verbindung schnell, wenn Sofia mit einem Typen unterwegs ist und ich zu Hause warte. Da fange ich an zu grübeln. Deshalb haben wir beschlossen, dass wir uns parallel verabreden.»

«Da habt ihr ja gleich eine Idee zur Lösung gefunden, das klingt super!», kommentiere ich. «Und habt ihr das schon ausprobiert?»

Ben lächelt, leicht verschmitzt. «Ja, das hat gut geklappt.»

«Magst du erzählen?», ermutige ich ihn.

«Ja, wir hatten gleichzeitig Dates. Und ich habe mich auch erst mal lange mit der Frau unterhalten.» Er sieht zu Sofia. Sie schließt die Augen kurz, lächelt fast unmerklich. «Dabei habe ich gemerkt, dass Sofia recht hatte: Das gehört dazu. Und heißt nicht, dass man gleich eine tiefere Bindung eingeht als mit dem Partner.» Sie lächeln einander an. Und wirken heute beide sehr viel mehr bei sich. Und das Ganze klingt auch fast so, als bräuchten sie mich gar nicht mehr. Das muss ich noch mal abklopfen.

«Habt ihr denn noch mehr neue Regeln aufgestellt für eure offene Beziehung?», gehe ich einen Schritt weiter.

«Ja», sagt Ben und sieht stolz aus. «Absolute Ehrlichkeit - natürlich nur bis zur Grenze des anderen, nur geschützter Sex, nur Menschen, die uns fremd sind, also niemand aus dem Bekanntenkreis.» Sofia nickt zufrieden.

«Das klingt sehr klar. Und die Regel mit dem einen Treffen?», hake ich zur Sicherheit nach.

«Die haben wir aufgehoben», erklärt Ben. «Die hat für uns beide nicht mehr gestimmt.»

Wow, interessant. Sprechen wir jetzt schon über die Möglichkeit einer polyamourösen Beziehung? Vielleicht sind die beiden einfach viel schneller in ihrer Entwicklung, als ich es für möglich gehalten habe!

«Wir hatten beide das Bedürfnis, jemanden wiederzutreffen, und haben uns unwohl damit gefühlt. Dann haben wir darüber gesprochen und gemerkt, diese Regel macht so keinen Sinn! Also haben wir sie verabschiedet.» Er sieht zu Sofia. Sie nickt.

«Wir glauben, es ist eine Chance für uns», ergänzt Sofia, «wenn wir uns den Raum geben, zu sehen, wohin sich das entwickelt.»

«Wobei kann ich euch denn dann noch helfen?» Habe ich das wirklich gerade so gesagt? Hoffentlich klang es für die beiden nicht so verzweifelt, wie ich das gehört habe.

«Wir wollen uns gut vorbereiten», sagt Sofia. «Vielleicht hast du noch eine von deinen guten Übungen für uns?»

Oje. Ja, natürlich habe ich jede Menge sehr guter Übungen. Aber gerade habe ich keinen Schimmer, was die beiden brauchen. Warum stockt das hier immer so merkwürdig? Vielleicht liegt es gerade doch an mir, und ich bin nicht besonders in Form. Jetzt ist das Buch dran! Ich stehe auf und hole die Schlampen mit Moral aus meinem Regal. «Das wollte ich euch gerne empfehlen», sage ich. «Hier gibt es sehr viele gute Übungen für Menschen in nichtmonogamen Beziehungen.»

Ich reiche Sofia das Buch, sie betrachtet es neugierig.

«Gibt es denn etwas, das euch konkret Sorgen bereitet?»

«Na ja», antwortet Ben. «Ich glaube, wir können schon noch ein bisschen an unserem Vertrauen arbeiten. Es gibt so Situationen, in denen man eben doch ein bisschen verunsichert ist. Ich meine, man will der Partnerin ja alle Freiheit geben, aber dann steht man ihr doch irgendwie im Wege.» Aha. Dann war die rosige Beschreibung von eben doch noch nicht die ganze Wahrheit. Das wäre auch ein ungewöhnlich schneller Prozess gewesen. Außerdem löst es ein gewisses Unbehagen in mir aus, wenn Menschen in einer Therapiesituation ‹man› sagen. Wenn das Wort irgendwo keinen Sinn macht, dann hier.

Wie sehr ein Paar auch hinter dem Konzept der eigenen Beziehung steht - ob nun monogam, offen oder polyamourös - und wenn man einander noch so viel Gutes und alle Freiheit wünscht: Am Ende sind alle auf unterschiedliche Weise mit Unsicherheiten, Ängsten und Sorgen konfrontiert. Wenn es eine echte Verbindung gibt, ist einem nichts gleichgültig. Und genau das spricht Ben gerade an. Am besten ich gehe konkret auf seine Aussage ein und ignoriere das ‹man›. Menschen benutzen dieses Wort, wenn sie sich in Bezug auf ihre sehr individuellen Empfindungen unsicher fühlen. Und dass er unsicher ist, hat Ben ja schon selbst zugegeben.

«Hast du dafür ein Beispiel?», frage ich ihn.

Er rutscht wieder auf seinem Platz hin und her. Ein gutes Zeichen. Ich entwickle etwas Hoffnung.

«Na ja, neulich hat Sofia in der Küche telefoniert und die ganze Zeit gelacht. Ich hatte es mir gleich gedacht, und es stimmte auch: Sie hatte mit einem von ihren Typen gesprochen. Das hat mich ...» Er sucht nach den passenden Worten. «Das hat mich schon kurz traurig gemacht. Ich hatte das Gefühl, der erzählt vielleicht bessere Geschichten und macht bessere Witze als ich!»

Puh, Gott sei Dank. Wir sind wieder in einem echten Gespräch. Das ist verdammt ehrlich von Ben. Und sehr wertvoll für diesen Prozess. Sofia sieht Ben mit großen Augen an.

«Das kann ich gut nachvollziehen. Ich könnte mir vorstellen, dass sich das beängstigend für dich angefühlt hat, kann das sein?»

Ben sieht mich an. Direkter als bisher: «Ja», sagt er. «Ich habe Angst, dass Sofia mich irgendwann gegen einen von den anderen austauscht.» Er macht eine Pause. «Die sind außerdem immer alle so jung!»

Ich schaue zu Sofia. «Kennst du solche Momente auch? In denen du dir unsicher bist?»

Sofia schaut zu Boden. Das hat sie bisher noch nicht getan.

«Ja», sagt sie leise. «Ich habe manchmal Angst, dass eine mehr Fragen stellt. Sensibler ist. Und schlauer. Dass er mit der besser reden kann als mit mir.» Sie wirkt auf einmal zerbrechlich. Und Ben sieht das. Er legt vorsichtig eine Hand auf ihr Bein. Es ist das erst Mal, dass es umgekehrt abläuft.

«Es ist wirklich gut, dass ihr einander das sagen könnt! Viele Menschen haben nicht den Mut, so etwas zuzugeben. Dabei ist es doch so wichtig und schön für den Partner, das zu wissen. Ihr wollt einander offenbar beide nicht verlieren!»

Sofia und Ben sehen sich an. Er legt seinen Arm um sie, und sie schmiegt sich an seinen Hals. Ihre Art der Berührung ist viel organischer als beim letzten Mal. Ohne Dominanzverhalten.

«Dazu fällt mir tatsächlich eine gute Übung ein!», sage ich. «Es geht darum, mit unangenehmen Gefühlen besser umzugehen.»

Ich warte einen Moment. Die beiden lösen sich ein wenig voneinander. «Setzt euch mal aufrecht hin und schließt die Augen», bitte ich sie. «Atmet tief ein und aus.» Die beiden folgen meiner Anweisung. «Und noch mal tief ein und aus. Versucht den gesamten Körper zu entspannen. Atmet ruhig weiter. Und jetzt denkt bewusst an das Gefühl, das aufkommt, wenn ihr Angst habt, dem anderen nicht mehr genug zu sein. In welchem Bereich des Körpers könnt ihr das Gefühl am stärksten wahrnehmen? In der Brust, im Bauch, im Nacken oder ganz woanders? Stellt euch das Gefühl wie ein Ding vor. Wie sieht es aus? Welche Farbe hat es? Welche Form? Welche Oberfläche? Bewegt es sich? Ist es fest, rauchförmig, wie ein Licht? Könnt ihr es vor euch sehen?»

Die beiden nicken.

«Ben, beschreibe uns mal, wie dein Gefühl aussieht.»

«Es ist dunkelrot ... ein dunkelroter Klumpen ... Schwer und klebrig. Ekelhaft.»

«Okay. Und wie sieht deins aus, Sofia?»

«Schwarz. Ein schwarzer Block mit lauter Spitzen ... Kalt ist der und hart.»

«Gut, dann lasst das Gefühl jetzt einfach da sein. Betrachtet es. Es ist nur ein Gefühl. Das seid nicht ihr, sondern es ist nur etwas, das ihr empfindet.» Ich beobachte sie eine Weile dabei, wie sie diesem Bild nachgehen und tief atmen. Dann spreche ich weiter: «Versucht euch nun vorzustellen, dass ihr dem Gefühl mit jedem Einatmen mehr Raum gebt. Mit jedem Atemzug öffnet ihr den Raum um das Gefühl herum. Wenn ein Gedanke aufkommt, lasst ihn vorbeiziehen und kehrt zu eurem Gefühl zurück ... Atmet ruhig weiter ... Und vielleicht merkt ihr, dass die Energie des Gefühls etwas nachlässt, vielleicht sogar so weit, dass es keine Kontrolle mehr über euch hat.»

Die beiden atmen tief.

«Und jetzt die Augen langsam öffnen», sage ich. «Wie war das?»

«Krass», sagt Ben. «Unglaublich gut.»

«Sehr befreiend», sagt Sofia.

«Es ist wichtig, seine Gefühle nicht zu werten, es gibt keine guten und schlechten Gefühle», erkläre ich die Übung. «Jedes Gefühl hat eine Funktion und will uns dienen. Gefühle lassen uns Situationen einordnen, helfen, Entscheidungen zu treffen und Grenzen zu setzen. Unterdrücken wir Gefühle, unterdrücken wir unsere Bedürfnisse. Deshalb ist es so wichtig, sie ganz da sein zu lassen. Sie bewusst wahrzunehmen. Und dann bewusst loszulassen. Auch wenn damit nicht gleich alles erledigt ist: Es ist danach bestimmt schon weniger groß und belastend.»

«Ja, das ist es», sagt Sofia.

«Und wenn ihr Lust habt, habe ich noch eine Übung für euch, die euch für die nächste Zeit und weitere Dates stärken kann.»

«Unbedingt», sagt Ben.

«Die ist dann für zu Hause», sage ich und lächle. «Step by step.»

Die beiden lächeln zurück.

«Es ist eine Wellness-Übung für das eigene Selbstwertgefühl», erkläre ich. «Sie ist aus dem Buch. Dabei schreibt ihr euch zehn Dinge auf, die ihr tun könnt, wenn ihr euch nicht gut fühlt. Dinge, die euch guttun. Euch auf andere Gedanken bringen. Euch beruhigen. Ganz egal, was das ist. Schreibt sie auf zehn Karteikarten. Und jedes Mal, wenn ihr das Gefühl habt, ihr fühlt euch nicht gut und die oder der andere sollte sich um euch kümmern, zieht eine Karte und schaut mal, ob ihr euch selbst etwas Gutes tun könnt.»

Das ist eine wirklich schöne Übung, die jetzt extrem gut passt. Genau wie die andere. Das sehe ich an den Gesichtern der beiden.

Wir verabreden uns für eine weitere Sitzung in drei Wochen, auf die ich mich schon freue.

Auf dem Heimweg schiebe ich mein Rad durch die Eberswalder und denke noch mal an *Blue Valentine* und das Gefühl der Abhängigkeit, das bei so vielen Paaren entsteht und das uns oft hemmt. Dabei ist eine Abhängigkeit wohl in jeder Beziehung in gewisser Form vorhanden. Die Frage ist, wie wir mit ihr umgehen, sie für uns einordnen. Ich glaube, Ben fühlt sich sehr abhängig und dadurch schwach, während Sofia für sich den Part der Unabhängigen beansprucht und darum gar keine Schwäche mehr zeigen kann. Zum Glück haben die beiden dieses Muster bereits öfter aufgebrochen. Und einander gezeigt, dass in beiden beide Seiten stecken.

C. G. Jung zufolge liegt in jeder Schwäche, die wir an uns wahrnehmen, eine Chance. Und irgendwo las ich mal den spannenden Satz: «Jede Schwäche ist eine übertriebene Stärke.» Vielleicht hätte Jung dem auch zugestimmt. Er war überzeugt, dass ein Gefühl und eine Charaktereigenschaft nicht gut oder schlecht sind. Aber unser Umgang mit ihnen kann negative Auswirkungen haben. So kann eine Qualität, die wir an uns ablehnen, zu unserem Schatten werden. Sie verschwindet nicht durch Missachtung, sondern wirkt im Verborgenen und belastet uns unbewusst. Ebenso kann eine Schwäche aus einer Stärke entstehen, wenn man eine vermeintlich gute Eigenschaft überbetont. Ist jemand fürsorglich mit anderen, ist das für alle erst mal etwas Erhebendes. Wenn er sich selbst dabei vergisst, wird seine Stärke zum Helfersyndrom und schadet ihm. Genauso können Abhängigkeit und Unabhängigkeit etwas Hilfreiches sein - es kommt auf ihr Ausmaß an und welche Bedeutung wir ihnen jeweils beimessen.

An einem Blumenladen stehen knallpinke Freesien vor der Tür, und ich beschließe, mir einen Strauß zu kaufen. Ein bisschen Selbstwert-Wellness schadet nie.

Drei Wochen später sitze ich Sofia und Ben wieder gegenüber, erwartungsvoll, fast vorfreudig. Die beiden sehen jedoch weit weniger happy aus. Um nicht zu sagen, ziemlich lädiert. Ben hat Augenringe. Und Sofia wirkt angespannt.

«Wer möchte anfangen?», frage ich vorsichtig.

«Sie!», zischt Ben und zeigt mit dem Kopf in Sofias Richtung.

«Mit Vergnügen», gibt sie schnippisch zurück. «Es lief alles richtig gut mit unserem Konzept. Wir haben diese Übungen immer wieder gemacht. Wir waren beide viel weniger eifersüchtig», berichtet sie, ihr Ton ist schroff. «Und wir haben weiterhin unseren Donnerstagabend, an dem wir reden. Aber das Problem ist, dass Ben neuerdings andauernd wegen irgendwelcher Kleinigkeiten beleidigt ist! Ich glaube, er kann eben doch nicht mit der offenen Beziehung umgehen. Das will er aber um keinen Preis zugeben!»

Interessant. Ich werde mich mal nicht um die letzten beiden Sätze kümmern. Sondern um «die Kleinigkeiten», deretwegen Ben «andauernd beleidigt» ist. Paare, die in offenen Beziehungen leben, haben in der Regel nämlich die gleichen Probleme, die andere Paare auch haben. Sie glauben nur meist, es hätte mit ihrer Beziehungsform zu tun, was oft eine Fehlinterpretation ist. Deshalb lasse ich mich auf dieses Deutungsangebot hier nicht ein.

«Was sind das denn für Kleinigkeiten?», frage ich stattdessen.

«Ich mache alles falsch. Alles!», poltert Sofia los. «Das Essen, das ich für das Wochenende mit seinen Eltern ausgewählt habe, hat ihm nicht gepasst! Das Bild im Wohnzimmer, das ich gekauft habe, gefällt ihm nicht. Dann soll ich plötzlich nicht immer so viel reden. Alles mache ich falsch!»

«Das habe ich nicht gesagt!», ruft Ben dazwischen. «Es geht nur darum, dass du *alles* entscheidest. Das stört mich! Was wir an unserem freien Wochenende machen, wohin wir in den Urlaub fahren, welche Bettwäsche wir kaufen, wann wir uns mit anderen Leuten treffen …» Ben faucht richtiggehend. Wenn er es könnte, würde er die Zähne fletschen. «Und wenn ich dann einmal einen gebrauchten Egg Chair in Aquamarin bei eBay finde, den ich mir schon seit Jahren wünsche, möchte ich verdammt noch mal entscheiden dürfen, dass ich den kaufe!» Wow! Was für eine Wut! Eine sehr gesunde Wut!

Ich sage dazu bewusst nichts. Schaue zu Sofia. Die ist sprachlos. Ben entwickelt augenscheinlich Selbstbewusstsein. Und das irritiert seine Freundin. Verständlicherweise. So ist das mit der Aufteilung. Wenn einer sie umstoßen will, ist das erst mal ziemlich unangenehm für den anderen. Aber gut ist es trotzdem. Für beide.

Sofia dreht sich zu ihm. «Das klingt, als würdest du jetzt endlich das sagen, was du seit Jahren denkst!» Sie ist sichtlich aufgewühlt. «Fühlst du dich schon seit Jahren nicht wohl mit alldem? Und hast einfach nur nie etwas gesagt?»

Ben schüttelt den Kopf. «Das interpretierst du völlig falsch», ruft er. «Außerdem spielt es doch gar keine Rolle, was in der Vergangenheit war! Jetzt stört es mich! Darum geht es doch. Und darauf könntest du jetzt bitte endlich mal eingehen!»

Sofia sieht mich hilfesuchend an. Das steht ihr zur Abwechslung sehr gut, macht sie menschlich. Und ich weiß immer klarer, was mich aus gutem Grund am Anfang verwirrt hat, was es mir so schwer machte, dieses Paar zu verstehen: Sie haben wichtige Anteile von sich gar nicht zugelassen und gezeigt und waren – ohne das zu beabsichtigen – unauthentisch.

«Du weißt doch, wie ich bin», ruft Sofia jetzt laut. «Ich dachte, du liebst mich so. Und auf einmal soll ich ganz anders sein!?»

Wie gut, dass sie das aussprechen kann. Haben wir das nicht alle schon mal genauso gedacht, wenn wir das Gefühl hatten, jemand möchte, dass wir uns ändern? Die Frage ist nur, ist das ein Übergriff, den die Person mir da antut? Oder ist die gewünschte

Veränderung eine, die auch mir guttun könnte? Die uns am Ende beide weiterbringt?

«Ich glaube, es geht jetzt erst einmal darum, anzuerkennen, wie es dem anderen geht», versuche ich vorsichtig dazwischenzugehen. «Das ist der erste und wichtigste Schritt. Ben, wenn ich das gerade richtig wahrnehme, bist du sehr wütend, weil du schon länger das Gefühl hast, Sofia entscheidet über deinen Kopf und geht damit über deine Grenzen hinweg, oder? Ich frage mich, was das für dich bedeutet. So, wie ich dich gerade wahrnehme, könnte ich mir vorstellen, dass dich das nicht nur wütend macht, sondern auch sehr traurig. Ist das richtig?»

Ben nickt langsam.

Ich schaue Sofia an: «Ich glaube, es ist bestimmt gar nicht dein Ziel, Bens Grenzen zu übergehen und ihn traurig zu machen, richtig?»

Sofia schüttelt den Kopf: «Nein. Aber was soll ich denn machen, wenn Ben sich nie entscheiden kann und dann gar nichts macht?» Ihre Züge sind auf einmal hart, ihr Mund ist ganz schmal. «Dann muss ich doch entscheiden!»

«Aber doch nicht, ohne mich zu fragen!» Ben hat heute deutlich mehr Mut. Das ist überraschend und stärkt ihn offenbar mit jedem Schritt. «Du kannst doch Vorschläge machen und fragen, wie ich das finde! Es muss doch auch noch irgendwas dazwischen geben!»

Sofia sieht auf ihre Knie. Sie zieht ihren Rock mit beiden Händen glatt. Macht ihren Rücken gerade. Sie wirkt ratlos.

«Sofia, du hast deine Gründe genannt, aufgrund derer du das Gefühl hast, Dinge entscheiden zu müssen. Ich würde gerne wissen, ob du trotzdem nachvollziehen kannst, dass Ben das als Grenzüberschreitung empfindet?»

«Ich weiß nicht.» Sofia sieht weiter auf ihre Knie.

Ich denke kurz nach. Vielleicht kann ich mit ihnen noch mal

auf eine andere Ebene kommen. «Sofia, mal eine andere Frage: Kannst du sagen, was für dich die wichtigsten Werte in eurer Beziehung sind?»

Sie sieht überrascht auf. Dann schaut sie auf das Bild hinter mir, überlegt offenbar.

«Ehrlichkeit», antwortet sie, und nach einer Weile: «Respekt, Toleranz, Hingabe.»

«Okay», sage ich. «Wenn du jetzt einmal die Entscheidungen, die du im Alltag triffst und die für Ben offenbar Grenzverletzungen darstellen, anschaust: Stimmen die mit deinen Werten überein?»

Sofia sieht mich weiter mit großen Augen an. «Nein», sagt sie dann langsam. «Das ist nicht respektvoll.»

«Das ist in deinen Augen nicht respektvoll», wiederhole ich. «Was denkst du, wenn du das mal so nachklingen lässt: Wie fühlt sich der Gedanke an, in einer Beziehung zu sein, in der Ben sich öfter nicht respektiert fühlt?» Sofia schaut mich nachdenklich an.

«Du kannst ja in den nächsten Wochen mal schauen», schlage ich vor. «Ob es dir helfen könnte, wenn Ben dir spiegelt, dass es ihm mit einer Handlung von dir nicht gut geht. Dann hältst du kurz inne und schaust, ob dein Verhalten deinen Werten entspricht. Und wenn nicht, kannst du überlegen, welches Verhalten passender wäre. Analog zu deinen Werten.»

Sofia nickt.

«Du kannst dir dazu auch Notizen machen», füge ich an. «Also zu jedem Vorfall, zu dem Ben sagt, seine Grenze sei überschritten worden. Dann kannst du aufschreiben, was du in dem Moment gefühlt und gedacht hast, was dich zu dieser Handlung gebracht hat. Vielleicht kannst du so Wiederholungen und Muster erkennen.»

«Ja, das klingt gut», sagt Sofia. Sie spricht immer noch deutlich langsamer. «Ich möchte wirklich nicht, dass Ben sich mit seinen Gedanken und Wünschen nicht von mir respektiert fühlt.»

Ben sitzt ganz still neben ihr, beobachtet sie.

«Ben, wie geht es dir jetzt?», frage ich ihn.

Er nickt. «Besser. Das ist sehr schön zu hören.»

Ich freue mich über diesen Sprung über einen großen Schatten, den Sofia gemacht hat. Und jetzt ist auch der passende Zeitpunkt, um noch mal auf die offene Beziehung zurückzukommen. Oder die polyamouröse, vielleicht bringe ich das jetzt mal in Erfahrung!?

«Sofia, du hast zu Beginn gesagt, du hast den Eindruck, Ben ist nicht glücklich mit eurer Beziehungsform: Darf ich fragen, wie ihr aktuell lebt? Habt ihr auch andere Beziehungen?»

Sie schauen einander an. Lächeln ganz sachte.

«Ja», sagt Ben und sieht mich an. «Wir haben beide noch andere Beziehungen. Aber die sind eher locker.» Jetzt schaut er wieder zu Sofia. «Und es ist für uns klar, dass wir beide das Hauptpaar sind. Daran wird sich nichts ändern.»

«Sofia, kannst du das so annehmen? Oder hast du immer noch das Gefühl, Ben steht nicht dahinter?»

«Doch … also … ja, ich glaube, dass er vielleicht wirklich mehr Probleme mit meiner Dominanz hat», gibt sie zu. «Ich glaube, wir müssen das alles noch ein bisschen ausprobieren!»

Ich bin froh über diesen Satz. Er zeigt ihre Bereitschaft, sich auf einen Prozess einzulassen, zu experimentieren und eben auch Veränderung zuzulassen. Das hat sie in dieser kurzen Zeit schon für sich erarbeitet. Ich merke, dass ich die beiden anfangs falsch eingeschätzt habe, auch lernen musste, dass ihnen etwas zuzutrauen ist. Und wieder einmal habe ich die Erfahrung gemacht, dass eine Therapie auch für mich immer ein Prozess ist, eine Entwicklung, eine Reise ins Ungewisse, mit vielen Unklarheiten auf dem Weg.

Die beiden gehen zufrieden. Wir haben keinen neuen Termin vereinbart, aber ich sage ihnen, wie ich es mit jedem Paar halte, dass sie sich natürlich jederzeit melden können.

Das haben sie lange nicht getan. Ich habe immer mal wieder an sie gedacht und mich gefragt, wie es ihnen wohl mit der polyamourösen Lebensweise ergeht.

Bis ich vor Kurzem eine Mail von ihnen bekam, in der sie sich sehr herzlich für meine Unterstützung bedankten.

Ihnen sei es lange sehr gut mit ihrer offenen Beziehungsform gegangen, allerdings sei bei Ben nun eine schwere Krankheit diagnostiziert worden, und sie würden sich nun ganz aufeinander konzentrieren. Für sie sei eine Beziehungsform etwas, das sich auch wandeln und der aktuellen Lebensrealität anpassen dürfe.

Da haben die beiden eine schöne Wahrheit formuliert. Ich sehe aus dem Fenster, der Baum vorm Haus trägt die ersten gelben Blätter. Und ich denke, dass es tatsächlich die Bereitschaft ist, sich auf Veränderungen und Herausforderungen einzustellen, die uns in Beziehungen so sehr hilft, in Bewegung und füreinander geöffnet zu bleiben. Wenn wir das, was jetzt ist, als Phase wahrnehmen, können wir es außerdem oft leichter annehmen – das Gute schätzen und das Schwierige akzeptieren. In dem Wissen, es wird ohnehin nichts bleiben, wie es war. Auch wenn bei dieser Erkenntnis etwas Wehmut mitschwingt: Ist das nicht auch erleichternd?

HELEN

«Ich glaube, meine Freunde denken inzwischen, ich ende bald wie die Catlady aus den *Simpsons*!» Helen lächelt schief. Und ich muss laut lachen. Dr. Eleanor Abernathy, die Karrierefrau, die sich nach ihrem Burn-out eine Katze gegen die Einsamkeit zulegte und inzwischen gefühlte 1000 dieser Tiere besitzt, mit denen sie nach Menschen wirft. Eine postmoderne alte Jungfer. Echt fertig. Und ziemlich weit weg von der Frau, die mir gerade gegenübersitzt.

Obwohl Helen 39 ist, sieht sie mit ihrem hellblonden Bob, den meerblauen Augen und ihrer glatten Haut aus wie maximal 29. Das liegt vielleicht auch daran, dass sie so schmal und gut trainiert ist. Und an ihrem Outfit: schwarze Marlene-Hose, weißes T-Shirt, weiße Sneakers, alles hochwertig und gleichzeitig lässig. Man kann schon ahnen, dass sie gut verdient. Was sie auch tut, als Zahnärztin. Sie wirkt souverän, auf eine wirklich angenehme Art.

«Im Ernst: Ich frage mich, warum ich ständig Gespräche über die Frage führe, warum ich Single bin, obwohl ich darüber eigentlich gar nicht reden will.» Helen schnaubt. «Es nervt einfach unendlich, dass anscheinend alle Mitleid haben!»

«Leiden Sie denn darunter, keine Partnerschaft zu haben?», frage ich ganz direkt, denn bisher verstehe ich noch nicht, warum diese Frau hier ist. Und ich merke, dass ich sie gerne duzen würde. Aber in der Einzeltherapie ist es für mich eine Regel, beim Sie zu bleiben. Das ist oft dienlich. Gerade bei Menschen, die einem extrem sympathisch sind, hilft das, die Distanz zu wahren. In der Paartherapie kann das Du helfen, direkter auf die emotionale Ebene zu kommen, während das im Zwiegespräch deutlich schneller passiert - auch ohne Du.

«Nein», sagt Helen wie aus der Pistole geschossen. Sie blinzelt, weil ein Sonnenstrahl durchs Fenster fällt. Sie hält die Hand als Schutz an ihre Schläfe. «Ich leide nicht. Die allermeiste Zeit bin ich echt zufrieden mit meinem Leben.» Sie lehnt sich jetzt ein Stück mehr zu mir, sodass die Sonne sie nicht mehr blendet, und sieht mich mit sehr offenem Blick an. «Mir ging es die letzten fünf Jahre oft sehr gut. Ich meine, ich habe alles, was ich brauche, ich mag meinen Job, ich weiß, was mir guttut, und handle danach. Ich finde, ich bin ein ziemlich toller Mensch, und ich verbringe echt gerne Zeit mit mir.» Sie lächelt zufrieden.

«Das ist eine ganze Menge», sage ich. Und denke: Viele Paare, die hier auf dieser blauen Couch sitzen, reden nicht so. Weder von ihrer Partnerin oder ihrem Partner noch von sich selbst.

«Ja, ist es», antwortet Helen. «Und ehrlich gesagt war auch alles super, solange ich ab und zu einen ganz guten Typen nach einer Party mit nach Hause genommen habe. Oder auch mal eine längere Affäre hatte.»

Ich schaue sie fragend an. «Aber?»

«Aber das geht irgendwie nicht mehr. Es machte plötzlich keinen Spaß mehr ... Und dann dachte ich, okay, vielleicht möchte ich eben doch eine Beziehung.»

«Haben Sie denn Dates?» Helen scheint wirklich reflektiert zu sein, ehrlich mit sich, offen. Es ist mir noch völlig unklar, warum diese Frau solo ist, wenn sie es doch anders haben möchte. Oder möchte sie das gar nicht?

«Ja, ich bin auf Bumble», antwortet sie und rollt mit den Augen. «Abgesehen davon, dass Online-Dating sowieso eine bescheuerte Angelegenheit ist, weil das viel zu viel Zeit frisst: Die Typen, die ich treffe, taugen einfach nichts.»

«Wie meinen Sie das?»

«Na ja, da ist schon mal einer dabei, den ich zwei- oder dreimal treffe. Und erst ist das auch spannend. Aber spätestens nach dem dritten oder vierten Date verliere ich das Interesse.» Helen bewegt sich, und die Sonne fällt noch einmal direkt in ihr Gesicht. Erst jetzt sehe ich, dass sie Make-up trägt und ihre Haut vielleicht auch deshalb so glatt wirkt. Sie lehnt sich jetzt weit nach hinten, in den Schatten.

«Woran liegt das?», frage ich.

«Ich weiß es nicht. Diese Männer sind mir alle zu langweilig. Und dann sagen mir meine Freunde, ich müsse halt mehr Geduld haben. Oder sie behaupten, Liebe sei eine Entscheidung! Ich müsse mich einfach weiter darauf einlassen. Aber was soll das denn heißen: sich für Liebe entscheiden? Sich einfach einlassen? Wie soll das gehen, wenn man drei Stunden mit jemandem in der Bar sitzt, der penetrant über Aktienmärkte oder Fischzucht spricht, und man sich selbst dabei erwischt, wie man beginnt, das Etikett an der Bierflasche zu studieren?»

Ich muss lachen.

«Oder dieser junge Typ, Philosophiestudent, der war schlau und hatte Tiefe, obwohl er erst Ende 20 war, aber dann entdecke ich plötzlich, dass seine beiden unteren Schneidezähne noch Milchzähne sind! Ich glaube, jeder achtet bei einem Date auf die Zähne des Gegenübers. Aber wenn man in diesem Bereich arbeitet, ist der Blick noch mal geschärft. An diesem Punkt war die Sache für mich jedenfalls gegessen!»

Wir lachen beide. Diese Geschichten haben tatsächlich Unterhaltungswert. Und es ist auffällig, mit wie viel Humor Helen das alles nimmt.

«Oder du bist mit einem Typen im Restaurant, er sagt kluge Dinge, es ist ein wirklich interessantes Gespräch, und du denkst noch: ‹Mann, ist der heiß›, und als er ein kleines Stück näher rückt, merkst du plötzlich, du kannst ihn nicht riechen! Da kannst du doch kein Dessert bestellen. Da willst du doch nur noch weg!»

«Ja, ein ziemlich guter Grund, nicht zu bleiben», entgegne ich. «An einem Geruch, den man nicht mag, kann man nichts ändern. Das Ganze ist schließlich auch Chemie.»

«Eben», Helen nickt.

«Wussten Sie, dass die Varianten bestimmter Gene, die eine zentrale Rolle in Bezug auf das Immunsystem spielen, einen unterschiedlichen Körpergeruch zur Folge haben?», frage ich sie. «Nachweislich suchen sich Menschen am ehesten Partner:innen, die hier andere Gene und demzufolge einen anderen Geruch haben als sie selbst, wahrscheinlich, um den genetischen Pool zu erweitern.»[1]

«Sehr spannend», sagt Helen. Dann schaut sie aus dem Fenster und schlägt die Beine übereinander. Sie wirkt jetzt nachdenklich. «Die Chemie hat ja mit dem ein oder anderen schon gestimmt, aber, ich weiß nicht, die meisten Männer sind mir ... zu lahm. Und es tut sich einfach nichts in mir.» Sie sieht mich wieder an. «Und dann sagt meine Freundin: ‹Slow Love› ist das neue Ding! Abwarten. Zeit geben. Weiter daten.»

Ich denke an den Artikel, den ich vor ein paar Tagen gelesen habe, in dem ‹Slow Love› als neuer Trend beschrieben wurde. Für mich ehrlich gesagt nicht überraschend. Die US-Anthropologin Helen Fisher hat dieses Konzept als Erste benannt. Sie hat erforscht, dass insbesondere die Millennials eine langsamere Entwicklung in Partnerschaften suchen. Oft entsteht erst eine Freundschaft, anschließend werden die beiden ‹friends with benefits›, dann erst folgt die Liebesbeziehung und später die Heirat. Fisher hat herausgefunden, dass Paare, die diese langsame Kennenlernphase hatten, sich deutlich seltener scheiden ließen.[2]

«Nicht die schlechteste Idee», gebe ich zurück. «Ich bin selbst ein gutes Beispiel für diese Art der Anbahnung. Ich bin nach vielen Jahren mit meinem besten Freund zusammengekommen. Jetzt haben wir ein Kind. Also funktioniert das Konzept bei manchen offensichtlich ganz gut.»

Helen lächelt und nickt. «Okay», sagt sie.

Und ich denke, dass der Ansatz trotzdem vielleicht nicht für jeden Menschen funktioniert. Vor allem sollte er nicht Mühe und Aushalten bedeuten. Mein Freund und ich hatten ja damals schon viel zusammen erlebt, bevor sich das zu mehr entwickelt hat. Mal abgesehen davon, dass ich sehr lange nicht ganz kapiert habe, dass ich diesen Menschen liebe. Aber das ist eine andere Geschichte.

«Was spricht dagegen?», frage ich, denn ich will Helens Gründe kennenlernen.

«Dass ich dauernd denke, das ist Zeitverschwendung», erwidert sie. Sie wirkt nicht genervt, sondern klar. «Es fühlt sich an, als würde ich versuchen, etwas künstlich herzustellen, was nicht organisch entsteht. Ich habe schon immer sofort gewusst, ob mich jemand interessiert oder nicht. Das ist auch bei Frauen so. Mit den Männern, die ich treffe, will ich nicht mal befreundet sein! Das ist wohl keine besonders gute Voraussetzung für Slow Love, oder?» Helen lächelt wieder dieses Lächeln mit nur einem Mundwinkel. Das ist wirklich charmant. Und sie macht mir einfach nicht den Anschein, wirklich zu leiden. Aber vielleicht täuscht das?

«Da gebe ich Ihnen recht», antworte ich.

«Mit zwei Frauen habe ich mich übrigens auch schon getroffen», ergänzt sie. «Die waren interessant! Aber eben nur als Menschen. Mit einer bin ich jetzt auch eng befreundet. Aber auch da kann man sich doch nicht entscheiden, sich zu verlieben!?»

«Ja, das verstehe ich. Das klingt wirklich nicht organisch, wenn man nicht das Bedürfnis hat, weiterzugehen.»

«Ich kriege aber ständig erzählt, das alles läge nur an meinen Ansprüchen, die ich mal runterschrauben müsste!»

«Was sind denn diese Ansprüche? Ich meine, haben Sie die schon mal genauer angeschaut?»

«Ja. Schon.»

«Und priorisiert?»

«Nein. Das noch nicht.»

«Sollen wir das mal zusammen machen?»

«Klar, warum nicht.» Helen sieht interessiert aus. Für einen Moment kommt es mir vor, als wäre sie hier bei der Weiterbildung und nicht in einer Therapiestunde.

Ich greife nach hinten und hole mein iPad vom Schreibtisch. Dann sehe ich Helen wieder an.

«Integrität», beginnt sie. «Mut, Selbstbewusstsein.» Sie denkt nach. Ich schreibe. «Er sollte sensibel und empathisch sein. Ja, Emotionalität ist mir wichtig! Und ich wünsche mir, dass er mich inspiriert. Dass er sich mit Dingen befasst, die ich nicht kenne, aber durch ihn kennenlerne. Weil sie ihm wichtig sind. Wenn jemanden etwas fasziniert, begeistert mich das. Und wenn er einen anderen Blick auf Dinge hat als ich. Das wünsche ich mir sogar.» Helen hat jetzt ihren Ellenbogen auf die Sofalehne gestützt. Sie könnte auch ein Popstar sein, den ich gerade interviewe.

«Gut», sage ich. «Noch etwas?»

«Er sollte einen schönen Job haben», fügt sie an. «Gut für sich selbst sorgen können und das, was er tut, gerne tun. Gut darin sein, Erfolg damit haben. Ich glaube, das ist eine Selbstwirksamkeit, die auch zu Selbstbewusstsein führt.»

Auch wenn Helen so souverän wirkt, dass ich fast ins Zweifeln komme, ob das echt ist: Diese Wünsche klingen für mich nicht nur klar, sondern auch gesund. Nichts ist überzogen, zumindest für den Moment. In der Realität wird sicher nicht jeder Punkt bis ins Detail zu erfüllen sein, aber eine Vorstellung von den eigenen Wünschen zu haben ist erst mal sehr wichtig.

Jetzt kommt aber hoffentlich nicht plötzlich, dass er wahnsinnig was auf der Bank haben und sie mit Traumurlauben überraschen soll. Oder?

«Und ich möchte auch mal überrascht werden!» Also doch!

«Womit?», frage ich.

«Mit Dingen, die er sich für uns beide ausdenkt. Ich meine jetzt keine Candle-Light-Dinner oder dass er mich mit verbundenen Augen zu seinem mit Rosenblättern bestreuten Bett führt! Nur dass er auch mal etwas vorschlägt, worauf er Lust hat. Ich war oft die Aktive in meinen Beziehungen, und meine Partner haben alles mitgemacht. Und sich danach beschwert, dass es ihnen nicht gefiel. Dass sie ja eigentlich gar nicht gerne wandern oder die Leute im Theater so affektiert finden. Das möchte ich nicht mehr.» Ich finde das alles verdammt nachvollziehbar. Die Übung scheint mir jetzt fast etwas sinnlos. Aber wer weiß.

«Und was ist mit Chemie? Aussehen? Stil?»

«Ja, stimmt. Chemie ist wirklich wichtig. Wenn es keine Anziehung gibt oder ich jemanden nicht riechen kann, geht es für mich nicht. Stil ist nicht entscheidend. Nur dass er möglichst keine Hemden trägt, die ihm seine Mutter kauft.» Sie lächelt. Vielleicht bin ich auch einfach etwas beeindruckt von dieser Frau.

«Okay, ist das soweit alles?», vergewissere ich mich, dass wir zu Schritt zwei übergehen können.

«Ja, ich glaube schon», sagt Helen.

Ich reiche ihr Zettel und Stift.

«Schreiben Sie mal jeweils ein Stichwort auf für jeden dieser Wünsche. Immer untereinander mit etwas Abstand. Also zum Beispiel Selbstbewusstsein und Leidenschaft.»

Helen notiert blitzschnell acht Stichworte untereinander.

«Gut, und jetzt bitte spontan priorisieren - einfach eine Zahl davor, auch mit etwas Abstand!»

Helen schreibt Zahlen vor ihre Begriffe. Chemie ist auf Platz eins, dann kommt Integrität, dann Selbstbewusstsein. Auf vier und fünf sind Emotionalität und Leidenschaft. Auf sechs folgt Inspiration, auf sieben und acht dann Mut und guter Job. Sie sieht mich zufrieden an. «Ja, genauso ist das!», sagt sie. «Ich finde das eine ziemlich gute Liste!»

«Schön», sage ich. «Dann lassen Sie uns die Top 5 noch mal genauer unter die Lupe nehmen. Auf Platz 1 steht Chemie. Warum das für Sie von Bedeutung ist, haben Sie ja schon beschrieben. Dann haben wir auf Platz 2 Integrität. Was bedeutet das für Sie, und warum ist das für Sie wichtig?»

Helen sieht mich direkt an. «Ich möchte einen Partner, der ehrlich ist und der weiß, dass er eine Beziehung will und auch danach handelt. Der Platz hat für mich.»

Ich schreibe mit. «Und Selbstbewusstsein: Wie zeigt sich das bei einem Mann für Sie?»

«Dass er sich nicht nur attraktiv findet oder stolz auf seine Karriere ist», erwidert Helen. «Ich meine mit selbstbewusst, dass er sich seiner selbst bewusst ist. Dass er sich wirklich kennt, mit allen Macken, und sich trotzdem mag. Und dass er weiß, was er will, und dazu steht. Auch wenn ich etwas anderes möchte. Ich brauche niemanden, der mich dauernd bestätigt!» Helen sagt das alles nicht mal so frei aus dem Bauch heraus. Sie hat darüber schon eingehend nachgedacht und sicher auch schon öfter darüber gesprochen. «Und ja, dass er einen guten Job hat und genug Geld verdient, gehört für mich zu Selbstbewusstsein. Ich möchte nicht, dass er sich mir in dieser Hinsicht unterlegen fühlt.»

Ich notiere weiter mit. «Wie ist es mit Emotionalität? Wie würden Sie das für sich beschreiben?»

«Dass er mit mir über Gefühle reden kann. Über seine eigenen und auch über meine. Dass er keine Angst vor Tiefe hat. Und auch bereit ist, unangenehme Gespräche zu führen. Ja, dass er sich Emotionen stellt.»

«Okay. Dann kommt auf Platz 5 Leidenschaft.»

«Das ist mir auch extrem wichtig», insistiert Helen. «Mein Job ist herausfordernd, und ich liebe ihn. Ich schwimme dreimal die Woche und kann nicht ohne Wasser leben. Das sollte er alles nicht nur tolerieren, sondern wirklich verstehen und selbst kennen. Ich möchte, dass mein Partner auch für etwas brennt.»

Ich nicke und schreibe.

«Diese Liste nehmen Sie jetzt mit nach Hause, schneiden die Begriffe aus - ohne die Nummern - und kleben sie einzeln an Ihren Kühlschrank», erkläre ich den nächsten Schritt der Übung. «Dann haben Sie sie oft im Blick und können überprüfen, ob die Reihenfolge so bleiben oder angepasst werden sollte.»

«Ja, finde ich gut!», gibt Helen zurück und lächelt. Dann sieht sie mich auf einmal ernst an: «Ich finde diese Ansprüche nicht zu hoch. Ich gebe doch mein gutes Leben als Single nicht für irgendwen und irgendwas auf!» Das klingt entschieden.

«Das kann ich gut nachvollziehen», sage ich. «Dass Sie sich einen selbstbewussten und reflektierten Mann wünschen, ist zum Beispiel sehr verständlich, weil Sie das selbst sind. Auch dass er einen guten Job hat und sich entwickeln kann. Es gibt allerdings Studien, die nahelegen, dass die inzwischen große Zahl an sehr gut ausgebildeten Frauen nicht genügend sehr gut ausgebildete potenzielle männliche Partner zur Auswahl hat - auch weil sich viele Männer nach unten orientieren.»[3]

Helen sieht wieder aus dem Fenster. Und ich frage mich, ob sie zu den Menschen gehört, die eine Therapiesitzung buchen, um sich eine Bestätigung abzuholen, dass mit ihnen alles in Ordnung ist. Ich finde es nicht verwerflich, wenn Menschen das tun. Nur bleibt die Sache für mich dann natürlich ziemlich uninteressant. Bei Helen bin ich mir aber noch nicht sicher, ob es da nicht doch noch andere Punkte gibt.

«Ich habe zuletzt einen Typen gedatet, bei dem das ganz bestimmt so war! Der wollte sicher lieber eine weniger gebildete und starke Frau.» Ihr Ton ist jetzt etwas härter. «Mit dem habe ich mich übrigens mehr als dreimal getroffen und bin auch noch drangeblieben, als es holprig wurde.»

Aha, jetzt wird es interessant. Spannend, dass Helen erst so spät davon erzählt.

«Was meinen Sie mit holprig?», frage ich.

«Na ja, er war frisch getrennt und hatte eine kleine Tochter. Er machte sich immer wieder Sorgen, dass eine neue Beziehung das Kind überfordern und die Situation mit der Ex-Frau noch verschlimmern würde. Ich habe ihm zugehört und ihn ermutigt, sich zu erlauben, wieder glücklich zu sein. Aber das konnte er offenbar nicht. Und wahrscheinlich war er von mir auch eingeschüchtert. In dem Fall lag es also nicht an meiner fehlenden Ausdauer oder an zu hohen Ansprüchen, dass es nicht geklappt hat!»

Jetzt sieht Helen mich mit großen Augen an. Es kommt mir vor, als würde sie sich gerade meine Bestätigung wünschen, die sie bisher noch nicht gesucht hatte. Ich nicke nur, kommentiere ihre Erzählung bewusst noch nicht.

«Ich meine, da kann man schließlich nichts machen!» Helen sitzt auf einmal sehr aufrecht, ihre Arme wirken angespannt.

«Mmh, es klingt so, als ob Sie wirklich versucht haben, unterstützend und verständnisvoll zu sein. Ich höre, dass Sie das Gefühl haben, alles getan zu haben, um die Beziehung voranzubringen. Wenn ich jedoch eine provokante Frage stellen darf: Könnte es sein, dass Sie unbewusst Beziehungssituationen oder Partner suchen, bei denen es keine echte Chance für eine gemeinsame Zukunft gibt?»

Ich weiß, dass die Frage sehr gewagt ist, aber ich glaube, sie kann hier helfen. In der kognitiven Verhaltenstherapie dienen provokante Fragen dazu, kognitive Verzerrungen und nicht hilfreiche Denkmuster zu unterbrechen. Der Begründer der Therapieform, Dr. Aaron T. Beck, hat diese Technik entwickelt, mit der Therapeut:innen ihren Klient:innen helfen können, die eigenen Gedanken und Überzeugungen zu hinterfragen.

«Weil er nicht konnte?», fragt Helen direkt zurück. Sie spricht ein bisschen zu laut.

Ich nicke. «So etwas kann einem auch eine vermeintliche Sicherheit vermitteln. Dass die andere Person oder die Situation keine Gefahr darstellt», sage ich.

«Was soll das heißen: keine Gefahr?», blafft Helen mich an. Ihre Züge werden härter, ihr Blick ist auf einmal durchdringend. Es wirkt fast so, als würde der fordernde Dialog sie etwas von der Bühne holen, die sie sich selbst gebaut hat. Vielleicht zeigt sich langsam, warum sie tatsächlich hier ist?

«Ich habe mich gefragt, ob dieser Mann eventuell von Anfang an gar kein ernst zu nehmender Kandidat für Sie war? Und ob Sie dadurch vielleicht eine Situation erlebt haben, die Ihnen nicht zu nahegehen konnte?», erläutere ich. «Meine Frage scheint Sie gerade sehr wütend zu machen. Nehme ich das richtig wahr?»

Helen ist sichtlich irritiert von der Art, in der ich jetzt mit ihr spreche. Aber ich spüre, dass es so Sinn macht. Auch wenn sie sich am Ende auflöst, ich muss dieser Spur folgen. Und ich glaube, sie hat sie mir gelegt. Wenn auch unbewusst. Sie hat ohne Not und aus dem Nichts begonnen, von diesem Mann zu erzählen. Also muss er eine Bewandtnis haben.

«Das klingt so, als hätte ich das wissen können!» Helens Ton wird noch rauer.

Ich schweige bewusst.

«Das konnte ich aber nicht wissen!» Ihre Augen funkeln. Sie wartet. «Nur weil jemand frisch getrennt ist und ein Kind hat?», fügt sie an. «Das sind doch keine eindeutigen Hinderungsgründe! Ich musste doch erst rausfinden, wie er mit alldem umgeht!»

Sie sieht mich weiter an, fragend.

«Ja, ich verstehe», sage ich, mit bewusst ruhiger Stimme. «Ich kann gut nachvollziehen, dass Sie das herausfinden wollten. Und wie hat sich die Vorstellung angefühlt, einen Partner mit Kind zu haben und den gemeinsamen Alltag zu bestreiten?»

«Wie soll sich das denn anfühlen?» Helens Ton ist jetzt scharf. Sie fixiert mich. «Ich habe doch gesagt, ich habe nichts gegen Kinder, und ich bin nicht diejenige gewesen, die das abgebrochen hat!»

Sie verteidigt sich. Das ist schon interessant. Menschen tun das häufig, wenn sie sich mit ihrem Handeln oder ihrer Sicht der Dinge nicht ganz sicher fühlen. Die Frage ist, warum sie das nicht ist. Helen blickt mich böse an, als hätte sie meine Gedanken gelesen. «Ich glaube, wir sind hier in der völlig falschen Richtung unterwegs!»

Das sehe ich anders. Das scheint die absolut richtige Richtung zu sein. Denn ganz offensichtlich habe ich in ein Wespennest gestochen. Jetzt ist nur die Frage, ob Helen bereit ist, genauer hinzuschauen. Denn das fühlt sich für sie wahrscheinlich bedrohlich an. Ich muss jetzt umschwenken, die Provokation sein lassen und ihr zeigen, dass sie hier einen sicheren Rahmen hat, in dem sie sich öffnen kann.

«Ich habe den Eindruck, dass das Thema Sie sehr aufwühlt, oder?» Ich versuche so vorsichtig wie möglich zu sein. «Einerseits ist da dieser Druck von Ihren Freund:innen und solchen Hinweisen wie ‹einfach mal probieren!›. Und dann andererseits die Frage, warum es sich zwischen Ihnen und diesem Mann nicht weiterentwickelt hat. Ich frage mich, was Sie über die ganze Situation denken?»

Helens Gesichtszüge entspannen sich etwas. Vielleicht kann sie den Verteidigungsmodus doch verlassen. Sie sieht auf ihre Hände, streicht mit dem Zeigefinger über ihren Daumennagel.

«Na ja, das war eben wieder ein gescheiterter Versuch», antwortet sie. Sie spricht wieder leiser.

«Sie haben erzählt, dass er sich viele Gedanken und Sorgen um seine Tochter gemacht hätte. Fanden Sie das komisch?»

«Nein. Die hatten nur eine sehr enge Verbindung. Und ich hatte das Gefühl, die steht über allem.»

«War das nur Ihr Eindruck, oder hat er das so gesagt?»

«Das war mein Eindruck.»

«Hat er Sie denn nach Ihren Wünschen gefragt?»

«Ja, schon, aber … Ich hatte nicht das Gefühl, dass er wirklich Kapazitäten dafür hat. Und dann habe ich nicht viel dazu gesagt.»

«Verstehe. Darf ich fragen, wie es dann auseinandergegangen ist?»

«Wir haben immer weniger geschrieben, und als er sich noch mal treffen wollte, war für mich schon klar, dass es nichts wird, und deshalb fand ich das sinnlos.» Helen sieht wieder aus dem Fenster.

«Was hat Sie so sicher gemacht, dass es nichts wird? Vielleicht hat er das ja ganz anders gesehen?»

«Nein. Dann hätte er sich anders verhalten.»

«Was hätte er Ihrer Meinung nach dann anders gemacht?»

Helen hält den Blick weiter nach draußen gerichtet: «Ich weiß nicht, er hätte mir sicher eindeutig gezeigt, dass er sich für mich interessiert und dass er wirklich schon bereit für eine neue Beziehung ist.»

Ich lasse einen Moment Pause. Helen sieht jetzt wieder auf ihre Hände, streicht erneut mit dem Zeigefinger über ihren Daumennagel.

«Ich habe den Eindruck, dass diese Geschichte Sie aber doch noch etwas traurig macht, stimmt das?», frage ich.

«Vielleicht», sagt Helen. Dann blickt sie mich an. «Ich mochte ihn.» Sie hält inne. «Er war sehr empathisch», sagt sie. Ihre Züge sind auf einmal viel weicher. «Er hat viel gefragt, und ich habe gemerkt, dass er sich für meine Gedanken interessiert. Und wir hatten gemeinsame Lieblingsbücher, sogar Textstellen, die wir beide zitieren konnten.» Helens Wangen werden ein bisschen rot. Sie spricht auf einmal in einer ganz anderen Tonlage. «Er hat im Controlling gearbeitet, aber er war so ganz anders als die Leute, die ich bisher aus dem Bereich getroffen habe. Schon sehr straight und rational. Die Art, wie er mich angesehen hat ... Ich hatte das Gefühl, wir sprechen so viel mit den Augen. Da musste gar nicht so viel anderes gesagt werden.»

«Das klingt sehr schön», sage ich. Und denke, dass Helens Beschreibung ihrer Aussage, er hätte sich mehr für sie interessieren können, gehörig widerspricht. In einer Situation innerer Verworrenheit allerdings nicht ungewöhnlich.

Helen setzt sich wieder gerade hin, streicht den Stoff ihrer Hose glatt. «Ja, aber das bringt ja alles nichts, wenn jemand nicht frei ist.» Ihre Lippen werden schmal. «Er konnte eben nicht. Und das wollte ich auch respektieren.»

«Das verstehe ich gut. Aber er hat ja ein weiteres Treffen vorgeschlagen.»

«Ich habe doch schon gesagt, dass das für mich keinen Sinn mehr gemacht hat!» Helen wird wieder eine Spur lauter. «Er konnte nicht!»

«Hat er das denn so zu Ihnen gesagt?», frage ich und bin mir langsam selbst nicht mehr sicher, ob ich zu weit gehe.

«Nein, das hat er so nicht gesagt. Aber ich muss doch auch meiner Wahrnehmung trauen!» Helen wirkt wieder angefasst und leicht aggressiv.

«Ja, das sollten Sie. Auf jeden Fall. Nur ist unsere Wahrnehmung manchmal eben etwas eingefärbt von unseren Ängsten», gebe ich zu bedenken.

«Möglich», antwortet Helen. Ihr Ton ist kühl. «Aber wie gesagt, ich habe mich schon ganz schön weit darauf eingelassen, wir haben uns zwei Monate lang getroffen, und irgendwann war es für mich klar. Ich wüsste nicht, was für eine Angst ich da gehabt haben soll!»

Ich merke, dass ich an dieser Stelle aufhören muss. Außerdem sind wir schon am Ende der Stunde angekommen. Helen sieht auf die Uhr und stellt offenbar dasselbe fest. Sie bedankt sich, steht zackig auf und sagt, das wäre jetzt soweit gut für sie. Sie wolle erst mal nicht wiederkommen.

Als ich wieder allein bin, muss ich mich kurz sammeln. Ich habe zum Glück noch eine Stunde Zeit bis zum nächsten Paar und beschließe, etwas Gemüse fürs Abendessen zu besorgen. Ich laufe zum Türken in der Eberswalder. Und denke über Helen nach. Dieser Mann hat einen Punkt bei ihr berührt, da bin ich mir sicher. Und sie hat bei ihm nicht, wie bei allen anderen, das Interesse verloren. Ich glaube, Angst könnte hier ein Thema sein. Die Frage ist nur, wovor. Die Angst ist so ein mächtiger Player in unserem Liebesleben. Sie schleicht sich ein, legt sich zu uns ins Bett, nistet sich in unser Herz ein - und pflanzt uns Geschichten in den Kopf. Sie ist es, die uns Überzeugungen entwickeln lässt, die uns schützen sollen, uns am Ende aber oft eher schaden. Denn die Angst soll uns vor Gefahren warnen, was in der frühen Menschheitsgeschichte auch absolut sinnvoll war. Aber heute gibt es in unseren Breiten keine Säbelzahntiger mehr, die wir schnell erkennen müssen. Doch Amygdala und Hippocampus, die Teile des Gehirns, die bei der Verarbeitung und Reaktion auf angstauslösende Reize eine zentrale Rolle spielen, funktionieren noch genau wie vor Tausenden von Jahren. Und im Beziehungskontext sind es dann oftmals die Prägungen unserer Kindheit, aber natürlich auch die Erlebnisse unserer Beziehungshistorie, die uns als Schablonen und Warnzeichen dienen. Wir haben

Dinge beobachtet und erlebt, die wir als Geschichten gespeichert haben. Wenn wir dann etwas Neues erleben, gleichen wir das unbewusst mit unserem inneren Erfahrungskatalog ab. Wenn etwas daraus der aktuellen Situation ähnelt, ist unser Gehirn blitzschnell dabei, Alarm zu schlagen und die gleiche Strategie abzurufen, die wir damals eingesetzt haben. Hat uns also beispielsweise Rückzug in unserer Kindheit vor größerem Schmerz geschützt, werden wir, wenn Konflikte in Beziehungen auftreten, dieses Verhalten wieder an den Tag legen. Und das leider ganz oft, ohne dass wir es bemerken. Wir erzählen uns selbst eine andere Geschichte! Wir überzeugen uns davon, dass das, was gerade passiert, tatsächlich gefährlich ist, dass ein Mensch uns wirklich Schlechtes will, dass wir real bedroht sind. Aus unseren Gedanken und Interpretationen heraus entstehen also neue Angstgefühle. Bekannte Begriffe dafür sind Katastrophieren, Übergeneralisieren und kognitive Verzerrung. Egal wie irreal die Dinge in unserem Kopf sind – die daraus resultierende Angst ist real. Und so reagieren wir dann auch. Es geht auf einmal um nichts weniger als ums Überleben. Unsichere Bindungen in der Kindheit haben oft stärkere Angst in späteren Lebensphasen zur Folge. Und traumatische Kindheitserlebnisse können zu anhaltenden Ängsten oder sogar zu Angststörungen führen. Aber welche Geschichte erzählt Helen sich selbst? Und woher kommt sie?

Während ich über all das nachdenke, stehe ich im Laden vor den Bananen und habe schon wieder vergessen, was ich eigentlich kochen wollte. Ich drehe mich zum Gemüse um. Es gibt schöne Auberginen. Dann mache ich einfach eine Caponata.

Die Frage ist, ob Helen sich dieser Angst stellen kann. Nur dann wird sie wiederkommen. Ich war heute sehr fordernd. Vielleicht zu fordernd. Manchmal ist es schwer, in der ersten Sitzung zu erkennen, wie weit man mit dem Gegenüber gehen kann, ohne es dabei zu sehr zu schubsen. Jeder Mensch hat schließlich seinen individuellen Zeitpunkt, an dem er sich bereit fühlt, seine alten Muster und Schmerzpunkte anzugehen. Wir werden sehen. Ich muss jetzt die Sardellen suchen und zurück zu meinem nächsten Termin.

Tatsächlich meldet sich Helen schon zwei Wochen später wieder und möchte einen neuen Termin vereinbaren. Bevor sie kommt, gehe ich noch mal die Aufzeichnungen der ersten Sitzung durch, und mir fällt auf, dass sie sehr wenig über ihre Kindheit gesprochen hat. Angeblich wäre da nichts Besonderes gewesen. Sie sei früh sehr selbstständig gewesen, hätte sich aus freien Stücken dazu entschieden, Leistungsschwimmen zu machen, und dabei immer viel Freude gehabt, bis es ihr kurz vor dem Abi zu viel wurde, dann hörte sie auf. Die Eltern ließen sie machen. In der Schule wäre sie immer gut gewesen und hätte sonst gerne Zeit allein verbracht. Sie hätte die Eltern nicht viel gebraucht. Mit dem Bruder hätte sie wenig gemeinsam gehabt, deshalb war da keine große Verbindung. Umso wichtiger waren Freunde. Sie hat auch heute noch viele aus Kinder- und Studientagen. Ich kann mir vorstellen, dass es hier noch ein paar Dinge gibt, die sie noch nicht erzählt hat. Und sie hat schließlich Gründe, die Therapie doch fortzusetzen.

Helen kommt an einem regnerischen Tag und ist auf dem Weg ziemlich nass geworden. Ihre blonden Haare sind ganz dunkel und triefen vor Wasser. Sogar von ihrer Nasenspitze fallen Tropfen. Ich befreie sie aus ihrem Mantel und hole ihr ein Handtuch. Sie bedankt sich überschwänglich und reibt sich wild durch die Haare. Dabei lacht sie mich laut an. Es gibt Situationen, die großartige Eisbrecher sind. Und wenn sie passieren, ist es einfach ein Glück. Man kann sie nicht herstellen. Würde ich zur Begrüßung einen Eimer Wasser über der Klientin oder dem Klienten ausleeren, wäre das zwar in manchen Fällen eine passende paradoxe Intervention, käme vermutlich aber eher nicht besonders gut an.

Helen ist immer noch etwas außer Atem, als sie sich aufs Sofa setzt. Heute trägt sie Jeans und eine blaue Bluse, die exakt die Farbe ihrer Augen hat. Ihre nassen Haare verändern ihre Erscheinung. Angenehm unperfekt sieht sie heute aus. Ich nehme mein iPad vom Schreibtisch und setze mich ihr gegenüber.

«Puh, darauf war ich einfach gar nicht vorbereitet», sagt sie. Dann hält sie inne. «Das passt eigentlich perfekt als Einstieg.» Sie lacht wieder. Ich schaue sie fragend an.

«Na ja, beim letzten Mal, diese Fragen, die Sie gestellt haben ... einfach mal so über meine Ängste sprechen: Das ging nicht. Darauf war ich nicht eingestellt, und das hat mich in dem Moment völlig überfordert.»

Ich bin baff.

«Das kann ich gut nachvollziehen», sage ich. «Und wie geht es Ihnen inzwischen? Was hat Sie jetzt noch einmal hergeführt?»

«Ich möchte es versuchen ... Also, darüber zu reden.» Ihre Stimme ist fest.

«Gut. Sehr gerne», antworte ich und schaue sie erwartungsvoll an.

«Ich weiß nur nicht, wie», sagt sie dann. «Also, wie ich die Angst davor überwinden kann.»

Ich nicke. Auch wenn ich keine Angst spüren kann. Helen hat nur das Wort benutzt.

«Verstehe. Vielleicht hilft es Ihnen, sich bewusst zu machen, dass der Gedanke ‹Ich kann nicht über meine Ängste sprechen› am Ende eben nur ein Gedanke ist. Er ist aufgeladen mit Unbehagen und Angst. Aber er bleibt ein Gedanke, den Sie ändern können.»

Helen hört aufmerksam zu und nickt. «Ja, verstehe.»

«Das kommt aus der Akzeptanz- und Commitment-Therapie.»

«Ja, davon habe ich schon mal gehört», sagt Helen. Sie wirkt etwas offener. «Ich finde, das klingt gut mit dem Gedanken.» Sie macht eine Pause, sieht auf ihre Hände. «Ich merke, dass ich einige von denen habe. Also, ich meine solche penetranten Überzeugungen, die wahrscheinlich mit Angst aufgeladen sind.»

«Das ist schon ein sehr guter erster Schritt, das festzustellen», gebe ich zurück.

Helen hustet. «Ich möchte darüber sprechen und auch Dinge verändern.» Sie sieht mich an. «Aber ich merke, da kommt wirklich sehr viel Angst hoch ... Wenn es um die Gründe dafür geht. Also, um meine Familie.»

Helen hat sich offenbar schon auf die Sitzung vorbereitet und möchte auch über ihre Kindheit sprechen. Ich vermute, es wird ein großer Schritt für sie, die Emotionen nicht nur zu benennen, sondern auch zuzulassen.

«Das ist total verständlich», versuche ich sie zu beruhigen. «Und ganz normal. Versuchen Sie, diese Angst einfach dasein zu lassen. Diese Angst will Sie beschützen. Und jetzt können Sie ihr sagen: Nicht mehr nötig. Wir kümmern uns jetzt darum. Der Gedanke ‹Ich kann nicht über meine Kindheit sprechen› ist wie gesagt auch nur ein Gedanke, und Sie können ihn durch einen anderen ersetzen.»

Helen nickt wieder.

«Wenn Sie möchten, machen wir dazu eine kurze geführte Imaginationsreise?» Ich kann schwer einschätzen, ob Helen für so etwas offen ist. Aber Fantasiereisen sind oft sehr dienlich, wenn es darum geht, Gefühle und insbesondere Ängste zu explorieren. Und sie können dabei helfen, diese zu verarbeiten. Außerdem können sie Stress reduzieren. Zudem gibt es sogar Hinweise darauf, dass sie Schmerzsymptome lindern können.

Helens Blick zeigt Neugier. Sie setzt sich sehr gerade hin. «Ja, warum nicht?», sagt sie und schließt bereits die Augen.

«Stellen Sie sich vor, Sie sitzen auf einer Parkbank», beginne ich. «Es ist Herbst, und die Sonne scheint. Es ist ein richtig schöner goldener Oktobertag. Und Sie sitzen auf dieser Bank im Park, um Sie herum lauter Bäume mit leuchtend gelben, dunkelroten und kupferfarbenen Blättern. Diese Blätter rascheln im Wind. Und ab und zu löst sich eines und weht lautlos an Ihnen vorbei. Ganz sanft wird es davongetragen. In die Ferne. Stellen Sie sich jetzt vor, Ihre Gedanken sind wie diese Blätter. Auch sie können vom Wind mitgenommen und fortgetragen werden. Lassen Sie den Gedanken ‹Ich kann nicht über meine Kindheit sprechen› als ein wunderschönes gelbes Blatt von einem der Bäume herunterfallen. Lassen Sie es im Wind kurz vor Ihrer Nase tanzen und dann davonwehen. Sehen Sie zu, wie der Gedanke mitgenommen wird, in den Himmel fliegt und am Horizont verschwindet. Atmen Sie einmal ganz tief ein und aus. Und noch einmal: tief ein und aus ... Dann öffnen Sie die Augen langsam.»

Helen sieht mich an und lächelt. Ein ganz sanftes Lächeln.

«Das war schön», sagt sie.

«Freut mich, wenn Sie das so empfunden haben», sage ich. «Fühlen Sie sich auch etwas erleichtert?»

«Ja, ein bisschen», entgegnet sie. «Das war ein guter Anfang.»

«Möchten Sie einfach mal irgendwo beginnen?»

Helen rutscht auf ihrem Platz hin und her, als würde sie auf einem Felsen sitzen. Dann streckt sie den Rücken noch mal durch. «Ich habe ja nur erzählt, dass meine Kindheit unspektakulär war», fängt sie zögerlich an. «Aber das stimmt ... das stimmt nicht ganz.» Sie räuspert sich. «Ich hatte einen sehr aggressiven Vater. Er ist oft ohne Grund sehr laut geworden und hat uns auch gedroht.»

«Was waren das für Drohungen?», hake ich nach.

«Keine konkreten. Eher subtil. Dass wir schon sehen werden, was es für Konsequenzen hat, wenn wir dies oder jenes nicht machen. Oder dass wir doch sicher nicht wollen, dass es eskaliert.»

«Was bedeutete Eskalieren? Gab es denn Konsequenzen?»

«Ja. Es gab Ohrfeigen. Aber nur selten. Es war nicht so, dass wir ständig verprügelt worden wären.» Helen nimmt eine Hand nach oben und macht eine abwehrende Geste. «Mein Vater war nicht in dem Sinne gewalttätig!»

«Aber eine Ohrfeige ist bereits Gewalt», erwidere ich. «Und zudem bedeutet Gewalt ja nicht nur körperliche Gewalt. Auch psychische Gewalt hinterlässt Wunden bei Kindern.»

Helen schaut kritisch. «Ich weiß nicht, ob man das psychische Gewalt nennen kann ...»

«Sie ist oft schwerer zu erkennen», erkläre ich. «Wie hat sich Ihr Vater denn sonst verhalten? Gab es andere Reaktionen auf vermeintliche Fehler?»

«Na ja, wenn ihm etwas nicht passte, hat er tagelang nicht mit uns gesprochen.»

«Das ist auch eine Form von Gewalt. So ein Verhalten schafft eine Atmosphäre der Bedrohung. Kinder können in so einer Umgebung oft kein Urvertrauen entwickeln.»

Helen hat wieder den kritischen Blick. «Aber ich hatte doch ein ziemlich großes Vertrauen. Ich meine, ich habe mir selbst schon früh viel zugetraut und gute Leistungen gezeigt.»

«Ja, es ist auch sehr wertvoll, dass Sie das trotzdem geschafft haben. Manche Kinder entwickeln in so einer Situation ganz besondere Kräfte. Vor allem, wenn sie sich oft in ihre Welt zurückziehen. Das haben Sie ja anscheinend getan.»

«Ja, das stimmt. Sehr viel sogar.»

«Manchmal wachsen Kinder, die so etwas erleben, auch über sich hinaus und übernehmen sich dabei. Das ist dann eine Kompensationsstrategie.»

Helen schüttelt den Kopf. «Ich glaube, das habe ich nicht

gemacht. Mir ging es ja immer gut, in der Schule und beim Schwimmen. Das war meine Welt! Da war ich sicher!»

Ich nicke. «Verstehe ich gut. Wie ist Ihre Mutter damit umgegangen, dass Ihr Vater sich Ihnen und Ihrem Bruder gegenüber so verhalten hat? Und wie war Ihr Verhältnis zu ihm?»

Helen sieht aus dem Fenster. «Meine Mutter hatte Angst vor ihm. Sie hat sich ihre Nischen gesucht, in denen sie das Sagen hatte, und sonst hat sie alles gemacht, was er befohlen hat.» Sie schaut mich an. «Und sie hat auch nicht gewagt, ihm zu untersagen, uns Kinder so zu behandeln.»

«Und wie war Ihr Verhältnis zu Ihrer Mutter?»

«Verhältnis zu meiner Mutter? Pfff. Das gab es praktisch nicht!» Helens Ton ist jetzt abfällig. «Ich kann mich an kaum etwas zwischen uns erinnern. Sie hat mich zum Schwimmen gefahren, bis ich allein mit dem Rad hinkonnte oder wir vom Trainer zu den Wettkämpfen abgeholt wurden. Das war's. Sie war auch nie irgendwo dabei und hat sich eigentlich immer nur um meinen Bruder gekümmert.»

«Ah. Warum das? War er krank?»

«Nein. Also das heißt, er war schon oft kränklich. Aber vor allem war er sehr sensibel, hatte viele Allergien, hat ständig geweint und vor sehr vielem Angst gehabt. Er sitzt gefühlt heute noch auf ihrem Schoß!» Der letzte Satz war aggressiv.

«Was macht das mit Ihnen?», frage ich.

«Nichts. Das ist mir völlig egal.» Helens Blick ist jetzt kalt. Sie fährt sich durch die noch feuchten Haare, sodass diese nun glatt nach hinten liegen. Ihre Wangenknochen stechen hervor und lassen ihr Gesicht noch kühler wirken. Ihre Lippen sind schmal, ihre Sehnen am Hals angespannt. «Ich will nicht auf diesem Schoß sitzen!»

«Ich hatte gerade den Eindruck, dass es Sie auch wütend macht. Stimmt das?»

Helen sieht wieder aus dem Fenster. Dann streift sie ihre Handinnenflächen an ihrer Jeans ab.

«Ja, manchmal», sagt sie.

«Wie war das als Kind? Wie haben Sie das alles erlebt?»

Helen blickt mich sehr direkt an. «Das war mir egal», wiederholt sie und klingt hart. «Wie gesagt, ich war froh, wenn ich nicht zu Hause war. Und ich hatte ja gar kein Verhältnis zu meiner Mutter.» Ihre blauen Augen fixieren mich, als wollte sie mir eindringlich klarmachen, dass es da nichts weiter zu fragen gibt. Aber das muss ich leider ignorieren.

«Mmh. Ich kann mir vorstellen, dass das als Kind auch Eifersucht auslöst und Wut darüber, dass das Geschwisterkind so viel mehr Aufmerksamkeit bekommt. Bei mir kommt jedenfalls der Gedanke auf, dass das nicht fair ist.»

«Nein, natürlich nicht», presst Helen plötzlich zwischen den Zähnen hervor. «Nichts war fair in meinem Elternhaus.» Ihr Ton ist zornig. «Diese Kategorie gab es nicht! Es war eine scheiß Diktatur! Und meine Mutter und mein Bruder waren die braven Soldaten, die sich untergeordnet haben! Die gekuscht haben vor diesem Arschloch!»

Jetzt lässt Helen endlich ihre ganze Wut zu. Und es ist spürbar, wie lange das alles schon in ihr brodelt und nach einer Stimme sucht.

«Ich habe sie alle gehasst», sagt Helen. Sie schaut wieder aus dem Fenster. Ihr ganzer Körper ist angespannt. Ihre Hände zittern. Eine Strähne hat sich von oben gelöst und fällt ihr ins Gesicht. Sie schiebt sie schnell wieder nach hinten.

«Vielleicht habe ich das auch nicht erzählen wollen, weil ich nicht als eine von diesen Frauen abgestempelt werden möchte, die Angst vor Männern hat, nur weil der Vater aggressiv war. Nur weil ich so einen Vater hatte, bilde ich noch lange nicht dieses Klischee ab!»

Okay: Now we're talking! Ich bin wirklich überrascht, was Helen da alles plötzlich auf den Tisch legt. Und es tut ihr sichtlich gut.

«Ich verstehe, dass Sie nicht in so ein Bild gepresst werden wollen», sage ich. «Ich habe das Gefühl, dass Sie viel dafür tun, damit dies nicht geschieht. Mal eine andere Frage: Wenn Sie Ihre bisherigen Beziehungspartner betrachten: Gibt es da irgendwelche Parallelen zwischen den Männern?»

Helen denkt nach. Sie betrachtet ihre Hände, die immer noch leicht zittern, fährt wieder mit dem Daumen über den Fingernagel ihres Zeigefingers. Sie wirkt auf einmal fragil. «Ja, ganz sicher suche ich mir Männer, die empathisch und eher sanft sind. Manchmal dann eben auch zu sanft. Und sehr passiv. Das Extrem tut mir dann auch nicht mehr gut. Aber alles weit besser als aggressive Männer!» Sie richtet sich noch mal auf. «Ich habe gelesen, dass es diesen Fall auch oft gibt. Also dass Frauen, die einen gewalttätigen Vater hatten, sich auch solche Partner suchen.»

«Ja, das gibt es leider häufig», bestätige ich. «Da geschieht dann unbewusst eine Reinszenierung der Kindheit, weil das vertraut ist. Wie gut, dass Sie das in der Form nicht tun.» Ich muss an eine Studie denken, die nachwies, dass Menschen, die als Kind Vernachlässigung oder Missbrauch erlebt haben, ein stark erhöhtes Risiko haben, im Erwachsenenalter erneut Opfer-Erfahrungen zu machen. Die Untersuchung nahm zudem an, dass diese Menschen sich Verhaltensweisen oder Persönlichkeitsmerkmale angeeignet haben, die sie anfälliger für negative Erfahrungen machten. Sie könnten beispielsweise Schwierigkeiten haben, bedrohliche Situationen zu erkennen, oder Beziehungen weiterführen, die nicht sicher oder gesund sind.[4] Von einem «Wiederholungszwang» sprach auch schon Sigmund Freud. Er war davon überzeugt, dass Menschen bestimmte Ereignisse und

Konflikte immer wieder erleben oder sogar nachstellen, ohne sich dessen bewusst zu sein.[5]

Helen sieht mich erwartungsvoll an. Es ist ein Moment, in dem nicht unwichtig ist, was ich ihr jetzt anbiete, in dem sich zeigen wird, ob sie bereit ist, diesen Weg weiterzugehen. Und in dem ich auch das Kräfteverhältnis im Blick behalten muss. Helen sucht Reibung mit mir. Und darauf darf ich mich nicht einlassen. Ich muss meine Souveränität bewahren, ohne dominant zu werden. Denn ich vermute, Helen fühlt sich schnell in ihrer Autonomie bedroht. Ich denke, es macht deshalb Sinn, ihr mein Vorgehen offenzulegen. Helen ist sehr reflektiert, und ich vermute, sie schätzt es, genau nachvollziehen zu können, worum es geht.

«Ich würde Ihnen gerne eine Übung aus der kognitiven Verhaltenstherapie anbieten», schlage ich vor. «Sie heißt Expositionsverfahren und dient einer ‹systematischen Desensibilisierung›.»

«Interessant», antwortet Helen. Ich bin mir nicht ganz sicher, ob das polemisch oder ernst gemeint war.

«Es geht darum, die eigenen Ängste erst mal in eine Hierarchie zu bringen», erläutere ich, «um sich dann zunächst mit der kleinsten Angst zu befassen und nach und nach dann mit den größeren Ängsten. Was meinen Sie dazu?»

«Finde ich gut, ja.» Helen nickt. Ich glaube, sie ist wirklich einverstanden.

«Können Sie sagen, welche Ängste Sie momentan in Bezug auf Ihre Familie haben?»

Helen sieht wieder nach draußen. «Ja, da ist die Angst, überhaupt darüber zu reden. Aber die habe ich ja schon fast überwunden», sie sieht zu mir und lächelt zart. Ihre Anspannung scheint ein wenig zu weichen. «Also wahrscheinlich momentan eine der kleineren Ängste. Dann kommt wohl die Angst, konkret über meinen Vater zu sprechen, und die Angst, die ich deshalb in Bezug auf potenzielle Partner habe.» Sie schluckt. «Ich fürchte mich außerdem auch davor, Fotos von früher anzusehen.»

Ich nicke und schreibe mit. Dann sehe ich sie wieder an.

«Die größte Angst ist wahrscheinlich, meine Mutter und meinen Bruder bei der nächsten Familienfeier wiederzusehen.» Ihre Augen sind jetzt groß. Ich kann ihre Angst zum ersten Mal sehen.

«Die erste Angst haben Sie tatsächlich schon gut im Griff», sage ich. «Sie haben ja schon recht viel über Ihre Ängste gesprochen.» Helen lächelt erneut.

«Ich würde also vorschlagen, wir befassen uns jetzt mit der nächstgrößeren Angst, also mit Ihren Ängsten in Bezug auf potenzielle Partner, die eventuell durch Ihren Vater ausgelöst wurden. Einverstanden?»

«Ja, ist gut», sagt Helen. Sie wirkt auf einmal nervös.

«Also, wie schon angedeutet, geht man in der Akzeptanz- und Commitment-Therapie davon aus, dass bestimmte Vorstellungen mit Angst und Panik verknüpft sind. Ich würde jetzt gerne fünf Schritte mit Ihnen gehen, mit denen man diese Verknüpfung auflösen kann.» Ich mache eine kurze Pause, vergewissere mich mit einem Blick, dass für Helen alles nachvollziehbar ist und sie sich immer noch sicher fühlt. Sie nickt. Ich erzähle weiter: «Der erste Schritt ist die Benennung der Angst, also einen ganz konkreten Satz auszusprechen. Zum Beispiel: ‹Ich fühle Angst und Panik, wenn ich an eine feste Beziehung mit einem Mann denke.› Welcher Satz könnte eine Ihrer Ängste in Bezug auf einen Partner benennen?»

Helen schaut wieder aus dem Fenster. Sie legt die Stirn in Falten. Ich spüre, wie angestrengt sie nachdenkt.

«Versuchen Sie in Ihrem Gefühl zu bleiben. Und nicht zu sehr in den Kopf zu gehen. Das muss jetzt nicht besonders gut formuliert sein. Experimentieren Sie ruhig.»

Helen dreht ihren Kopf zu mir und sieht erleichtert aus. Sie scheint sich darüber zu freuen, hier keine Leistung bringen zu müssen.

«Mmh. Ich glaube, es hat mit meiner Unabhängigkeit zu tun. Ich habe Angst, dass ich mich abhängig fühle und darunter leide, mit einem Mann fest zusammen zu sein.»

«In welcher Situation könnte sich das besonders stark zeigen? Was vermeiden Sie deshalb vielleicht?»

Helen schnaubt: «Zusammenziehen! Das ist ein richtiger Horror für mich!»

«Verstehe. Und was könnte schlimmstenfalls passieren?»

«Ich könnte wie meine Mutter enden! In einer schrecklichen Beziehung gefangen mit einem Mann, der mich unterdrückt!»

Ich bin wirklich beeindruckt, wie schnell Helen ist und wie klar sie die Dinge benennen kann.

«Können Sie dazu einen konkreten Satz bilden? Zum Beispiel: ‹Ich fühle Angst und Panik, wenn ich an das Zusammenleben mit einem Mann denke. Ich fühle Angst und Panik, wenn ich mir vorstelle, dass ich wie meine Mutter ende.›»

Helen holt sehr tief Luft. Dann atmet sie schubartig aus. Seufzt. «Das haben Sie sehr gut formuliert», sagt sie leise. «So ist das wirklich. Ich fühle Angst und Panik davor, mit einem Mann zusammenzuleben.»

«Das machen Sie gut», melde ich ihr zurück. «Ich denke aber, dass es hier noch wertvoll sein kann, sich bewusst zu machen, dass das ein Gedanke ist. Was halten Sie von dem Satz: Ich fühle Angst und Panik, wenn ich mir *vorstelle*, mit einem Mann zusammenzuleben?»

«Ja. Verstehe.» Helen schluckt. Dann setzt sie neu an. «Also: ‹Ich fühle Angst und Panik, wenn ich mir vorstelle, mit einem

Mann zusammenzuleben.›» Ihre Hände fangen wieder an zu zittern.

«Gut. Der nächste Schritt ist, die körperliche Ebene einzubeziehen. Auch wenn das jetzt unangenehm ist, stellen Sie sich bitte trotzdem einmal für einen Augenblick vor, dass Sie mit einem Mann zusammenleben.»

«Puh, echt ungern!» Helen lässt die Lippen flattern. Ob sie sich damit selbst beruhigt?

«Nur ganz kurz, versprochen!», sage ich.

«Von mir aus», mault Helen gespielt und rollt mit den Augen, als hätte ich verlangt, dass sie ihr Zimmer aufräumt. Das scheinen ihre Strategien zu sein, um mit intensiven Gefühlen umzugehen.

Helen schließt die Augen. Ich warte einen Moment, lasse sie in der Vorstellung ankommen.

«Was fühlen Sie jetzt körperlich?»

«Ich habe Herzrasen.» Ihre Stimme bebt. «Und meine Stimme ist ganz schwach. Und meine Hände zittern und werden feucht.» Sie öffnet die Augen wieder. Ihr Blick ist unruhig.

«Dann gehen wir jetzt direkt zu Schritt drei über: die kognitive Diffusion, also das Distanzieren von dieser Angst. Machen Sie sich noch einmal bewusst, dass es ein Gedanke ist und keine Wahrheit. Das kann über einen weiteren Satz funktionieren, der den Gedanken anspricht. Also zum Beispiel: ‹Ich habe den Gedanken, dass es gefährlich ist, mit einem Mann zusammenzuleben›, anstatt: ‹Es ist gefährlich, mit einem Mann zusammenzuleben.› Sagen Sie es einmal in Ihren Worten.»

«Ich habe den Gedanken», beginnt Helen, und ihre Stimme bricht ab. Sie hustet. «Ich habe den Gedanken, dass es gefährlich ist, mit einem Mann zusammenzuleben, weil ich dann bestimmt ende wie meine Mutter.» Helen hält inne. «Irre, das klingt doch krass!»

«Wie meinen Sie das?»

«Es klingt krass überzogen!»

«Das bringt uns direkt zu Schritt vier», erwidere ich und lächle sie an. «Die Annahme der Angst. Und der Tatsache, dass das Erlebte ein Teil Ihrer Erfahrungen ist - anstatt das zu werten, abzuwehren oder zu unterdrücken.»

Helen macht große Augen: «Das passt tatsächlich gut! Oh Mann!»

«Stellen Sie sich einmal vor, der Gedanke steht auf einem Bus. Mit großen Lettern auf der Seite: Es ist gefährlich, mit einem Mann zusammenzuleben, weil ich dann ende wie meine Mutter! Sie stehen an der Haltestelle. Der Bus stoppt. Aber Sie steigen nicht ein.»

Helen blickt mich entgeistert an, dann muss sie lachen. «Gutes Bild!»

«Um den Abstand und die Akzeptanz zu steigern, kann es auch noch helfen, sich zu sagen: Es ist okay, dass ich diese Angst fühle. Es ist eine natürliche Reaktion auf meine Vergangenheit.»

«Es ist okay, dass ich diese Angst fühle», wiederholt Helen langsam. «Es ist eine natürliche Reaktion auf meine Vergangenheit.»

«Wie fühlt sich das an, wenn Sie das sagen?»

«Gut. Irgendwie beruhigend.»

«Und wie ist es jetzt körperlich?»

«Auch besser. Mein Herzschlag ist nicht mehr so schnell.» Sie atmet lange aus. Und sieht mich an. «Und der fünfte Schritt?»

«Ist eine werteorientierte Handlung», antworte ich. «Das heißt, Sie konzentrieren sich immer wieder auf Ihre heutigen Werte und Ziele und überlegen, wie Sie gerne handeln *möchten* - auch wenn die Angst noch da ist. Was würden Sie tun, wenn Sie nach Ihren Werten und Zielen handeln und nicht nach Ihren Ängsten? Was würden Sie in Bezug auf einen potenziellen Partner dann gerne machen?»

«Puh, schwierig.» Helen schiebt ihre Hände von außen unter ihre Oberschenkel und wippt jetzt leicht vor und zurück.

«Was wäre denn in Bezug auf eine Partnerschaft ein Ziel für Sie? Denken Sie noch mal an Ihre Wünsche, die Sie priorisiert haben.»

«Wichtig ist auf jeden Fall, dass wir offen reden können. Und absolut ehrlich sind. Auch wenn wir herausfinden sollten, dass wir unterschiedlicher Meinung sind!»

«Das ist doch ein sehr klares Ziel. Was könnten Sie dafür tun?»

«Ich glaube, ich könnte meinem Partner von dieser Angst erzählen und ihm sagen, dass ich erst mal nicht zusammenziehen möchte.»

«Und was spricht dagegen, das auch einem *potenziellen* Partner zu sagen? Das wäre doch vielleicht beim Kennenlernen ein guter Punkt. Wenn man über Wünsche und Grenzen redet. Oder?»

Helen wippt weiter vor und zurück. «Mmh, ja, stimmt.» Jetzt stoppt sie und nimmt die Hände wieder in ihren Schoß. «Überhaupt könnte ich ihm ja von meinen Wünschen an einen Partner erzählen. Das kam mir ehrlich gesagt noch nie in den Sinn, weil ich mir das immer total affektiert vorgestellt habe, bei einem Date auf so ein Thema zu kommen. Unsexy!»

«Spannend. Aber das empfinden wohl viele Leute so. Wenn man es nicht tut, wundert man sich allerdings später vielleicht, wenn die Wünsche und Vorstellungen so gar nicht zusammenpassen.»

«Ja, absolut.»

Ich sehe auf die Uhr. «Unsere Zeit ist gleich um», sage ich. «Wie geht es Ihnen jetzt?»

«Ich weiß noch nicht genau. Ich glaube, ganz gut.»

«Die Übung, die wir heute zusammen gemacht haben, war jetzt im Schnelldurchlauf», erkläre ich. «Ich wollte Ihnen einmal exemplarisch zeigen, wie Sie vorgehen können, Schritt für Schritt. Lassen Sie sich ruhig auch mehr Zeit für jeden Punkt.»

Helen nickt.

Ich schlage ihr vor, alles in Ruhe sacken zu lassen und sich zu melden, wenn es für sie passt. Als sie mir die Hand gibt, ist sie feucht. Und Helens Züge und ihr Blick sind weich. Es ist für mich jedes Mal wieder ein kleines Wunder, aber es macht Menschen tatsächlich schön, wenn Sie sich öffnen.

Als Helen gegangen ist, denke ich über das Gehirn nach. Das Thema Angst bringt mich immer zur Neurologie, einem meiner Lieblingsthemen, das ich auch im Studium sehr intensiv verfolgt habe. Es waren eine Reihe neurologischer Studien, die mich letztlich zur Verhaltenstherapie gebracht haben. Denn in verschiedenen Untersuchungen wurde nachgewiesen, dass diese Therapieform gerade bei Angstpatient:innen deutliche Veränderungen in der Gehirnstruktur bewirkt. Nach dem sogenannten Auslöschen - einem Verfahren, bei dem Klient:innen in der Verhaltenstherapie lernen, die Reaktion auf einen bestimmten angstauslösenden Reiz zu verringern - nahm bei den Proband:innen der Studie die Aktivität in der Amygdala, also dem Teil des Gehirns, der quasi Alarm gibt, wenn wir mit einer Bedrohung konfrontiert werden, stark ab.[6] Im Gegensatz dazu nahm die Aktivität im ventromedialen präfontalen Kortex zu, also in der Region, die an der Emotionsregulation beteiligt ist.[7] Wenn man angibt, nach einer Verhaltenstherapie Angst in der Regel besser wahrnehmen und besser mit ihr umgehen zu können, ist das keine vage Behauptung, die nur individuell überprüfbar ist. Es ist eine neurologische Realität. Ich weiß noch, wie mich das damals fasziniert hat. Und auch heute noch begeistert. Irgendwie bleibt es mir bei allem Wissen doch ein kleines Mysterium, wie das aktive Verändern bestimmter Gedankengänge sich so immens auf das Gehirn auswirken kann. Und damit dauerhaft andere Verhaltensweisen ermöglicht. Genauso können die Areale natürlich auch wieder in die andere Richtung aktiviert werden. Deshalb ist es so entscheidend, die neuen konstruktiven Ansätze immer wieder zu üben. Eine andere Art zu denken und zu handeln braucht diszipliniertes Training. Ausdauertraining. Denn alte Gedankenmuster sind hartnäckig. Und Überzeugungen, die man einmal losgelassen hat, können wiederkommen. So schön und funktional das Bild der Blätter im Wind ist, manchmal kommen sie wie ein Bumerang zurück. Und dann geht es darum, sich wieder und wieder zu entscheiden, sie loszulassen und aktiv durch neue zu ersetzen. Das werde ich mit Helen das nächste Mal üben. Wenn sie denn wiederkommt. Ich kann nicht einschätzen, ob sie bereit ist, weiter in die Tiefe zu gehen.

Am Abend fällt mir ein Artikel in die Hände, in dem es um Frauen Ende dreißig geht, die ihre Eizellen einfrieren.[8] Die Untersuchungen der Anthropologin Marcia Inhorn hatten ergeben, dass viele Frauen, die sich für ‹Social Freezing› entschieden hatten, nicht etwa Karrieregründe nennen, sondern die Tatsache, dass sie aktuell einfach nicht den passenden Partner hätten.[9] Der Artikel thematisiert auch das ‹Mate Gap› - also die Tatsache, dass auf sehr viele sehr gebildete Frauen nicht genug sehr gebildete Männer kommen. Davon hatte ich Helen erzählt. Aber wir haben das Thema eigene Kinder noch nicht genauer besprochen. Sie hat nur gesagt, das wäre für sie noch nie so ein Thema gewesen. Mag natürlich stimmen. Schließlich hat nicht jede Frau einen Kinderwunsch. Und das ist mehr als legitim. Aber vielleicht hat das auch mit alten Ängsten zu tun. Ich merke, dass Helen und ihre Geschichte mich wirklich bewegen. Wie mächtig sich eine belastende Kindheit selbst einer so starken, selbstständigen Frau in den Weg stellen kann. Wie krass die Mechanismen sind, mit denen sie unbewusst vereitelt, etwas Neues zu erleben, Geborgenheit zu finden, mit einem Mann glücklich zu sein.

In den folgenden Tagen muss ich immer wieder an Helen

denken und frage mich, ob ich mich zu viel mit ihr beschäftige. Manchmal muss man eine Klientin oder einen Klienten auch weiterempfehlen, weil man die Distanz nicht wahren kann und den Fall zu sehr ins eigene Leben mitnimmt.

Eine Woche später bekomme ich ihre Mail mit der Bitte um einen neuen Termin. Und freue mich sehr. Ich merke, dass mich Helen nicht mehr über die Maßen beschäftigt hat. Ich konnte die Tür gedanklich immer wieder schließen und kann ihr jetzt guten Gewissens anbieten, weiterzumachen.

Sie kommt diesmal direkt von der Arbeit, ist stärker geschminkt, trägt eine weiße Hose und ein weißes Shirt. Ihr Händedruck ist extrem fest, sie geht zackig ins Zimmer, nimmt sich sofort Wasser. «Okay, worum geht es heute?», fragt sie noch im Stehen. Und für einen Moment komme ich mir vor, als wäre ich die Klientin und nicht sie. Ist sie vielleicht noch in ihrer Zahnärztinnen-Rolle? Oder rudert sie zurück - weg von den Emotionen, die hier beim letzten Mal so präsent waren?

Ich setze mich bewusst langsam. Zähle ein paar Atemzüge.

«Ja, sagen Sie mir das gerne», fordere ich sie auf. «Es ist Ihre Stunde.»

Ich lächle. Helen lächelt zurück, etwas krampfig. Wenn eine ansonsten sehr souveräne Person sich in der Therapie stark geöffnet hat, ist sie manchmal danach zunächst wieder reserviert. Sich verletzlich zu zeigen ist eine neue Erfahrung, und manchmal fremdelt man im Anschluss erst mal damit. Die innere Bewegung kann auch Unbehagen auslösen. Unbewusst möchte man lieber wieder zurück in das, was man kennt, so wenig beglückend es gewesen sein mag. Bei Helen kommt erschwerend hinzu, dass sie ihr Leben insgesamt als sehr positiv wahrnimmt und die Sehnsucht nach einem Partner lange unterdrückt hat. Dann ist es umso verlockender, sich wieder in die alten Verhaltensweisen fallen zu lassen, in die gemütliche Komfortzone zurückzukehren. Denn dort ist vermeintlich alles einfacher. Aber Helen ist hier, und das ist der entscheidende Punkt.

«Ich habe mir alte Fotos angesehen», platzt es plötzlich aus ihr heraus.

«Oh, das war sicher kein leichter Schritt!», gebe ich zurück. «Wie ging es Ihnen dabei?»

«Schrecklich!» Helen atmet tief ein und aus. «Es war einfach furchtbar!»

«Ging es um Ihren Vater und die Erinnerungen an seine Drohungen?»

«Nein. Die Bilder von meinem Vater waren gar nicht so schlimm. Es gibt schließlich keine Fotos von Drohungen! Immerhin!» Sie lächelt ihr halbes Lächeln. Jetzt sehe ich, dass sie heute einen schwarzen Lidstrich trägt. Er lässt ihr Gesicht härter wirken. «Es gibt eigentlich nur ein paar Sonntagsbilder von meinem Vater, im Schrebergarten. Da war er gut drauf und friedlich. Fies waren andere Bilder.»

«Wollen Sie davon erzählen?»

«Die schlimmen waren die von meiner Mutter und Mick, meinem Bruder.»

«Was haben Sie empfunden, als Sie die angesehen haben?»

«Hass.» Helens Augen sind schmal und wirken durch den Lidstrich deutlich dunkler. «Ich weiß, es ist meine Familie. Aber ich empfinde Hass, wenn ich das ansehe: Weihnachten, und er sitzt auf ihrem Schoß, Sommerurlaub, und sie liegen zu zweit auf einem Handtuch, mein Geburtstag, ich halte den kleinen Kuchen in die Kamera – und sie steht daneben und schaut ihn an.»

«Es ist sehr verständlich, dass Sie das wütend macht», sage ich.

«Es gibt ein Bild, da bin ich noch ein Baby und sitze in diesem Babystuhl vor meinem Brei. Mein Bruder ist schon vier, und sie füttert ihn! Ihn! Nicht mich!»

«Das klingt traurig.»

«Ich habe das nicht gebraucht, so viel Aufmerksamkeit wie er!» Helens Stimme ist wieder laut und hart. «Ich war ja nicht so ein weinerliches Ding, mit so viel Schiss vor allem und ständigem Aua hier und Aua da. Aber das heißt ja verdammt noch mal nicht, dass ich GAR NICHTS brauchte!» Wow. Da kommt eine ziemliche Ladung Wut.

«Jedes Kind braucht Zuneigung und Beachtung», stimme ich zu.

«Ich habe sie gehasst, diese Feste, eigentlich waren es mein Geburtstag und meine Kommunion und mein Abi, eigentlich waren das die beschissensten Tage, weil ich es da ...» Helens Stimme stockt. Ihr laufen plötzlich schwarze Tränen die Wangen hinunter. «Weil ich da am meisten gemerkt habe, dass ich nichts bin in dieser Familie. Dass ich nicht dazugehöre. Dass es von meinem Vater eh nichts gibt. Aber diejenige, die Liebe zu verteilen hatte, die hat sie komplett an meinen Bruder gegeben! Was für eine elende Scheiße!» Helen schäumt vor Wut. Und gleichzeitig kann sie nicht verhindern, dass die Traurigkeit durchbricht. Denn natürlich liegt hinter der Wut Schmerz. Ihre Wimperntusche und der Lidstrich sind komplett verwischt. Ich reiche ihr ein Taschentuch.

«Ich wollte doch nichts Besonderes», sie wischt sich die Wangen ab. «Nur nicht immer so offensiv ausgeschlossen sein!» Sie weint und vergräbt ihr Gesicht in ihren Händen.

«Ja, und das ist ein absolut berechtigter Wunsch», versuche ich sie vorsichtig zu bestärken. «Und Ihre Empfindungen sind eine völlig natürliche Reaktion auf das, was Sie erlebt haben.»

Helen lässt ihre Hände langsam sinken: «So etwas will ich nie wieder erleben.»

«Das verstehe ich sehr gut», erwidere ich. «Und es ist ganz logisch, dass Sie sich davor schützen möchten. Haben Sie denn so etwas noch mal erlebt?»

Helen sieht mich an. Ihr Blick ist eine Mischung aus Trauer und Irritation.

«Ich meine, fühlten Sie sich auch in späteren Beziehungen ausgeschlossen? Vielleicht mit Freundinnen? Oder auch in einer Liebesbeziehung?»

Helen schaut auf ihre Hände, die jetzt auf ihren Oberschenkeln liegen. Das nasse, schwarz gefleckte Taschentuch klemmt zwischen ihren Fingern.

«Ich weiß nicht. Ja, manchmal geht es mir so mit zwei meiner Freundinnen», erklärt sie. «Wir kennen uns schon seit der Schulzeit und waren zuerst zu viert. Wir waren immer zusammen und haben uns unterstützt. Aber eine ist nach Australien gezogen, und seitdem sind wir nur noch drei, und manchmal habe ich Angst, dass sie mich ausgrenzen.»

«Tun sie das denn? Oder befürchten Sie nur, dass das passieren kann?»

«Ich weiß nicht», Helen hat noch immer die verlaufene Schminke unter den Augen. Sie sieht zerbrechlich aus. «Nein, also, doch, es gab ab und zu mal eine Situation, in der ich das Gefühl hatte, sie wollten lieber zu zweit sein. Einmal haben sie sich Theaterkarten gekauft und mich erst danach gefragt, ob ich mitkommen will. Das war komisch.»

«Aber Sie sind dann mitgegangen?»

«Nein, ich war im Urlaub. Na ja, das wussten sie auch. Also, nein, das war wahrscheinlich nicht so gemeint.» Jetzt tupft Helen mit dem Taschentuch unterhalb ihrer Augen entlang.

«Aber Sie haben Angst, dass sie Sie ausschließen?»

«Ja.»

«Und haben Sie diese Angst auch in Bezug auf diesen Mann, den Sie zuletzt kennengelernt haben?»

Helen lässt ihre Hand sinken und sieht mich überrascht an. «Warum? Das hat doch gar nichts miteinander zu tun?»

«Ich hatte nur gerade den Gedanken, als ich Ihnen zugehört habe. Sie haben ja erzählt, dass er sehr eng mit seiner Tochter ist und dass diese Beziehung Ihrem Eindruck nach an erster Stelle steht. Hatten Sie vielleicht Angst, dass Sie da keinen Platz haben?»

«Ja. Das stimmt. Also, das habe ich gesagt. Aber, ich weiß nicht.»

«Manchmal liegt hinter einer Angst eine ganz konkrete Überzeugung, die wir über unsere Erfahrungen erworben haben, insbesondere über die in unserer Kindheit. Man kann auch Glaubenssatz sagen. Denn es ist etwas, an das wir - manchmal unbewusst - glauben und von dem wir dann sozusagen fest ausgehen. Ganz einfaches Beispiel: Wurde ich als Kind ausgeschimpft, wenn ich geweint habe, entwickle ich später vielleicht den Glaubenssatz: Ich darf nicht weinen, sonst verliere ich die Zuneigung meines Gegenübers. Das führt manchmal dazu, dass Menschen ihre Emotionen und Bedürfnisse gänzlich unterdrücken, weil sie sonst befürchten, abgelehnt oder sogar verlassen zu werden.»

Helen sieht mich nachdenklich an.

«Ja, vielleicht habe ich auch so einen Glaubenssatz», sagt sie dann.

Ich schaue fragend.

«Ich weiß aber nicht, wie der heißt.»

«Auf welche Angst oder Überzeugung könnte er sich denn beziehen?»

«Na ja, auf das Ausgeschlossensein.»

«Okay. Und auch auf Partnerschaft?»

«Ja. Ich glaube schon.»

«Darf ich Ihnen einen Vorschlag für einen Satz machen, und Sie schauen, ob er schon in die richtige Richtung geht?»

Helen nickt.

«Wenn mein Partner ein Kind aus einer anderen Beziehung

hat, werde ich automatisch eine Außenseiterin sein.» Ich schaue sie fragend an. «Wie klingt das für Sie?»

«Ehrlich gesagt: brutal.»

«Ja, das ist schon eine sehr schmerzhafte Aussage. Aber nähern wir uns dem, was Sie vielleicht verinnerlicht haben?»

«Ja, schon.» Helen sieht wieder auf ihre Hände. Sie wirkt unruhig.

Ich denke über Helens Bindungsstil nach. Zwischenzeitlich dachte ich, sie sei ein ängstlich-vermeidender Typ. Das kommt oft vor, wenn ein oder beide Elternteile missbräuchlich waren oder ihre eigenen ungelösten Traumata hatten, die sie auf eine für das Kind beängstigende Art handeln ließen. Ich vermute, das war bei Helens beiden Eltern der Fall. Und dadurch entwickelte sie möglicherweise die Überzeugung, enge Beziehungen seien bedrohlich und man könne niemandem wirklich vertrauen. Anders als Menschen mit einem ängstlich-gebundenen Bindungsstil, die sich übermäßig auf die Partnerin oder den Partner fokussieren und extrem sensibel reagieren, wenn sie sich nicht gesehen fühlen, versuchen Menschen mit einem ängstlich-vermeidenden Bindungsstil, innerlich Distanz zu halten. Sie verbergen ihre Gefühle oder unterdrücken sie und sehen im Verhalten des Gegenübers immer wieder Beweise dafür, dass derjenige nicht vertrauenswürdig ist. Während sie sich eigentlich Nähe wünschen, vermeiden sie diese. Dadurch entstehen viele Fehlinterpretationen. Und das Gegenüber wird stark irritiert. So erzeugen sie selbst oft ungewollt genau die Situation, die sie befürchten: nämlich ein instabiles Beziehungssetting, das beide verletzt.

Inzwischen glaube ich aber, dass Helen eventuell doch dem abweisend-vermeidenden Typus angehört. Das heißt, dass sie möglicherweise aufgrund ihrer Überzeugung, dass sie sich auf niemanden verlassen kann, jede tiefere Bindung vermeidet. Sie hat keinerlei emotionalen Halt im Elternhaus empfunden und ist deshalb vielleicht davon überzeugt, dass sie nur allein für sich sorgen kann. Begonnene Beziehungen kann sie leicht wieder beenden, weil sie sich emotional wahrscheinlich gar nicht erst involviert. Sie hat nicht gelernt, Verantwortung für einen anderen zu übernehmen, weil sie glaubt, dass sie dadurch ihre lebensnotwendige Freiheit verliert. Auch wenn sie unter dem Alleinsein durchaus leidet, ist Unabhängigkeit für Helen möglicherweise ein Heiligtum, das kaum aufgegeben werden kann. Gefühle machen ihr vielleicht massiv Angst, und sie einem Partner mitzuteilen ist fast unmöglich. Ja, so könnte es sein. Aber das muss ich heute noch einmal überprüfen.

Ich werde es also anders versuchen. «Wenn ich einem Menschen Gefühle zeige und Nähe zulasse, bin ich in Gefahr», sage ich. «Wie hört sich das für Sie an?»

Helen sieht mich erschrocken an. «Ja. Das empfinde ich so», sagt sie. Es ist interessant, dass sie auf das Wort Gefahr in der ersten Sitzung so aggressiv reagiert hat und es offenbar genau das wiedergibt, was sie fühlt. Sie schluckt. «Ich glaube, ich habe Angst vor intensiven Gefühlen. Deshalb habe ich sie vielleicht immer stärker vermieden. In den letzten Jahren nur Affären gehabt. Und wenn es enger wurde, bin ich lieber abgehauen.» Helen ist jetzt wirklich offen. Ich weiß, wie viel es bedeutet, dass sie mir das anvertraut. Menschen mit einem abweisend-vermeidenden Bindungsstil können oft selbst nicht wahrnehmen, wie sie sich verhalten, und sind vielfach sogar therapieresistent. Meist wechseln sie immer wieder zwischen Zyklen der Annäherung und des Rückzugs. In gewissem Maße hat sich Helen auch hier in der Therapie so verhalten.

«Ich verstehe», antworte ich. «Was genau, denken Sie, wird passieren, wenn Sie Gefühle und Nähe mit einem Mann zulassen?»

Helen hustet. «Dass es mich in eine Abhängigkeit bringt. Und in eine Situation, in der ich abgelehnt werde.»

«Es ist sehr nachvollziehbar, dass Sie diesen Gedanken haben. Denn das haben Sie ja als Kind erlebt. Ist das vielleicht ein Glaubenssatz: ‹Wenn ich einem Menschen Gefühle zeige und Nähe zulasse, bin ich in Gefahr. Denn dann werde ich abhängig und kann abgelehnt werden›?»

Helen schluckt. Ihre Augen füllen sich wieder mit Tränen. Sie nickt. Es spricht sehr für den abweisend-vermeidenden Bindungsstil. Ihn zeichnet außerdem aus, dass diese Menschen hohe Ansprüche an sich selbst haben und sehr schnell glauben, sie seien nicht genug. Und genau das spiegeln ihnen oftmals ihre Partner, die sich nicht gesehen und emotional abgewiesen fühlen. Paradoxerweise lehnen die abweisend-vermeidenden Typen also andere Menschen ab, erzeugen mit diesem Verhalten emotionalen Schmerz oder Vorwürfe bei ihrem Gegenüber und fühlen sich dadurch wiederum angegriffen und abgelehnt. Eine Art Teufelskreis.

«Wie gesagt, Sie haben sich das nicht freiwillig ausgedacht», betone ich noch mal. «Sie haben das aus den Erfahrungen Ihrer Kindheit abgeleitet. Und es ist sehr wertvoll, das jetzt zu erkennen.»

Helen nickt wieder. Weitere Tränen rollen ihre Wangen hinunter. Ich reiche ihr die Tempo-Box.

«Haben Sie in Liebesbeziehungen denn später erneut diese Erfahrung gemacht?»

«Ich glaube nicht. Ich hatte ja ganz gute Beziehungen. Aber vielleicht hatte ich auch eher Männer, die sich von mir sehr abhängig gemacht haben. Da konnte ich unabhängiger bleiben. Diese Art von Nähe war ungefährlich. Aber eben auch nicht so, wie ich es mir wünsche.»

«Und gab es auch andere positive Erlebnisse mit intensiver Nähe? Zum Beispiel mit Ihren alten Freundinnen?», frage ich.

Helen schnäuzt sich die Nase. «Ja, schon. Also, wir sind uns nah. Sie sind immer da. Und ich erzähle ihnen auch von meinen Gefühlen.» Abweisend-vermeidende Menschen brauchen vor allem Kontinuität, Kongruenz und Vorhersehbarkeit. All das können Freundschaften geben. Und sie können das positive Erfahrungsfeld sein, um sich auf eine tiefere Bindung in einer Beziehung einlassen zu können.

«Und wie geht es Ihnen in diesen Freundschaften?», frage ich.

«Okay. Es ist ganz gut.»

«Und fühlen Sie sich abhängig?»

«Nein. Also, darüber habe ich noch nie nachgedacht.»

«Das ist doch ein gutes Zeichen, oder? Das heißt, Sie erleben auch Beziehungen, in denen Sie Gefühle zeigen und Nähe zulassen können und dennoch unabhängig bleiben. Und Sie werden dabei nicht abgelehnt. Richtig?»

«Ja. Vielleicht. Aber ich habe trotzdem diese Ängste davor, dass sie mich ausschließen. Über die ich nicht richtig reden kann.»

«Wenn Sie bisher gute Erfahrungen damit gemacht haben, mit Ihren Freundinnen über Ihre Gefühle zu sprechen, wäre es vielleicht einen Versuch wert, auch über diese Ängste zu reden, oder?»

Helen sieht nach draußen. Sie wischt mit dem Taschentuch über ihre Handinnenflächen. Dann legt sie ihre rechte Hand in die linke, streicht mit den Fingern über den Handrücken. «Vielleicht.»

«So ein Gespräch wäre eine Möglichkeit, Ihren Glaubenssatz zu überprüfen. Und vielleicht können Sie danach einen neuen finden.»

Jetzt sieht Helen auf. «Wie meinen Sie das?»

«Na ja, es könnte beispielsweise sein, dass Ihre Freundinnen sehr verständnisvoll reagieren. Dann könnten Sie zu der Überzeugung kommen, dass Sie, auch wenn Sie intensive Gefühle zeigen, angenommen werden.»

Jetzt lächelt Helen ganz leicht durch ihre Tränen hindurch. «Ja, das wäre schön.»

Wir vereinbaren, dass sie dieses Gespräch ausprobiert und wir uns in zwei Wochen wiedersehen. Ich bin froh, dass Helen so entschieden ist, ihre Themen zu lösen. Auch wenn Bindungsstile und Glaubenssätze sich meist über Jahre entwickelt haben, ist es möglich, sie zu verändern. Aber dazu braucht es Bereitschaft. Und Vertrauen zu einem Therapeuten oder einer Therapeutin. Ich habe inzwischen Grund zu der Annahme, dass Helen mir vertraut. Und vielleicht schon die Erfahrung gemacht hat: Meine Gefühle sind in Ordnung, ich werde nicht verurteilt oder abgelehnt. Auch wenn man das selbstverständlich von einer Psychologin erwarten kann, stellt sich dieses Erleben nicht immer ein. Bei Helen zum Glück schon, sie nutzt die daraus entstehende Bestärkung sehr konstruktiv. Am Ende ist es natürlich nur ein winziger Teil einer Entwicklung, der innerhalb einer Therapiestunde geschieht. Das meiste passiert immer noch außerhalb. Im Alltag. Und vor allem durch die Klient:innen selbst, wenn sie - ohne Unterstützung - ins Handeln kommen. Dann erst geschieht Selbstermächtigung.

In den folgenden vierzehn Tagen denke ich nicht mehr über Helen nach. Ein gutes Zeichen. Ich lasse los und traue ihr zu, dass sie ihren Weg geht.

Helen kommt mit einer anderen Energie wieder. Ich merke es sofort an ihrem Händedruck, der eine sanfte Intensität hat, und daran, wie sie Platz nimmt: langsam und mit einer gewissen Selbstverständlichkeit. Sie trägt wieder die schwarze Marlene-Hose und diesmal hohe Schuhe.

Sie berichtet direkt von dem Gespräch mit ihren Freundinnen, das offenbar sehr gut gelaufen ist. Die beiden haben empathisch zugehört und ihr ganz klar zu verstehen gegeben, dass sie sie immer dabeihaben wollen und all ihre Gefühle und Ängste in Ordnung sind.

«Das hat mich berührt. Ich habe das so nicht erwartet», erzählt Helen.

«Und wollen wir einen neuen Glaubenssatz daraus formulieren?», ich lächle und zwinkere ihr zu. Sie lacht.

«Ja, bitte. Sehr gern.»

«Wie könnte er heißen?», frage ich. Ich glaube, Helen ist so weit, das jetzt selbst zu formulieren.

«Vielleicht: Wenn ich mich öffne, kann ich Nähe entwickeln und Verständnis erfahren.»

«Das klingt sehr schön und positiv», melde ich ihr zurück.

«Möchten Sie in Bezug auf Ihre Angst vor Ablehnung und Ausgeschlossensein vielleicht noch etwas anfügen?»

«In einer gesunden Beziehung kann ich Gefühle äußern und werde nicht abgelehnt oder ausgeschlossen.»

«Schön. Ist es für Sie so stimmig?»

«Ja.» Sie hält inne. Dann macht sie große Augen. «Nein! Die Dreier-Konstellation, die muss noch rein.» Helen scheint Spaß am Bilden neuer Glaubenssätze zu finden.

«In einer gesunden Beziehung kann ich Gefühle äußern und werde nicht abgelehnt oder ausgeschlossen», wiederholt sie. Ihre Stimme bleibt fest. «Auch in einer Dreier-Konstellation kann ich eine wichtige Rolle spielen.»

«Das klingt sehr gut, finde ich. Wie schön, dass Sie das so empfinden konnten, mit ihren Freundinnen», füge ich an.

«Ja. Sie waren wirklich sehr aufmerksam. Ich konnte mit ihnen sogar noch ein bisschen über meine Kindheit sprechen und ihnen sagen, woher meine Ängste kommen.»

Helen überrascht mich unentwegt. Manchmal gibt es solche rasanten Entwicklungen. Und es ist ein Geschenk, das mitzuerleben.

«Ich habe es in diesem Moment noch mal ganz deutlich gespürt», berichtet Helen weiter. «Ich konnte die Gefühle meiner

Eltern nie klar lesen, und ihr Verhalten war für mich nicht zu verstehen.»

«Das ist sehr herausfordernd für ein Kind», melde ich ihr zurück. «Denn als Kind ist man schließlich abhängig. Und wenn man keine Zuwendung wahrnimmt, sondern Ablehnung erfährt, ist das traumatisch.»

Helen nickt. Sie wirkt traurig. «Ich wollte deshalb unbedingt vermeiden, noch einmal in eine Situation zu kommen, in der jemand so mit mir umgeht.» Sie spricht leise.

«Das ist ja auch ein guter Beschluss», erwidere ich. «Und heute sind Sie erwachsen und wählen die Menschen, mit denen Sie eine Beziehung eingehen, sehr bewusst aus, auch in dem Wissen, diese Beziehungen jederzeit wieder beenden zu können. Das ist alles sehr gesund!»

Helen sieht auf ihre Hände hinunter. «Aber warum klappt es dann nicht?», fragt sie.

«Das sehe ich anders», erwidere ich. «Sie haben doch bereits gute Beziehungen geführt, und Sie führen intensive Freundschaften. Wenn Sie wieder jemanden treffen, der vertrauensvoll ist, können Sie sich vielleicht Stück für Stück auch wieder einlassen.» Ich denke wieder an die Slow-Love-Theorie und dass sie vielleicht doch zu Helen passt. «Vielleicht dürfen Sie sich dafür mehr Zeit geben?», schlage ich vor.

«Ja. Bestimmt brauche ich Zeit, um wirklich Vertrauen zu entwickeln.»

«Ein empathischer, liebevoller Mann wird Ihnen diese Zeit sicher geben. Es hilft wahrscheinlich, wenn Sie ihm das sagen.»

Helen schaut mich verwundert an. «Dass ich Zeit brauche?» Sie wischt sich mit dem Handrücken die Tränen ab.

«Ja!?»

«Ja, das macht Sinn. Ich habe nur gerade gedacht: So eine bin ich doch gar nicht. Aber vielleicht ja doch, und ich wusste es nur noch nicht.» Sie lächelt ihr halbes Lächeln. «Ist ja auch okay.»

«Wie geht es Ihnen jetzt, wenn Sie an eine Partnerschaft denken?»

Helen wiegt den Kopf hin und her. «So lala», antwortet sie.

«Denken Sie denn noch an den Mann mit seiner Tochter?»

Helen nickt und seufzt. «Ja, ich glaube, ich war nicht fair zu ihm.»

«Warum denken Sie das?»

«Ich habe ihm nicht die Chance gegeben, mich besser kennenzulernen. Vielleicht brauchte er auch nur Zeit.»

Was für ein schöner Gedanke. Helen ist jetzt wirklich erstaunlich konstruktiv. Ihre Ängste scheinen ihr immer bewusster zu werden. Und dabei schrumpfen sie.

«Ja. Das ist gut möglich», sage ich. «Eventuell ist er deshalb vorsichtig gewesen und wollte sich nicht zu schnell einlassen. Vielleicht hat er Ihnen so viel von seiner Tochter erzählt, weil er sich eine ernsthafte Partnerschaft wünscht und eine Partnerin, die auch sein Kind voll und ganz akzeptiert. Das wollte er möglicherweise erst mal herausfinden.»

Helen schaut nachdenklich. «Ja, das kann sehr gut sein.»

Das ist der Moment, in dem wir über Kinder sprechen sollten. Ich muss es nur sehr behutsam beginnen. «Wie geht es Ihnen denn mit dem Gedanken, dass ein Kind Teil der Beziehung wäre?»

Helen scheint nicht überrascht. «Eigentlich finde ich das eine schöne Vorstellung», sagt sie ganz ruhig. «Ich mag ja Kinder sehr.» Sie hat wieder diesen weichen Gesichtsausdruck.

«Gab es eigentlich einen konkreten Grund für Sie, keine eigenen Kinder zu bekommen?», höre ich mich fragen und sehe, wie Helen ganz leicht zusammenzuckt. War ich jetzt doch zu schnell?

«Ich weiß nicht», sagt sie. «Ich hatte eben nie so einen großen Wunsch danach. Also früher schon. Aber, ach, ich habe dann gedacht, das ist nichts für mich.»

«Das muss es natürlich auch nicht sein. Aber warum genau haben Sie das gedacht?»

Helen schlägt die Beine übereinander. Ihre Züge sind wieder härter: «Ganz ehrlich, ich glaube nicht, dass ich eine besonders gute Mutter wäre.»

«Was bringt Sie auf diesen Gedanken?»

Helen sieht nach draußen. «Wenn ich an meine Mutter denke.» Ihr Tonfall ist hart. «So etwas will ich einem Kind nicht antun.»

Es ist bemerkenswert, dass Helen äußerlich immer wieder in diese Abwehr geht, aber dennoch dabei bleibt, alle Fragen beantwortet, wirklich in sich zu gehen scheint.

«Das verstehe ich. Aber warum sollten Sie sich so verhalten wie Ihre Mutter?»

Sie sieht mich an. Es ist wieder dieser durchdringende Blick. Und mir wird immer klarer, dass Wut für Helen das einzige Gefühl ist, das sie gut ausdrücken kann. Es ist nicht schambesetzt. Durch den aggressiven Vater hat sie Wut oft erlebt und sie nicht wie andere Emotionen mit Bedürftigkeit verknüpft.

«Weil ich nicht gelernt habe, wie man sich mit Kindern besser verhält», antwortet sie. Ihr Ton ist eiskalt. Ich muss mich anstrengen, ihrer Stimme und ihrer Körperhaltung nicht zu viel Bedeutung beizumessen. Nur das zu nehmen, was sie sagt. Und ihre weiche Seite wieder anzusprechen.

«Aber wer sagt, dass Sie das nicht noch lernen können?», gebe ich zurück.

Jetzt sieht Helen für eine Sekunde fast verlegen aus. «Ja, vielleicht», sagt sie. Es klingt etwas sanfter.

Ich werde ihr nicht ersparen können, auch ihre größte Angst

anzusehen. «Sie haben ja noch von der Angst gesprochen, Ihre Mutter und auch Ihren Bruder wiederzusehen. Wollen wir dazu vielleicht noch eine Übung machen?»

Helen schluckt und sieht schnell auf ihre Hände. Sie schweigt. Habe ich sie jetzt verloren?

«Ich dachte an eine sehr einfache Übung. Mit einem Stuhl», erkläre ich. «Von der haben Sie sicher auch schon gehört.»

«Nein», sagt Helen. Sie klingt aggressiv, sieht mich nicht an.

«Habe ich Sie jetzt irritiert?», frage ich vorsichtig. «Wollen Sie lieber ein anderes Mal daran arbeiten?»

«Nein», erwidert Helen sofort. Dann sieht sie auf. «Ich möchte das machen. Ich habe einfach Angst.»

Menschen mit einem abweisend-vermeidenden Bindungsstil haben oft immense Hürden, sich ihren Ängsten zu stellen. Helen ist bis hierhin schon sehr weit gegangen. Und hat viele Gefühle zugelassen. Dass sie das nun auch angehen will, ist für sie ein sehr großer Schritt. Oft verdrängen Menschen ihres Bindungstypus unangenehme Emotionen einfach und vermeiden herausfordernde Begegnungen. Dadurch haben sie in der Regel weniger Leidensdruck als Menschen mit ängstlichem Bindungsverhalten. Und entsprechend weniger Drang, ihre Muster anzusehen und ihr Verhalten zu verändern.

Ich stehe auf und ziehe den grauen Sessel zu uns heran und setze mich wieder auf meinen, Helen gegenüber.

«Dann stellen Sie sich jetzt bitte vor, hier auf diesem Platz», ich zeige auf den grauen Sessel, «säße Ihre Mutter.»

Helen bewegt sich auf dem Sofa hin und her, richtet sich auf, streift ihre Hände an der Hose ab. «Okay», sagt sie.

«Denken Sie jetzt an Ihre Kindheit, an Ihre Mutter und ihr Verhalten.»

Helen schließt die Augen, atmet tief ein und aus.

«Wie geht es Ihnen?», frage ich vorsichtig.

Helens Züge sind angespannt. «Es macht mich wieder so wütend», presst sie zwischen den Zähnen hindurch.

«Das ist okay. Und sehr verständlich», entgegne ich. «Wie gesagt, das ist eine ganz natürliche Reaktion auf die Erlebnisse Ihrer Kindheit. Können Sie versuchen, daraus noch mal einen Satz an Ihre Mutter zu formulieren?»

Helen öffnet die Augen. «Ich habe eine riesige Wut, wenn ich daran denke, wie du mich früher behandelt hast.»

Sie schließt die Augen wieder. Dann klemmt sie ihre Hände erneut unter ihre Oberschenkel. Vielleicht ist das auch eine Geste zur Beruhigung?

«Lassen Sie alle Gefühle zu», bitte ich sie. «Und wenn Sie sich bereit fühlen, setzen Sie sich auf den grauen Sessel und nehmen die Perspektive Ihrer Mutter ein.»

Helen atmet noch mehrmals sehr tief ein und aus. Dann öffnet sie die Augen, steht langsam auf. Ihre Beine zittern leicht. Sie setzt sich in den grauen Sessel. Und atmet erneut tief ein und aus. Ich gebe ihr Zeit. Der Stuhl-Dialog kann herausfordernd sein. Aber diese Technik aus der Gestalttherapie hat erwiesenermaßen ein enormes Potenzial, Menschen bei der Arbeit mit ihren sogenannten unerledigten Angelegenheiten zu helfen. Eine amerikanische Untersuchung zeigte, dass die Technik ein geeignetes Tool ist, ungelöste emotionale Konflikte und belastende Gefühle anderen gegenüber loszulassen, ein tieferes Verständnis für die eigenen Empfindungen und Reaktionen zu entwickeln und Ursachen von Konflikten zu identifizieren. Nach der Arbeit mit dem Stuhldialog stellten die Studienteilnehmer fest, dass sich ihr Erleben bestimmter Personen und Situationen positiv veränderte, und ihr Selbstwertgefühl wuchs.[10]

Helen sitzt leicht nach vorne gebeugt und starrt auf die Wand über dem Sofa: «Ich habe mein Bestes gegeben», sagt sie. Ihre Stimme klingt völlig anders. Fast dünn.

«Stellen Sie sich vor, dass Ihre Mutter tatsächlich zu Ihnen spricht», fordere ich sie auf.

Helen nickt wieder. Ihr Blick richtet sich auf den Platz, auf dem sie selbst bis eben gesessen hat.

«Ich wollte immer, dass es dir und deinem Bruder gut geht.» Helens Stimme ist wirklich fremd. Sie scheint fast greisenhaft. Vielleicht geht sie wirklich in die Stimme ihrer Mutter. «Das war oft sehr schwer für mich. Wegen deines Vaters. Du hast nie gesehen, was für ein Druck das war. Ich musste doch alles ausgleichen.»

Helen atmet hörbar.

«Jetzt nehmen Sie, wenn Sie möchten, bitte wieder Ihren Platz ein», sage ich nach einer Pause, «und antworten Ihrer Mutter.»

Helen atmet noch mal lange aus. Dann wechselt sie die Plätze. Jetzt sitzt sie wieder aufrechter. Sie starrt vom Sofa aus auf den grauen Sessel. Ich kann nicht sagen, was sie empfindet. Ich sehe nur, dass sie noch Zeit braucht.

Nach einer Weile sage ich: «Sprechen Sie einfach aus, was Sie fühlen. Es gibt hier keine Wertung.»

Helens Lippen werden schmal, ihr Blick kalt. «Ja, vielleicht war das schwer für dich», sagt sie. «Aber du hättest uns beschützen müssen. Und das hast du nicht getan! Außerdem hast du dich nur um Mick gekümmert. Mich hast du einfach ignoriert.»

Ich warte wieder einen Augenblick. «Nehmen Sie jetzt noch mal die Perspektive Ihrer Mutter ein», bitte ich sie dann.

Helen setzt sich erneut auf den grauen Sessel. Diesmal weniger stark gebeugt.

«Ich habe versucht, euch zu beschützen.» Jetzt spricht Helen tonlos. «Ich habe ihn oft die halbe Nacht angefleht, euch nichts mehr anzutun. Und ich habe ihm gesagt, er soll mich schlagen. Aber auch das war nicht genug.» Sie hält einen Moment inne. Dann verkrampft sich ihr Gesicht. «Ich hatte auch keine Liebe», stößt sie hervor. Ihr Mund zuckt. Helen atmet noch mal lange aus. Dann geht sie zurück auf ihren Platz.

Jetzt verbirgt sie ihr Gesicht in den Händen. Ihr Oberkörper zuckt. Sie weint tonlos. Und lässt irgendwann die Hände sinken. Ihre Wimperntusche läuft wieder die Wangen hinunter. In den schmalen Flüssen, die sie hinterlässt, hat sich das Make-up aufgelöst.

«Ich wusste das nicht», sagt Helen mit zittriger Stimme. «Aber wenn du keine Liebe hattest, konntest du auch keine geben.» Nach einer Pause fügt sie an: «Ich frage mich nur, warum du Mick so viel Aufmerksamkeit geschenkt hast und mir keine.»

Sie steht ziemlich abrupt auf, setzt sich auf den Sessel. «Er war doch so kränklich. Er konnte nichts allein. Aber du, du konntest alles allein. Ich hatte so wenig Kraft. Und Mick hat so viel gebraucht.»

Helen atmet wieder tief ein und aus und geht zurück zu ihrem Platz auf dem blauen Sofa. «Ich konnte nicht alles allein!», sagt sie, und jetzt laufen ihr erneut die Tränen. «Ich war klein, ich habe dich gebraucht, du warst doch meine Mama. Du hättest für mich da sein müssen, auch wenn du wenig Kraft hattest, hätte da auch was für mich übrig sein müssen!»

Helen putzt sich die Nase. Dann erhebt sie sich wieder, setzt sich auf den Platz ihrer Mutter.

«Wie fühlt es sich gerade an, das von Ihrer Tochter zu hören?», frage ich sie. «Den Schmerz in Helen zu sehen, die Verzweiflung und die Einsamkeit Ihrer kleinen Tochter, die Sie so gebraucht hätte?»

Helens Blick ist jetzt wach, unruhig, suchend. Dann füllen sich ihre Augen wieder mit Tränen: «Es tut mir so leid, Helen», sagt sie mit zitternder Stimme. «Ich wünschte, ich könnte es noch einmal anders machen. Ich liebe dich doch auch. Ich wollte dir niemals das Gefühl geben, dass du unwichtig bist. Und dir niemals so wehtun ... Du bist doch mein kleines Mädchen mit den Sternaugen!» Jetzt weint Helen heftig. Ich reiche ihr ein neues Taschentuch, sie hält es sich vor das Gesicht und schluchzt.

«Ist das für Sie erst mal gut so?», frage ich. «Oder möchten Sie noch etwas sagen?»

Helen schüttelt den Kopf. Sie wischt sich über die Wangen. Dann trinkt sie aus dem Wasserglas, das für sie bereitsteht.

«Wie hat sich das angefühlt?», frage ich behutsam. «Was geht jetzt in Ihnen vor?»

Helen schnäuzt sich die Nase.

«Ich fühle mich gerade sehr müde», gibt sie zurück.

«Das kann ich sehr gut verstehen, das war sicher sehr anstrengend.»

«Helen stößt Luft durch die Lippen. «Ja. Mir ist alles wieder eingefallen. Ich habe meine Mutter nachts oft gehört, wenn sie versucht hat, mit meinem Vater zu sprechen. Und das Poltern ... Ja, wahrscheinlich hat er sie geschlagen. Ich glaube, sie war todunglücklich und hilflos.»

«Es ist gut, dass Sie das erkennen können», bestätige ich. «Ihre Mutter hätte Ihnen sicher mehr gegeben, wenn sie gekonnt hätte.»

Helen nickt langsam. «Ja, wahrscheinlich.»

«Gibt es noch etwas, das Sie jetzt anders sehen?»

Helen schaut nachdenklich auf das Wasserglas in ihrer Hand. «Ja», sagt sie dann. Ihre Stimme ist wieder fester. «Ich glaube, ich bin ganz anders als meine Mutter.»

Ich nicke. Was für eine wertvolle Einsicht! «Das glaube ich auch. Und wenn das so ist, ist es unwahrscheinlich, dass Sie sich als Mutter so verhalten würden wie sie, oder?» Ich lächle sie an.

Helen lächelt ihr halbes Lächeln. «Ja, rein logisch betrachtet stimmt das.»

Helen kam noch einige weitere Male, um sich auf das Wiedersehen mit Mutter und Bruder vorzubereiten. Und in der letzten Stunde sagt sie wie beiläufig, sie hätte den Mann noch einmal angerufen. Den Mann mit der Tochter. Sie hätten sich für nächste Woche zum Spazierengehen verabredet. Und sie hätte ein gutes Gefühl. Ich ehrlich gesagt auch. Egal wie das weitergehen würde: Dass Helen trotz ihrer Bindungsängste erneut auf diesen Menschen zugegangen ist, war der entscheidende Schritt. Und als ich ihren glücklichen Blick sehe, wird mir klar, dass diese Frau gerade eine große Wandlung durchmacht. Mutiger hätte sie kaum sein können.

CHARLOTTE UND NINA

«Nina schläft seit vier Wochen im Gästezimmer und redet nur noch das Nötigste mit mir!» Charlotte versucht offenbar sachlich zu bleiben, aber sie spricht gepresst. Dabei sitzt diese große blonde Frau auf der Couch wie auf einem Stuhl, absolut aufrecht. Ihre glatten Haare hängen kerzengerade herunter, die Spitzen liegen wie aufgeklebt auf dem Revers ihres Jacketts, das eine weiße Bluse mit Stehkragen umrahmt. Ihr ganzer Körper ist angespannt bis in die Fingerspitzen, die aus den vor ihrem Knie gefalteten Händen abstehen. Ihre weinroten, fast schwarzen Fingernägel ragen in die Luft wie Pfeile. Die Farbe ist sicher nicht zufällig die gleiche wie die ihres exakt sitzenden, matt schimmernden Hosenanzugs. Sie ist sehr schmal, und ihre Beine sind auffallend lang.

Ihre blaugrauen Augen sehen mich auffordernd an. «Ich habe die Therapie vorgeschlagen, weil es so nicht weitergehen kann», fügt sie an. «Und ich hoffe, Sie haben eine Idee, wie das hier zu lösen ist.»

Dieser Satz ist für mich immer eine Warnung. Hier ist Vorsicht geboten, ich muss aufpassen, weil die Klientin erwarten könnte, ich hielte hier die Lösung für sie in meiner Schreibtischschublade parat. Charlotte wirkt geradezu, als sei sie hier die Direktorin. Es scheint ihr noch nicht bewusst zu sein, dass es sie und ihre Frau sind, die die Arbeit machen müssen – obwohl ich das schon gleich zu Beginn der Sitzung ausführlich erläutert habe. Zudem kann ich mich des Verdachts kaum erwehren, dass Charlotte glaubt, Nina sei das Problem und sie selbst hätte gar nichts zur aktuellen Situation beigetragen. Aber das werde ich alles noch herausfinden. Doch erst mal zur Basis: Ich weiß nämlich noch nichts von Nina und habe auch noch keine Ahnung, was die eigentliche Problematik ist.

Ich schaue zu Nina, die schweigt und nicht so aussieht, als wollte sie daran bald etwas ändern. Sie sitzt zurückgelehnt, hält die Arme vor der Brust verschränkt. Ihr dunkler, weit geschnittener Blazer und die gerade Hose verstecken ihre weichen Rundungen nur bedingt. Aus ihrem Pferdeschwanz haben sich einige Strähnen gelöst, kastanienfarbene Locken, die ihr Gesicht umrahmen. Sie blickt seitlich zu Boden, weg von Charlotte.

«Was ist denn vorher passiert? Gab es einen Auslöser?», frage ich an Nina gewandt. Aber sie sieht nicht auf, bleibt bei ihrem Schweigen.

«Ja, den gab es», übernimmt Charlotte sofort wieder. «Wir hatten Streit, weil Nina sich wieder nicht hat helfen lassen.» Charlottes Ton ist streng. «Und nur weil ich ihr gesagt habe, dass das so nicht weitergeht und sie das endlich ändern soll, hat sie demonstrativ ihre Bettdecke geholt und ist ins Gästezimmer abgedampft!»

Die Anspannung zwischen den beiden ist merklich groß. Und es ist für mich fraglich, ob Nina überhaupt bereit für eine Paartherapie ist. Aber eins nach dem anderen. Charlottes Energie ist gerade zu präsent, um auf Nina eingehen zu können. Die muss ich erst einfangen. Und dabei hoffentlich ein paar brauchbare Informationen bekommen.

«Was meinen Sie damit?», frage ich Charlotte. «Wenn Sie sagen, dass Nina sich nicht helfen ließ? Worum ging es da?»

«Nina glaubt, sie müsse alles allein machen!», erklärt Charlotte, mit einem scharfen Blick in Ninas Richtung. «Und deswegen ist mal wieder alles drunter und drüber gegangen! Sie war total unter Zeitdruck, weil sie am nächsten Tag eine Präsentation hatte und unsere Tochter Geburtstag.» Charlotte schaut immer noch zu Nina, die nicht aufsieht. «Sie hat Geschenke verpackt und Kuchen gebacken und dazwischen noch vor ihrem Rechner gesessen und an der Präsentation gebastelt.» Charlottes Ton wird immer energischer. Ihre Hände reden mit. «Ich habe sie mehrmals gefragt, ob ich etwas übernehmen kann! Aber sie hat abgelehnt. Dann hat sie plötzlich auch noch Wäsche aufgehängt.» Charlotte nimmt die Hände über den Kopf. «Und auf einmal ist sie in die Küche gerannt, weil der Kuchen aus dem Ofen musste, und dann ist sie wieder derart hektisch gewesen, dass sie den Kuchen fallen gelassen hat!»

«Ich war nicht hektisch», sagt Nina jetzt. Ihre Stimme klingt tonlos. Sie bewegt sich nicht, schaut weiter zu Boden.

«Dann habe ich ihr gesagt», fährt Charlotte, nun an mich gerichtet und ohne Ninas Einwand zu beachten, fort, «dass das total unnötig war! Und nur passiert ist, weil sie sich nicht helfen lässt.» Jetzt sieht Charlotte erneut zu Nina, ihre Augen blitzen. «Ich hatte an dem Abend Zeit! Ich habe es angeboten! Aber sie muss unbedingt ihren Kopf durchsetzen. Und weil sie null strukturiert ist, geht dann alles schief, und ich muss die Situation wieder retten. Ich konnte nämlich am nächsten Morgen in aller Frühe eine Torte beim Bäcker organisieren, weil die Dame ja noch nicht fertig mit ihrer Präsentation war!»

Nina sitzt weiter bewegungslos da, reagiert nicht. Jetzt muss ich sie einbeziehen.

«Nina, wie haben Sie diese Situation erlebt?», frage ich.

Nina sieht langsam zu mir. Aber sie schweigt weiter. Sieht mich nur an, mit ihren hellbraunen Augen. Ich kann ihren Blick nicht lesen. Aber ich sehe eine Frau mit sehr viel Wärme, die sie zurückhält. Nach einer gefühlten Ewigkeit antwortet sie, wieder tonlos: «Es stimmt alles. Nur dass ich nicht hektisch war.» Und ich frage mich, ob diese Frau schon resigniert hat.

Charlotte atmet schwer: «Jedes Mal, wenn ich ihr helfen will, findet sie Ausreden, mein Angebot abzulehnen!», ruft sie. «Sie stößt mich weg! Und provoziert dann ein Desaster. Das macht sie extra! Sie will, dass es schiefgeht und sie wieder jammern kann. Denn dann steht sie ja allein da. Eigentlich brauche ich überhaupt nichts mehr anzubieten. Sie spielt ja immer das gleiche Spiel mit mir!»

Ich sehe zu Nina, die weiter nach unten schaut. «Können Sie sagen, warum Sie keine Hilfe von Ihrer Frau angenommen haben?», frage ich vorsichtig.

«Ich tue die Dinge lieber selbst. Es ist einfacher», antwortet sie, ohne aufzusehen. Nina wirkt tatsächlich wie nicht ganz anwesend. Und diese Antwort klingt nicht komplett.

«Was meinen Sie damit?», hake ich nach.

«Wie ich es sage: Es ist einfacher. Bevor man es erklärt, hat man es selbst getan.» Nina spricht weiter ohne jede Betonung. Ich verstehe, was sie sagt, und kenne diese Aussage von vielen Klient:innen, vor allem Müttern, aber ich spüre: Hier fehlt etwas.

«Sie lügt», blafft Charlotte dazwischen. Ihre Wut ist mit Händen zu greifen. «Das ist nicht der Grund! Sie vertraut mir einfach nicht! Sie denkt, ich sei nicht in der Lage, die Wäsche aufzuhängen oder ein Geschenk ordentlich zu verpacken. Meine Hilfe ist ihr nicht gut genug! Das ist es! Aber das will sie nicht zugeben. Nina sagt eben nicht, was sie denkt. Das ist ihr Problem! Und zwar schon lange!»

Dieser Ausbruch hat sicher gute Gründe. Und wahrscheinlich ist Charlotte verletzt. Aber sie geht in eine Art von Angriff, der sehr massiv ist. Sie unterstellt Nina im Grunde Manipulation. Und würdigt sie herab. Den anderen kleinzumachen, ja sogar vor anderen zu demütigen, um selbst besser dazustehen oder sich als Opfer zu inszenieren, sind sehr destruktive Verhaltensweisen. Charlotte scheint die Schuld wirklich komplett bei Nina zu sehen. Dennoch: Es ist zu früh, um Schlüsse zu ziehen. Möglicherweise ist das ein toxisches Verhalten. Aber um das sagen zu können, muss ich noch mehr erfahren. Diese Begrifflichkeit wird heute so inflationär gebraucht und dadurch natürlich auch oft falsch angewendet. Im digitalen Kosmos scheint jeder und alles auf einmal toxisch zu sein. Dabei muss man hier genau hinsehen. Der vermeidend-abweisende Beziehungstyp legt ein solches Verhalten beispielsweise auch oft an den Tag. Und überhaupt: Viele Menschen verhalten sich in Beziehungen immer wieder unbewusst auf ungesunde Weise und sind deshalb noch keine ‹toxischen Menschen›. Ich werde mich also nicht zu einem vorschnellen Urteil hinreißen lassen. Und Charlotte muss sich offensichtlich erst mal Luft machen. Dem werde ich jetzt Raum geben. Alles andere bringt noch nichts.

«Ich habe gehört, Sie glauben, dass Nina nicht ehrlich zu Ihnen ist, verstehe ich das richtig?», spiegle ich Charlottes Aussage.

«Ja, das ist sie nicht! Sie hat ein Problem mit ihrem Selbstbewusstsein. Und das wird langsam auch zum Problem zwischen uns.»

Ein weiterer großer Angriff. Nina starrt noch immer auf den Boden und schweigt. Ich muss kurz die Lage klären, damit Nina dabeibleibt.

«Nina, ich möchte jetzt gerne zunächst genauer verstehen, was Charlotte so aufbringt. Und anschließend möchte ich Ihnen ebenfalls Raum geben, Ihre Sicht und Gefühle zu äußern. Ist das in Ordnung für Sie?»

Nina nickt, ohne aufzusehen.

«Charlotte, bitte lassen Sie mich das etwas besser nachvollziehen. In welchen Situationen empfinden Sie, dass Nina Ihnen nicht die Wahrheit sagt, und was hat das mit ihrem Selbstbewusstsein zu tun?»

«Also, es gab dieses Wochenende», legt Charlotte sofort los. «Es war geplant, dass ich mit Freunden segeln gehe. Ich mache so was nie! Nina fährt regelmäßig auf Yoga-Retreats und Fastenwandern und solche Sachen. Sie hat mich ewig gedrängt, mir auch mal eine Auszeit zu nehmen, mir das zu gönnen, das sei doch wichtig!» Charlotte spricht laut und gestikuliert dabei wild. «Dann habe ich das gebucht, und sie meinte noch, sie würde mich sicher sehr vermissen. Aber an dem Tag, als ich losgefahren bin, hat sie gefragt, ob ich mich auf diese Zeit für mich freue, und als ich ‹Ja› gesagt habe, meinte sie plötzlich: ‹Ich mich auch!› Wieso musste sie mir das dann auf einmal reindrücken?!? Wo sie doch vorher behauptet hatte, das wäre endlich mal was für mich und ich würde ihr fehlen: stimmte alles nicht!»

Es kommt gar nicht so selten vor, dass eine Partnerin oder ein Partner relativ alltägliche Dialoge oder Verhaltensweisen dramatischer empfindet, als sie eigentlich sind. Das Gefühl habe ich auch bei Charlotte gerade. Sie scheint Ninas Aussage sogar als fundamentalen Angriff wahrzunehmen und sieht sich als Opfer.

«Haben Sie anschließend über diese Situation gesprochen?», frage ich.

«Ja, das haben wir besprochen.» Charlotte hat jetzt einen strengen Blick. «Und Nina hat das auch eingesehen! Und sich entschuldigt. Aber sie macht diese Dinge ja immer wieder. Sie ist einfach nicht ehrlich zu mir und sagt nicht, was sie wirklich denkt!»

Bei allem Verständnis für die Verletzung: Charlotte legt da etwas stark Erzieherisches an den Tag. Und der Rückzug von Nina erklärt sich mir langsam.

«Nina, wie empfinden Sie das?», frage ich und hoffe, dass sie die Chance nun nutzt.

Nina sieht mich an. «Ja, da habe ich mich entschuldigt», sagt sie. Wieder ohne Emotion. «Aber nur, weil Charlotte nicht lockergelassen hat.»

«Ich fasse es nicht!», grätscht Charlotte dazwischen. «Das war also auch wieder gelogen!» Sie sieht mich an, ihre Augen funkeln: «Verstehen Sie langsam, was ich meine?»

Ich verstehe vor allem, dass das gerade in eine Sackgasse führt. Ich muss Charlotte irgendwie einfangen. Es ist verständlich, dass sie mit heftigen Gefühlen auf Ninas Mauern reagiert. Es könnte eine typische Dynamik von Verfolgung und Rückzug sein. Es scheint fast auf der Hand zu liegen. Je mehr Nina sich zurückzieht, desto mehr geht Charlotte auf Angriff. Und umgekehrt. Dennoch: Hier gibt es eine Vorgeschichte, und die muss ich verstehen, sonst kann ich den beiden nichts anbieten. Und ich vermute, Nina ist gar keine klassische Rückzüglerin. Da steckt mehr dahinter.

«Okay», sage ich und wende mich erst mal wieder an Charlotte. «Danke, dass Sie mir Ihren Eindruck von der aktuellen Problematik so ehrlich geschildert haben.» Dann sehe ich Nina an. «Bevor wir die momentane Situation weiter vertiefen, möchte ich Ihnen noch ein paar Dinge über meine Arbeit und mein Vorgehen sagen, damit Sie für sich herausfinden können, ob das für Sie auch passt. In Ordnung?»

Ich sehe beide fragend an. Sie nicken.

Ich erläutere noch einmal eingehend die emotionsfokussierte Therapie und dass es darum geht, die tief sitzenden Emotionen zuzulassen und dem Partner zu zeigen. Und ich betone, dass es entscheidend ist, ob beide bereit sind, sich zu 100 Prozent einzubringen und gemeinsam an der Beziehung zu arbeiten. Sie nicken. Ich bin unsicher, ob das alles tatsächlich angekommen und ein echtes Commitment ist. Aber erst mal akzeptiere ich es.

«Zunächst würde ich gerne noch ein wenig über Ihre Beziehung erfahren, um auch die aktuelle Situation besser einordnen zu können. Einverstanden?» Ich sehe bewusst beide nacheinander an. Sie nicken erneut. «Wie haben Sie sich kennengelernt?», frage ich.

Nina sieht zur Seite, es scheint, als würde sie jetzt das Sideboard inspizieren. Charlotte holt Luft: «Ich habe Nina in einer Bar angesprochen», berichtet sie, und es wirkt, als wäre sie stolz darauf. «Sie hat sich sehr lange geziert. Ich habe sie bestimmt achtmal zum Essen ausgeführt. Aber irgendwann ist sie dann endlich mit mir nach Hause gegangen.» Jetzt lächelt Charlotte ganz leicht. Und ich sehe ihre schneeweißen Zähne.

«Und wie lange sind Sie jetzt schon zusammen?», frage ich weiter.

«Neun Jahre», antwortet Charlotte direkt. «Und vor sechs Jahren haben wir Etienne bekommen.» Sie zeigt auf ihre Frau. «Also Nina hat Etienne bekommen. Wir hatten eine künstliche Befruchtung.»

Ich frage, was die beiden beruflich machen und wie sie die Aufgaben im Haushalt und mit ihrer Tochter aufgeteilt haben. Nicht weiter überraschend: Charlotte übernimmt den Bericht wieder allein, Nina betrachtet meine Bücher. Sie hätte eine Führungsposition in einem DAX-Unternehmen, erklärt Charlotte, Nina sei gerade erst wieder in ihren alten Job als Assistenz der Geschäftsführung in einer Pharmafirma eingestiegen. Nina hätte bis dahin die Kinderbetreuung und den Haushalt komplett übernommen. Charlotte mache am Wochenende den Großeinkauf. Und sie kümmere sich um alles Finanzielle, mache die Steuer für beide und betreue die Aktien. Wenn sie ausgehen wollten, bestellten sie einen Babysitter, davon gäbe es vier. Jetzt, wo Nina wieder arbeitet, wolle Charlotte außerdem eine Putzfrau engagieren und am liebsten eine Haushaltshilfe, die auch Etienne nachmittags betreut. Doch Nina wolle das partout nicht.

Nina schweigt die ganze Zeit. Ich habe noch nichts über das erfahren, was die beiden verbindet. Überhaupt noch nichts wirklich Persönliches. Und ich bin wieder einmal überrascht, wie lange manche Menschen in einer Therapiesitzung sein können, ohne sich zu zeigen.

«Was schätzen Sie an Nina besonders?», frage ich Charlotte. Und sehe ein Zucken in ihren Augen. Die Frage scheint sie zu verunsichern. Sie nimmt das Glas, das ich für sie auf dem kleinen Tisch neben dem Sofa bereitgestellt hatte, in die Hand, betrachtet das Wasser darin, schwenkt es wie ein Cognac-Glas. Und ich merke, dass meine Sympathie für diese Frau nicht gerade zunimmt.

«Ihre Fürsorge», sagt Charlotte dann. «Wie sie mit Etienne umgeht, ihre Kreativität, sie macht wirklich besondere Geschenke. Ja, das kann sie.» Worte der Wertschätzung, ja, nur der Ton und Charlottes Blick geben ihnen eine unschöne Note. Sie wirken gönnerhaft. Nicht auf Augenhöhe.

Ich warte einen Augenblick. «Gibt es noch etwas? Was hat Sie am Anfang am meisten an Nina begeistert?»

Charlotte stellt das Glas langsam ab, wechselt die Beinüberschlagung und stülpt die zusammengefalteten Hände wieder um das Knie. «Ihre Aufmerksamkeit», sagt Charlotte und sieht Nina jetzt an. «Sie ist ein sehr zugewandter Mensch.» Charlotte lächelt ein bisschen zu viel. Eigentlich war auch das eine schöne Rückmeldung. Nur leider ohne jedes Gefühl. Es ist nicht zu erwarten, dass Nina eine emotionalere Mitteilung auf diese Frage hat. Wenn sie überhaupt etwas antwortet. Es scheint fast überflüssig, zu fragen. Aber sie weiß, dass diese Therapie beendet sein wird, bevor sie begonnen hat, wenn sie bei ihrer Haltung bleibt.

«Nina, wie ist das bei Ihnen?», frage ich mit bewusst weicher Stimme. «Welche Eigenschaften sind für Sie an Charlotte wertvoll?»

Nina starrt weiter auf den Boden und schweigt. Dann sieht sie mich an.

«Ich weiß nicht, was das hier gerade bringen soll.» Ihre

Stimme ist noch immer tonlos, aber ihr Blick ist wacher. «Charlotte stellt mich hier als die einzig Schuldige dar. Das macht sie immer.» Jetzt klingt Nina genervt. «Es war irgendwann völlig egal, was ich tue. Und deshalb brauche ich Abstand. Ist das so schwer zu verstehen?»

«Ha!», ruft Charlotte, «natürlich, das muss man doch verstehen! Dass die arme missverstandene Nina jetzt mal Rückzug braucht!» Charlotte hält für eine Sekunde inne. Dann presst sie zwischen den Zähnen hervor: «Du hattest deinen Rückzug jetzt vier Wochen lang! Jetzt ist mal Schluss damit!» Charlottes Wut ist überdeutlich. Ich befürchte leider immer mehr, es doch mit einer Person zu tun zu haben, die stark manipuliert, und bei Nina mit einer Partnerin, die sich innerlich schon getrennt hat. Dann habe ich kaum eine Möglichkeit, ihnen zu helfen. In einer Paartherapie rate ich nicht zur Trennung. Das müssen die beiden selbst herausfinden. Aber sie müssen sich committen, um ihren Gefühlen auf den Grund zu gehen. Ich weiß noch immer nicht, ob sie dazu bereit sind. Wenn nicht, ist das Ganze hier sinnlos.

«Ich muss Sie an der Stelle noch mal unterbrechen», sage ich und versuche Ruhe auszustrahlen, obwohl ich spüre, dass meine Nerven bereits strapaziert sind. «Wenn Sie beide eine gemeinsame Lösung finden möchten, ist es wichtig, dass sie einander zumindest zuhören und erst mal davon ausgehen, dass jede gute Gründe für ihr Verhalten hat. Und, wie ich ja schon erläutert habe, geht es hier darum, diese Gründe und die dazugehörigen Emotionen und Bedürfnisse aufzuspüren und zuzulassen. Es gibt kein Richtig und Falsch. Die wichtigste Frage lautet: Was ist für unsere Beziehung am hilfreichsten?»

Charlotte streift ihre Anzugjacke glatt. Dann fährt sie mit der flachen Hand über ihre Haarspitzen. Nina setzt sich etwas aufrechter hin. Für einen Moment wirken sie wie zwei Teenager, die beim Rauchen erwischt wurden.

«Mein Eindruck ist, dass Sie beide in einem Schutzprogramm feststecken. Sie tragen einen Panzer, der Sie vor Verletzung bewahren soll. Durch den dringt aber leider auch nichts anderes mehr zu Ihnen durch.» Ich sehe Nina an. «Sie befinden sich im Rückzug. Das ist Ihr Schutzprogramm. Und natürlich haben Sie gute Gründe dafür. Aber wenn Sie dort bleiben, verlassen Sie Charlotte auf lange Sicht. Dann muss ich Sie fragen, warum Sie noch hier sind, in dieser Therapie?»

Nina sieht mich irritiert an, als hätte sie geglaubt, sie könne hier wirklich stumm die Zeit absitzen.

«Ich habe wenig Hoffnung», sagt sie jetzt, und das erste Mal ist spürbar, dass sie das empfindet, was sie sagt. «Aber ich wollte es versuchen.» Sie sieht jetzt vorsichtig zu Charlotte. Diese blickt aus dem Fenster, dann zu mir: «Ich denke auch, dass Nina sich jetzt öffnen muss.»

«Aus meiner Sicht *muss* hier niemand etwas, Charlotte», erwidere ich freundlich, aber bestimmt. Ob diese Frau wirklich in der Lage ist, von ihrem hohen Ross zu steigen und ihr herabwürdigendes Verhalten zu erkennen, wage ich zu bezweifeln.

«Na ja, ich denke, Sie wissen auch, dass das Ninas Problem ist?», merkt Charlotte jetzt bissig an.

Wow, jetzt geht sie auch bei mir auf Angriff. Aber darauf werde ich mich nicht einlassen. «Ich denke, dass es hier um eine Dynamik geht, zu der Sie beide Ihren Teil beitragen», kontere ich ruhig.

«Ja, bestimmt, ich habe sicher auch Muster», gibt Charlotte zurück. «Aber die sollten Sie ja erkennen und mir spiegeln. Sie sind ja schließlich die Expertin!»

Ich atme ganz bewusst ein und aus und sehe auf die Uhr. Gott sei Dank ist diese Stunde vorbei. Ich gehe nicht auf Charlottes Hinweis ein und sage nur, dass sie alles bitte in Ruhe überdenken sollen und dann entscheiden, ob sie diese Therapie bei mir machen möchten. Ich lasse nicht unerwähnt, dass auch ich darüber immer noch mal eine Nacht schlafe. Wir verabschieden uns. Und ich merke, dass mich das wirklich Kraft gekostet hat. Die letzten Bemerkungen von Charlotte gehen mir extrem nach. Ob sie mich so infrage gestellt hat, weil sie sich von mir bedroht fühlt? Ich denke darüber nach, ob mich der letzte Satz getroffen hat, weil ich an dieser Stelle selbst an mir zweifle. Hätte ich Charlotte bereits mehr spiegeln sollen? War ich zu zurückhaltend? Zu vorsichtig? Aber nein, es war zum einen erst die erste Sitzung, und zum anderen spiegle ich Muster nicht, indem ich sie als solche benenne, ich melde vielmehr zurück, was mir auffällt. Aber dazu braucht es eine gewisse Basis, und die war heute noch nicht gegeben. Warum greift mich das trotzdem so an?

Als ich später auf dem Heimweg in der Straßenbahn stehe und eine Horde Schulkinder zusteigt, wird mir klar, warum mir das so nahegeht. Immer seltener, aber doch ab und zu, tauchen sie auf: meine Versagensängste. Sie sind uralt. Ich weiß noch, dass mich der Tag der Zeugnisausgabe und all diese Noten auf dem Papier schon in frühester Grundschulzeit sehr gestresst haben. Ich hatte immer Angst, irgendwo versagt zu haben. Meine Mutter hat versucht, mir diese Angst auf verschiedenste Arten zu nehmen. Zum Beispiel, indem sie ein Ritual etablierte, das mir einen geschützten Rahmen bot: Wir sind an dem Tag dann immer ins Restaurant gegangen, wodurch der Fokus nicht mehr auf dem Zeugnis und mir lag, sondern eher auf dem gemeinsamen Essengehen von Mutter und Tochter. Das Verrückte bei allem ist aber, dass ich bis heute nicht weiß, woher diese Angst kam. Meine Mutter hat mich niemals barsch kritisiert oder war in irgendeiner Form jemals enttäuscht von mir. Im Gegenteil: Sie hat immer etwas Positives aus allem gezogen und mir immer gezeigt, dass ich toll war.

Als ich aus der Straßenbahn aussteige, rennen die Schulkinder an mir vorbei und grölen. Warum hat ein Kind Versagensangst und ein anderes nicht? Vor allem, wenn das familiäre Umfeld dazu keinen Grund gibt. Ich habe in diesem Moment wirklich keinen Schimmer. Zu Hause bin ich zum Glück erst mal abgelenkt durch meinen übermüdeten Sohn, der erst nicht essen und dann nicht einschlafen will. Am Abend telefoniere ich mit Jelena, die auch Psychologin ist. Ich erzähle ihr von Charlottes Bemerkung und meinen Selbstzweifeln. «Vielleicht kommt deine Versagensangst genau daher, dass du versagen gar nicht kennst», sagt Jelena. «Weil du das nie erlebt hast, fürchtest du dich möglicherweise so davor. Du hast ja quasi nie gelernt, damit umgehen zu können und dass die Welt gar nicht untergeht.» Ein ziemlich guter Ansatz, denke ich. Und beschließe, dass ich mich von dieser Angst und Charlotte nicht einschüchtern lassen werde.

Drei Tage später teilt mir Charlotte per Mail mit großer Überzeugung mit, sie wären «ganz klar entschieden», weiterzumachen. Als die beiden kurz darauf erneut vor mir sitzen, scheint es so, als wäre alle Anspannung verflogen. Charlotte berichtet, dass sie und Nina einige gute Gespräche geführt hätten. Nina hätte auch zugelassen, dass Charlotte ein paar Dinge im Haushalt übernimmt. Und sie würden beide merken, dass das Vertrauen wieder wachse. Es klingt traumhaft. Und ich denke, wie immer in diesen Situationen, an Alec Baldwin, der in *To Rome with Love* sagt: «Wenn etwas zu schön ist, um wahr zu sein, ist es das wahrscheinlich auch!» Manchmal treten in Beziehungen große Umschwünge auf. Von extremem Streit oder Kälte katapultieren sich die Partner:innen von jetzt auf gleich in eine Art Lalala-Land. Oder umgekehrt. Beides ist nicht gesund und meist auch nicht von Dauer.

Um zu schauen, wo sie wirklich stehen, und ihnen mehr Raum zu geben, werde ich heute mit den beiden direkt ins Handeln gehen. Nachdem wir uns geeinigt haben, aufs Du umzusteigen, erkläre ich ihnen eine Übung aus der Akzeptanz- und Commitment-Therapie, in der es darum geht, die Werte beider Partner zu eruieren. Das heißt, einmal die Werte jedes Einzelnen und zum anderen die Werte als Paar. Das dient dazu, sich dieser wieder bewusst zu werden und vor allem bei Auseinandersetzungen die Perspektive auf das große Ganze einnehmen zu können. Damit es leichter fällt, sich klarzumachen, wie man tatsächlich seinen Zielen entsprechend handeln *möchte*. Anstatt rein aus dem Impuls heraus zu agieren, der oft von akuten Emotionen und nicht von den übergeordneten Werten geleitet ist. Ich erkläre Charlotte und Nina, dass die Chance auf ein erfülltes Leben und ein konstruktiver Umgang mit psychischem Leid durch das Handeln nach den eigenen Werten deutlich höher liegen, als wenn wir uns von Symptomen oder negativen Gedankenmustern steuern lassen. Und ich erzähle ihnen von einer Studie, der zufolge übereinstimmende Werte, die sich auf Lebensziele, Rollenverständnisse und die Einstellungen zu Arbeit, Freizeit und Kindererziehung beziehen, zu einer höheren Beziehungszufriedenheit führen als ähnliche Persönlichkeitsmerkmale.[1]

Charlotte und Nina sind jetzt viel präsenter, wirken nachdenklich. Sie sind einverstanden mit der Übung, und ich bitte sie, zunächst ihre eigenen Werte herauszufinden. Dafür gebe ich ihnen ein Papier mit einigen Fragen: Was ist mir im Leben und in meiner Beziehung besonders wichtig? Wofür sollen mein Leben und meine Beziehung stehen? Worauf könnte ich niemals verzichten? Was würde ich auf keinen Fall tun? Was bringt mich auf die Palme? Was will ich für eine Partnerin sein? Welche Beziehungsqualitäten habe ich? Welche Charakterstärken möchte ich entwickeln?

Die beiden lesen aufmerksam alles durch, denken offenbar beide in Ruhe nach. Charlotte notiert zuerst etwas, dann auch Nina.

Nach einer Weile sage ich: «Und jetzt stellt euch bitte vor, ihr seid glücklich und gesund zusammen alt geworden. Und feiert heute euren 50. Jahrestag. Ihr sitzt gemeinsam an eurem Lieblingsort, schaut euch in die Augen und beginnt euch zu erzählen, was ihr an eurer Beziehung am meisten schätzt, was euch immer wichtig war, was eure Beziehung zu der gemacht hat, die sie war: also die gemeinsamen Werte, nach denen ihr gelebt habt.»

Nina sieht mich mit großen Augen an. Sie wirkt berührt. Charlotte schaut auf ihr Papier und schreibt sogleich. Als auch Nina etwas notiert hat, spreche ich sie an: «Möchtest du beginnen?»

Nina sieht mich für einen Moment erstaunt an. Dann nickt sie. «Meine Werte sind Fürsorge, Vertrauen, Sicherheit, Respekt und Nachsicht», sagt sie. Und nach einer Pause: «Ich glaube, dass ich mich in einer Beziehung noch mehr öffnen kann. Aber dazu brauche ich Vertrauen und Sicherheit. Und beides gebe ich auch. Schuldzuweisungen sind für mich ein Tabu, und ständige Kritik finde ich destruktiv.»

Ich bin überrascht, dass Nina so klar ist. Es wirkt im wahrsten Sinne selbstbewusst.

«Okay. Und was siehst du als die gemeinsamen Werte eurer Beziehung? Auf die ihr am 50. Jahrestag zurückschauen könnt?», hake ich nach.

Nina atmet tief ein und aus. «Ich glaube, Vertrauen und Respekt sind eigentlich auch Werte von Charlotte. Früher gab es Wertschätzung zwischen uns. Am Anfang haben wir uns ganz oft gesagt, was wir am anderen schätzen. Das hat Respekt und Vertrauen erzeugt. Jetzt gibt es das nicht mehr, sondern nur noch Kritik.»

«Wie siehst du das, Charlotte?», frage ich.

Sie nickt. «Ja, am Anfang gab es viele Komplimente», bestätigt sie. «Aber ist das nicht normal, wenn man sich gerade erst kennengelernt hat?»

«Die Frage ist nicht, was normal ist, sondern was für euch beide wichtig ist», gebe ich zu bedenken. «Die Forschung zeigt übrigens, dass Dankbarkeit soziale Bindungen stärkt. Man hat festgestellt, dass Menschen, die in Beziehungen Dankbarkeit empfinden, auch eher zu einem Verhalten neigen, das die Beziehung festigt, und dies wiederum weitere dankbare Handlungen beim Gegenüber hervorruft.[2] Aber davon abgesehen: Für Nina ist Wertschätzung offenbar sehr wichtig, um Vertrauen zu haben. Richtig?» Ich sehe noch mal zu Nina.

Sie nickt. «Ja, aber es geht nicht um Komplimente, sondern darum, dem anderen zu zeigen, dass man ihn schätzt. Früher hat Charlotte oft Danke gesagt dafür, dass ich mich fast allein um Etienne kümmere. Oder mir ab und zu einen Zeichenstift mitgebracht oder Blumen.»

Charlotte wirkt irritiert. Oder ist das Unsicherheit?

«Wie geht es dir, wenn du das von Nina hörst?», frage ich direkt.

Charlotte bläst die Backen auf. Dann stößt sie die Luft aus. «Ich weiß nicht. Ja. Also, das stimmt natürlich», bestätigt sie. Doch dann verdunkelt sich ihre Miene. «Aber wenn ich das Gefühl habe, meine Partnerin belügt mich, habe ich auch keine große Lust, ihr Geschenke zu machen!» Ihr Blick ist wieder vorwurfsvoll. Und ich denke: Jetzt bitte auf keinen Fall wieder zurück in den Kreislauf! «Okay, bevor wir das vertiefen», sage ich, «möchtest du uns erst einmal deine Werte nennen, Charlotte?»

Charlotte nickt. Sie hat ihr Blatt auf dem kleinen Tisch abgelegt und spricht frei.

«Sicherheit, Vertrauen, Respekt. Aber eben auch Ehrlichkeit und Verantwortung.»

«Okay. Und welche Werte würdest du als die Kernwerte eurer Beziehung sehen?», frage ich noch einmal an Charlotte gewandt.

Sie sieht auf ihre Hände. «Vertrauen und Sicherheit.»

Ich warte einen Augenblick. Denn ich glaube, Charlotte hat noch mehr dazu zu sagen.

«Eigentlich war ich mir in unserer Beziehung immer sicher», fügt sie dann an, «dass wir uns zu 100 Prozent aufeinander verlassen können. Dass keine fremdgeht, dass keine einfach abhaut, dass wir immer füreinander da sind, wenn es Schwierigkeiten gibt. Und, das ist zwar alles noch so. Aber ich fühle mich nicht mehr sicher. Wenn ich das Gefühl habe, Nina ist nicht ehrlich, kann ich nicht mehr sicher sein.»

Auch wenn Charlotte sich noch nicht komplett in ihren Emotionen zeigt: Sie öffnet sich. Damit hatte ich nicht gerechnet. Und Nina wohl auch nicht. Sie sieht Charlotte mit großen Augen an.

«Das habe ich nicht gemerkt», sagt sie leise. «Du wirkst immer in allem so sicher.»

Charlotte holt tief Luft. Sie sieht auf ihre Hände. «Ja, das ist auch mit vielen Dingen so», sagt sie. Dann sieht sie wieder nach draußen. Ihre Stimme wird erneut hart. «Aber mit dir fühle ich mich schon lange nicht mehr sicher.» Charlotte bewegt die verschränkten Hände hin und her und knackt mit den Fingergelenken. Ich frage mich, ob das Selbstschutz ist oder eine Taktik, um Nina zu verunsichern. Auf jeden Fall erzeugt sie nach dem kurzen Moment der Nähe umgehend wieder Distanz.

Nina blickt wieder zu Boden.

«Es ist gut, dass du deine Unsicherheit aussprichst, Charlotte», melde ich ihr zurück, um diesem Part noch mal Nachdruck zu verleihen. «Und wir können auf jeden Fall festhalten, dass Vertrauen für euch beide ein zentraler Wert eurer Beziehung ist. Nina, du hast noch Respekt genannt, und du, Charlotte, nun Sicherheit. Wie geht es euch mit diesen Werten? Sind sie auch für die jeweils andere wichtig?»

Nina nickt. Charlotte sieht wieder auf ihre Hände. «Ja, für mich auch», antwortet sie.

«Sehr gut. Also ist es euch beiden auch wichtig, nach diesen Werten zu handeln, oder?» Beide nicken. «Wie wäre es, wenn ihr euch diese Werte auf einen Zettel notiert und ihn euch zum Beispiel an den Spiegel hängt. Dann erinnert ihr euch täglich daran. Und wenn ihr das nächste Mal in eine Auseinandersetzung geratet, könnt ihr euch ins Bewusstsein rufen: Vertrauen, Sicherheit und Respekt sind unsere gemeinsamen Werte - wenn ich danach handeln möchte, was ist dann in diesem Moment hilfreich? Wenn wir in einer starken Emotion feststecken, sind wir oft von anderen Dingen geleitet. Und das müssen wir in unser Bewusstsein holen und innehalten, um uns ganz bewusst zu einem anderen Verhalten zu entschließen!»

Die beiden nicken. Ich merke, die Sache ist dennoch weiter herausfordernd für mich. Sie geben sich Mühe, aber sie sind zwischenzeitlich auch sehr passiv und gehen immer wieder zurück in ihren Selbstschutz.

Charlotte fährt mit der flachen Hand über ihre Haare. «Ich möchte noch mal betonen, dass das Gefühl der Sicherheit für mich durch Ehrlichkeit entsteht», setzt sie auf einmal nach. «Ehrlichkeit ist für mich unabdingbar.»

Mein Verdacht, dass sie sich nicht richtig zeigen will und die Sache hier stark kontrollieren möchte, hat sich noch nicht aufgelöst. Und ich halte es für möglich, dass sie Dinge aus strategischen Gründen sagt und die Situation immer wieder dahingehend manipulieren will, Nina als das einzige Problem darzustellen. Sicherlich macht es am meisten Sinn, noch einmal tiefer zu graben, so anstrengend es gerade ist.

«Ja, Ehrlichkeit ist natürlich ein wichtiger Punkt, Charlotte. Sie ist für viele Beziehungen ein essenzieller Faktor. Ich frage mich nur gerade, warum es dir in dem Moment, in dem ihr herausgefunden habt, dass ihr die gleichen Werte in eurer Beziehung teilt, so wichtig war, das jetzt noch einmal zu betonen?»

«Weil es für mich eben zum Kern der Beziehung gehört», antwortet Charlotte etwas schnippisch.

«Kern ist ein gutes Stichwort», sage ich, bemüht sanft. «Ich würde euch gerne noch ein Modell aus der emotionsfokussierten Therapie vorstellen und mit euch damit arbeiten. Okay?» Ihre Blicke sagen Ja.

«Das Modell ist von meinem Kollegen Matthias Angelstorf, den ich sehr schätze, und nennt sich die Zwiebel von Paarproblemen», erkläre ich. «Es geht dabei um die verschiedenen Schichten der Problematik. Und ich würde gerne mit jeder von euch durch diese Schichten gehen.» Ich schaue sie noch einmal fragend an.

«Okay, bitte», sagt Charlotte. Nina nickt.

Ich mache eine Faust und halte sie nach oben. «Also, im Kern liegt unsere Sehnsucht nach Liebe und Verbindung», erläutere ich. «Auf einer nächsten Schicht sind wir nicht mehr komplett in diesem Gefühl, sondern empfinden Angst, Verletzlichkeit oder verhalten uns zu selbstlos.» Ich lege die andere Hand um die Faust. «Darüber kommt die Ebene, in der wir negative Muster zeigen, vor allem Schutzmechanismen. In der nächsten Schicht tauchen Misstrauen und Machtkämpfe auf, und die Schwierigkeiten wachsen. Und ganz oben, an der Oberfläche, ist die letzte Schicht: Chaos. Man sieht nur noch einen Wust an Problemen.»

Charlotte und Nina schauen mich jetzt interessiert an. Aber Charlottes Züge wirken weiterhin hart, Nina hält die Arme vor der Brust verschränkt.

«Ich gebe euch mal konkrete Beispiele für jede Schicht», fahre ich fort. «Im Kern, also auf der Bindungsebene, wissen wir: ‹Ich bin emotional an dich gebunden und sehne mich nach Liebe mit dir.› Auf der Ebene darüber denken wir dann aber zum Beispiel: ‹Meine Verletzlichkeit macht mir Angst, daher verstecke ich mich lieber und fokussiere mich auf deine Bedürfnisse.› Wenn wir uns auf der Schutzebene befinden und im Misstrauen sind, gibt es meist die Überzeugung: ‹Warum soll ich dir etwas Gutes tun, wenn du mich so schlecht behandelst?›» Charlotte und Nina hören aufmerksam zu. «In der Situation von Misstrauen und Machtkämpfen ist meist der Gedanke vorherrschend: ‹Ich bin dir egal. Ich mache jetzt nur noch, was ich will.› Und auf der Chaosebene folgt schließlich das Gefühl: ‹Ich weiß gar nicht mehr, worum es eigentlich geht. Wir haben so viele Probleme!›»

Die beiden sehen mich weiter an. Wartend.

«Ich würde gerne mit euch gemeinsam schauen, auf welcher Ebene sich jede von euch gerade befindet. Was meint ihr dazu?»

Charlotte wechselt die Beinüberschlagung. «Gut», erwidert sie. «Können wir machen.»

Ich schaue zu Nina. «Okay», sagt sie und nimmt die verschränkten Arme nach unten. Immerhin.

«Charlotte, ist es in Ordnung, wenn wir mit dir beginnen?»

«Ja, bitte.» Charlotte wirkt ungeduldig.

«Bei mir ist angekommen, dass es dich sehr ärgert, wenn Nina sich von dir nicht helfen lässt. Habe ich das richtig verstanden?»

«Ja, so ist es.»

«Und du hast außerdem das Gefühl, dass Nina nicht ganz ehrlich zu dir ist.»

Charlotte nickt.

«Okay, du ärgerst dich. Und dieser Ärger sagt so etwas zu dir wie: ‹Es ist nicht okay, dass sie das macht, sie soll damit aufhören. Es tut mir weh, dass sie meine Hilfe ablehnt und dass ich das Gefühl habe, sie sagt nicht die Wahrheit.›»

Charlotte blinzelt. Sie wirkt unsicher. «Moment», sagt sie. «Das habe ich nicht gesagt!»

«Nein», antworte ich, «das habe ich jetzt vermutet. Weil ich gerne mit dir die verschiedenen Schichten anschauen möchte.»

Ich sehe sie mit einem sehr direkten Blick an. Ein Blick, der sagt: Es gibt zwei Möglichkeiten, entweder du vertraust meiner Expertise und lässt dich jetzt hierauf ein, oder du tust es nicht, und dann beenden wir diese Therapie wahrscheinlich bald. Charlotte nickt. «Okay», sagt sie. Sie hat meinen Blick verstanden.

«Also der Ärger sagt, das tut weh, ich möchte nicht so behandelt werden. Bitte behandle mich liebevoll. Was Nina macht, gibt dir das Gefühl, dass sie dir nicht vertraut und dir keinen Platz einräumt. Wie fühlt sich das für dich an?»

Charlotte schnaubt und sieht wieder nach draußen.

«Ich habe das Gefühl, dass da etwas in dir passiert. Was mich gerade am meisten interessieren würde, ist, ob das, was ich sage, in etwa so für dich stimmt?»

Charlotte schaut mich an und nickt langsam. Dann sieht sie das erste Mal zu Boden.

«Das Gefühl, dass sie dir nicht vertraut und dir keinen Platz einräumt, stelle ich mir sehr schmerzhaft vor.» Charlottes Unterkiffer zittert leicht. Sie reckt ihren Kopf nach links und rechts. Es knackt in ihrem Nacken.

«Passt das? Oder wie ist das für dich?», frage ich.

Charlotte holt wieder Luft. Aber sie schweigt.

Ich warte noch einen Augenblick. Dann teile ich meine Beobachtung: «Charlotte, ich habe den Eindruck, auch durch deine Körperhaltung, alles in dir will diese Situation gerade gerne abschütteln. Aber ich würde mich freuen, wenn du mit uns einen Moment in diesem Gefühl bleiben könntest», sage ich mit sanftem Nachdruck.

Charlotte faltet die Hände ineinander, knackt mit den Fingern.

«Was hast du gerade gefühlt? War da ein Schmerz? Oder Trauer? Angst?»

Charlotte drückt die gefalteten Hände jetzt fest zusammen

und schaut darauf. «Ich fühle mich nicht wohl», sagt sie jetzt. Ihr Gesicht ist verkrampft.

«Kannst du sagen, wo dieses unangenehme Gefühl sitzt?», frage ich. Tatsächlich kann es nicht nur für diejenige, die das Gefühl erlebt, hilfreich sein, die eigenen Körperempfindungen dabei wahrzunehmen. Es kann, wie eine finnische Studie zeigte, auch dem Gegenüber helfen, Emotionen des anderen zu identifizieren, wenn es die körperlichen Veränderungen kennt und zuordnen kann.[3]

Charlottes Hände ringen weiter miteinander. Sie sieht nicht auf.

«Hier», presst sie zwischen den Zähnen hervor und greift mit den angewinkelten Armen an ihre Schultern. «Warum lügt meine Frau mich an?» Sie schaut auf und zu mir. Ihre Augen sind glasig, ihre Lippen schmal.

Nina hebt den Blick ein winziges Stück, sieht von der Seite zu Charlotte, ohne den Kopf zu bewegen.

«Warum lügt meine Frau mich an?», wiederhole ich. «Ich sehe in deinen Augen, wie sehr dich diese Frage verletzt, Charlotte. Kann es sein, dass sie dir wie eine Last auf den Schultern liegt?», hake ich nach.

Charlotte nickt und zieht die Schultern zu den Ohren. Dann legt sie den Kopf wieder nach rechts und links. Erneut knackt es laut in ihrem Nacken.

«Gibt es noch einen Bereich, wo du diesen Schmerz wahrnimmst? Vielleicht in deinen Händen oder in deiner Brust?», frage ich.

Charlotte nickt und atmet tief ein und aus. «Ich kriege dann oft nicht richtig Luft.»

«Und fühlt sich der Bereich dann heiß oder kalt an?»

«Ich weiß nicht, das wechselt immer wieder.»

«In diesen Bereichen nehmen viele Menschen Wut wahr, die

sich in der Regel heiß anfühlt. Wenn das Gefühl wechselhaft ist, kann es auch Angst sein.»

«Aber ich spüre keine Angst!», ruft Charlotte sofort.

«Ich fasse also noch einmal zusammen», fahre ich unbeirrt fort. «Du erlebst, dass Nina sich nicht von dir helfen lässt, dass sie alles allein macht, dich nicht einbezieht, dir keinen Raum gibt, dich abweist. Das stelle ich mir sehr hart vor. Es ist deine Frau, es ist die Frau, mit der du zusammen sein willst, und sie gibt dir keinen Raum und kein Vertrauen. Du willst dich ihr zuwenden, aber du hast das Gefühl, das gehe nicht, weil da kein Raum ist. Und dann lügt diese Frau dich auch noch an. Das muss dich sehr zweifeln lassen. Ich stelle es mir sehr schlimm vor, wenn der Mensch, den man liebt, einem keinen Raum gibt und einen anlügt. Dann fühlt man sich nicht geliebt, oder? Stimmt das?»

Charlotte beißt sich auf die Unterlippe. Sie atmet schwer. Dann nickt sie.

«Und wenn du diese Zweifel und diesen Schmerz fühlst, was machst du dann? Wie bringst du das zu Nina? Zeigst du ihr deinen Schmerz? Versuchst du mit ihr zu sprechen? Oder drückst du ihn weg und lenkst dich ab?»

«Ja, immer, ich versuche, mit ihr zu reden», stößt Charlotte hervor. Jetzt sieht sie mich an. «Aber das geht ja nicht. Sie hört mir nicht zu. Und jetzt ist sie weg, im Gästezimmer, jetzt kann ich gar nicht mehr mit ihr sprechen!» Charlottes Schultern beben.

«Okay, dann hast du wahrscheinlich das Gefühl, du kannst mit deinem Schmerz und deinen Zweifeln nicht zu Nina gehen. Du hast Angst, dass Nina dich nicht sieht, und dann kommt der Ärger, oder?»

«Ja», sagt Charlotte, presst die Hände wieder fest aufeinander. «Ich bin so wütend! Ich verstehe das einfach nicht!»

«Und dann machst du ihr Vorwürfe, richtig?»

Charlotte nickt. «Das ist doch verständlich, oder?»

«Ja», sage ich. «Aber das fühlt sich auch nicht gut an, oder? Vielleicht ist es für einen Augenblick besser, weil sich diese Wut kurz entlädt. Aber eigentlich willst du ja keinen Ärger fühlen, sondern Liebe. Du verletzt Nina, wenn du ihr Vorwürfe machst, und dann geht sie in ihr Schutzprogramm und distanziert sich noch weiter. Und du siehst wieder, dass sie dir keine Aufmerksamkeit gibt, richtig? Ist das die Spirale, die sich abspielt?»

Charlotte bewegt ihren Kopf fast unmerklich. Hat sie genickt? Ich bin mir einerseits recht sicher, dass ich nah an ihr Gefühl gekommen bin. Andererseits habe ich keine Ahnung, wie weit sie gerade in ihren Schmerz hineingeht. Vielleicht ist sie gleich wieder komplett in der Wut. Oder verlässt diese Sitzung. Alles schon erlebt. Ich frage bewusst nicht noch einmal, wie Charlotte es erlebt, und gehe jetzt lieber in den nächsten Schritt.

«Okay, wie wäre es, wenn du jetzt versuchst, Nina deinen Schmerz zu zeigen, das Gefühl, das vor der Wut kommt, das Gefühl, das du sonst wegdrückst. Zeig es ihr.»

Charlotte sieht mich an. Ist das Verzweiflung in ihrem Blick?

Ich lehne mich leicht nach vorne. «Ich helfe dir», sage ich.

Nina sieht jetzt auf und zu Charlotte.

«Ich will nicht, dass du mich anlügst, weil das wehtut», sagt Charlotte und spricht zu ihren eigenen Händen. Sie klingt jetzt wie ein Kind. «Ich habe keinen Raum.»

Nina sieht mich an. Sie wirkt ratlos. Ich nehme an, dass sie Charlotte sehr selten so erlebt. Möglicherweise nie.

«Ich möchte nicht, dass du mich anlügst», wiederholt Charlotte, weiter auf ihre Hände blickend. «Ich möchte, dass du mir vertraust und die Wahrheit sagst.» Jetzt tropft eine Träne herunter.

Nina atmet tief ein und aus. Sie wirkt überfordert.

«Wie fühlt sich das an, Nina? Wenn Charlotte das so sagt?»

Nina räuspert sich. «Es tut mir leid.» Sie sieht zu Charlotte, dann zu mir, wieder zu Charlotte. «Ich möchte nicht, dass Charlotte leidet und dass sie denkt, sie hat keinen Raum, es ist nur so … Ich lüge doch gar nicht.»

Charlotte sieht auf. Ihre Miene ist mit einem Mal wieder hart. Sie blickt Nina wütend an.

«Du weißt genau, dass du es tust!», platzt es aus ihr heraus. «Denk doch nur mal an das Buch im Urlaub! Du hast behauptet, du wolltest nicht lesen, und hast nichts mitgenommen. Und dann hast du dir da plötzlich diesen schwachsinnigen Roman gekauft. Oder auf unserer Weihnachtsfeier, als ich gefastet habe und du groß getönt hast, du trinkst dann auch keinen Alkohol. Und schon nach einer Stunde hast du kichernd den Sekt genommen, den Thomas dir mitgebracht hat.»

Nina blickt Charlotte erschrocken an.

«Du stehst einfach nicht zu dem, was du willst!»

Nina sieht zu mir, hilflos.

«Okay, darf ich noch mal unterbrechen?», frage ich vorsichtig. «Nina, kannst du dich daran erinnern, wie du dich in diesen Situationen gefühlt hast?»

Nina sieht völlig verunsichert aus. «Ich weiß es nicht mehr!»

Sie sieht wieder zu Boden. Das ist der Moment, in dem auch Nina mehr Raum braucht.

«Wir haben jetzt lange über Charlottes Empfinden gesprochen», sage ich. «Ich fand das gerade sehr wichtig zu sehen, wie es Charlotte geht. Und Nina, du hast gesagt, dass dir leidtut, wie Charlotte die Dinge erlebt, und dass du das nicht willst. Charlotte, das hast du gehört, oder?»

Charlotte nickt wieder ganz leicht.

«Für mich, und ich denke, auch für dich, ist es jetzt aber auch wichtig zu hören, wie Nina sich fühlt. Was denkst du?»

Charlotte nickt noch einmal.

Nina nimmt ihren Pferdeschwanz in die linke Hand, dreht mit dem Zeigefinger eine Strähne darin. «Ich lüge Charlotte doch nicht bewusst an», sagt sie. Jetzt liegt etwas Fragiles in ihrer Stimme. «Aber es kommt mir oft so vor, als könnte ich nicht alles sagen.»

«Okay, kannst du das noch mal genauer erläutern?», bitte ich Nina.

«Ich habe jedes Mal das Gefühl, es ist für Charlotte nicht okay, wenn ich mich über Zeit allein freue oder wenn ich Bücher lesen will, die sie nicht lesen würde. Es ist für sie immer peinlich oder daneben oder irgendwie alles nicht okay. Sie kritisiert mich in so vielem.» Jetzt schluckt Nina. Meine Idee funktioniert. Zumindest geschieht eine Öffnung. Ich hoffe, sie bleibt darin.

«Lass es mich noch einmal kurz zusammenfassen. Wenn ich es richtig verstehe, hast du das Gefühl, dass Charlotte dich oft kritisiert, und das fühlt sich nicht gut an. Sie ist die Frau, mit der du entschieden hast, dein Leben zu verbringen, aber alles, was du tust, scheint ihr nie zu gefallen. Das muss sehr verletzend sein. Oder?»

Nina nickt. Sie sieht mich an. Ich bin mir nicht sicher: Ist sie traurig? Oder hat sie Angst?

«Ja. Sie sagt permanent, dass ihr etwas an mir nicht passt», sagt Nina. Sie spricht langsam. Ihre Stimme ist leise. Jetzt dreht sie den Kopf in Charlottes Richtung, aber ihr Blick ruht auf ihren Knien. «Das war viele Jahre so. Ich habe immer versucht, dir alles recht zu machen. Aber nie war es genug.»

«Also, du erlebst, dass du es ihr nie recht machen kannst», wiederhole ich. «Obwohl du das oft versuchst. Aber du hast das Gefühl, es genügt nicht. Das tut vermutlich sehr weh, oder?»

Nina schluckt. «Ja, immer habe ich das versucht. Aber es war nie genug», sie schaut wieder zu mir. «Jetzt bin ich müde!», ihre Stimme ist lauter. «Jetzt versuche ich es nicht mehr!» Ihr laufen Tränen über die Wangen.

«Kannst du versuchen, Charlotte das direkt zu sagen?», bitte ich sie. «Ihr diesen Schmerz zu zeigen?»

Ich reiche ihr ein Taschentuch. Sie wischt über ihre Augen und die Wangen. Dann dreht sie sich zu Charlotte.

«Ich hatte das Gefühl, ich bin immer allein. Du siehst mich nicht, du magst mich nicht so, wie ich wirklich bin. Und dann habe ich versucht, anders zu sein. Aber das war auch nicht richtig. Alles umsonst. Nichts war genug.» Nina weint. «Irgendwann war es, als würde ich in einem riesigen Ozean schwimmen, dir hinterher, die in einem Boot sitzt und wegfährt, immer weiter weg. Es war, als würde ich ertrinken. Und du tust nichts.»

Charlotte blickt Nina erschrocken an. «Aber warum?», fragt sie plötzlich ganz leise. «Warum hast du das gemacht? Warum hast du versucht, anders zu sein? Das war ...»

«Oh, Mann, weil ich dich liebe!», platzt Nina heraus. «Und weil ich wollte, dass du mich auch so liebst wie ich dich! Aber das hat nicht funktioniert! Das hat einfach nicht funktioniert.» Nina schluchzt. Charlotte reicht ihr noch ein Tempo. Sie nimmt es in beide Hände und stützt ihren Kopf hinein. Charlotte greift nach einem Arm von Nina, rückt näher, legt ihren Arm um ihre Frau. «Aber ich ...», beginnt sie leise. «Ich liebe dich doch.» Ihre Stimme ist auf einmal sanft. «Ich liebe dich doch, wenn du du selbst bist, und nicht, wenn du mir alles recht machst.»

Nina holt tief Luft. «Ich habe das aber nicht gespürt.» Sie spricht in ihre Hände.

«Das tut mir leid», sagt Charlotte. Ihre Stimme ist wieder etwas fester. «Ich möchte, dass du das spürst. Und daran sollten wir arbeiten.»

Charlotte sieht ihren Anteil offensichtlich doch. Und auch ein Potenzial zur Veränderung bei sich. Die beiden sitzen für einen Moment ganz still da.

«Ich glaube, das war eine wirklich wichtige Sitzung heute»,

melde ich den beiden zurück. «Ich bin beeindruckt, wie sehr ihr euch beide geöffnet habt. Nina, ich möchte dich gerade nicht mit dieser Traurigkeit alleine lassen, aber ich habe das Gefühl, dass Charlotte für dich da ist. Sie hat auch einen schönen Abschlusssatz gesagt: ‹Daran sollten wir arbeiten.› Das wäre vielleicht auch ein guter Ansatz für eine nächste Sitzung.»

Ich warte noch einen Moment und gebe ihnen noch einen Impuls für zu Hause mit. Es ist eine Übung, in der eine Partnerin die Augen schließt und die andere sie durch den Raum führt. Dann werden die Rollen getauscht. Es geht darum, zu spüren, wie es sich anfühlt, zu vertrauen und die Kontrolle abzugeben, und wie es ist, Verantwortung zu übernehmen. Die beiden bedanken sich.

Als sie gegangen sind, hole ich mir erst mal einen Kaffee und stelle mich ans geöffnete Fenster. Das war wirklich intensiv. Ich atme eine Weile und versuche, es bewusst noch nicht weiter zu analysieren. Auch ich muss das sacken lassen. Und möchte nicht sofort wieder mit dem Kopf herangehen.

Ich setze mich an den Schreibtisch und klappe den Laptop auf. Oben links blinkt die Erinnerung an den Insta-Post, den ich noch absetzen wollte. Ich hatte in letzter Zeit eine Menge Nachrichten und Fragen zum Thema «toxische Beziehungen». Aber weil die Zeit nicht reicht, diese einzeln zu beantworten, versuche ich es oft in einem kurzen Reel mit einem Statement zum Thema. Das passt in diesem Moment natürlich verdammt gut. Nur kann ich jetzt noch nichts formulieren. Die Sitzung mit Charlotte und Nina ist noch zu frisch. Es berührt mich, wie sich Nina in dieser Übung gezeigt hat. Und es bewegt mich, wie weich und konstruktiv Charlotte plötzlich war. Aber ich merke, es ist nicht so wie sonst, wenn zwei Menschen sich öffnen, nachdem sie zuvor so extrem verschlossen gewesen sind. Irgendetwas an Charlottes Veränderung macht mich unsicher. Sie hat sich auf einmal extrem gefühlig und empathisch gezeigt. Ich frage mich, ob es damit zu tun hat, wie sie merkt, dass ihr Einfluss schwindet und Nina sich entzieht. Es könnte auch ein Versuch sein, von ihren tieferen Wunden und ihrem toxischen Verhalten abzulenken. Was will man ihr jetzt noch vorwerfen? Sie war doch so einfühlsam und zugewandt. Sie will doch an sich arbeiten. Oder? Am liebsten hätte ich einen 10-Punkte-Katalog, wie toxisches Verhalten zu erkennen ist und wie man idealerweise damit umgeht. Das wäre auch ein schicker Insta-Post. Aber kein ehrlicher. Denn diesen 10-Punkte-Katalog gibt es nicht. Ungesundes, destruktives Verhalten ist so vielfältig, und es gibt nicht die eine Art und Weise, darauf zu reagieren, mit der sich alles auflöst, man diesen Menschen verändern oder sich als «gesunder Part» retten kann. Ich scrolle durch Insta und sehe leider wieder unzählige dieser How-to-Anleitungen. Natürlich auch für den Umgang mit toxischen Personen. Leider ist da viel Unsinn im Umlauf. Denn die meisten Menschen, die so etwas veröffentlichen, sind keine Psychologen, sondern selbst ernannte Lebensberater, Coaches, Gurus - oder junge Mädchen, die Influencerinnen werden wollen. So werden Botschaften in die Welt gebracht, die Menschen in ungesunden Beziehungsdynamiken vermitteln, das wäre doch alles vermeidbar und easy zu lösen. Man müsse doch nur die ‹red flags› sofort enttarnen und solche Menschen aus seinem Leben ausschließen. Aber so einfach ist die Sache eben nicht. Nach meiner Definition gibt es keine komplett «toxischen Personen», sondern nur toxische Verhaltensweisen und vor allem toxische Dynamiken. Denn zu einer Beziehung gehören immer zwei.

Auch bei Nina und Charlotte. Weder Nina allein ist das Problem noch ausschließlich Charlotte. Deshalb sollte ich mich auch nicht an Charlotte aufhängen, sondern erst mal das nehmen, was offenkundig ist. Und was sich gezeigt hat, ist, dass Nina

People-Pleasing betrieben und sich damit übermäßig angepasst verhalten hat. Das wiederum hat Charlotte gespürt und Nina als unauthentisch empfunden. Soweit nachvollziehbar. Die Frage bleibt, wie sehr Charlottes Kritik diese Situation befeuert hat und warum sie Nina überhaupt immer wieder infrage stellt. Obwohl die tiefer liegenden Gründe hierfür höchstwahrscheinlich nicht in der Paartherapie zu klären sind. Ich weiß jetzt schon, dass ich den beiden anschließend eine Einzeltherapie empfehlen werde. Ich bin mir sicher, dass es viele alte Prägungen und Glaubenssätze gibt, die die beiden unbewusst leiten. Erst jetzt fällt mir ein, dass Charlotte ganz am Anfang erwähnt hatte, ein schwieriges Verhältnis zu ihrer Mutter zu haben. Ich weiß nicht, was die Gründe sind. Aber die Bindungsverletzungen aus dieser Beziehung könnten sich in Charlottes Verhalten Nina gegenüber spiegeln. Vielleicht können wir dem noch nachgehen, zumindest in Teilen. Wir werden sehen, was möglich ist.

Es ist ein eiskalter Tag, und die beiden kommen gegen Abend. Ich mache eine Kerze an, biete ihnen Tee an. Vielleicht hilft er beim Auftauen. Doch die zwei sitzen sehr steif auf dem Sofa, beide wieder im Hosenanzug. Nicht nur äußerlich zugeknöpft. Charlotte trägt einen dunkelblauen, Nina wieder einen schwarzen. Aber Nina sitzt diesmal aufrechter.

«Wir haben diese Übung gemacht», sagt Charlotte schließlich.

«Schön», antworte ich. «Wie ging es euch dabei?»

«Ganz gut», sagt Nina jetzt. «Für mich war das sehr interessant, als ich Charlotte geführt habe.» Sie sieht zu ihrer Frau. Charlotte sieht mich an. Sie wirkt wieder kühl.

«Was hast du dabei empfunden?», frage ich.

Nina hustet. Sie lehnt sich ein Stück nach vorne. «Ich habe gemerkt, dass ich oft eher passiv bin», sagt sie. Ihre Stimme ist brüchig. «Und das Führen gar nicht so kenne. Aber das ging trotzdem gut.»

Charlotte nimmt einen Schluck aus ihrer Tasse, stellt sie dann auf dem kleinen Tisch ab. Ich sehe sie direkt an: «Und wie ging es dir dabei, Charlotte?»

Sie streift ihr Jackett glatt. «Ja, das war okay.»

«Konntest du genießen, dass Nina in diesem Moment die Verantwortung übernommen hat?», frage ich und spüre, dass die Frage für Charlotte provokant sein könnte.

Sie lacht. Es klingt künstlich. «Na ja, genießen?! Ich hatte schon ein bisschen Angst, dass Nina mich gegen die Wand laufen lässt. Sie ist ja manchmal etwas ungeschickt.»

Nina weicht mit dem Oberkörper ein Stück zurück. Das hat sie mit Sicherheit getroffen. Und ich frage mich, warum Charlotte sofort wieder mit einer Beleidigung loslegt.

«Das heißt, du konntest ihr in dem Moment nicht ganz vertrauen?», frage ich, so ruhig wie möglich, um den Ball in ihr Feld zurückzuschießen.

«Na ja», gibt Charlotte zurück. «Ist ja dann noch mal gut gegangen.»

Nina blickt unruhig durch den Raum.

«Nina, möchtest du etwas dazu sagen?»

«Also, ehrlich gesagt finde ich das gerade nicht schön von Charlotte.» Sie sieht mich an. «Wir haben diese Übung gemacht, und es hat eigentlich richtig gut funktioniert. Wir hatten später dann sogar das erste Mal seit einer Ewigkeit Sex. Und jetzt macht Charlotte das wieder klein!» Sie schaut Charlotte an. Und ich sehe, dass es Nina nicht leichtfällt, den Blick zu halten. Aber sie schafft es.

Charlotte nimmt die Teetasse erneut in die Hand, umschließt sie mit beiden Händen.

«Ja, das stimmt», sagt sie, an mich gewandt. «Das war auch sehr schön.» Ihre Stimme ist ohne Gefühl. Sie trinkt einen Schluck.

Nina blickt mich fragend an.

«Ich wünsche mir, dass ihr mal etwas ausprobiert, einverstanden?», frage ich.

Die beiden sehen mich irritiert an.

«Bitte schließt einmal die Augen. Und lasst sie geschlossen, während wir weiterreden.»

Nina blickt noch einmal unruhig durch den Raum, Charlotte stellt ihre Tasse erneut ab. Dann setzt sie sich gerade hin, schließt die Augen. Nina tut es ihr gleich.

«Charlotte, bitte denke einmal an euren Abend zurück. Daran, wie ihr die Übung gemeinsam gemacht habt, und auch daran, wie ihr euch später näher gekommen seid, euch geküsst habt und Sex hattet.» Ich mache eine Pause. «Charlotte, wie fandest du diesen Abend? Wie war das für dich?», sage ich mit sanfter Stimme.

Charlotte schluckt. «Ich fand es sehr schön an dem Abend.» Ihre Stimme ist noch nicht sehr gefühlvoll, aber deutlich ruhiger. Das ist oft der Effekt dieser Übung. Und gerade schon ein echter Erfolg.

«Nina, was hast du jetzt wahrgenommen?»

«Dass Charlotte es schön fand ... Aber ich würde gerne wissen, was genau.»

Charlotte zieht ihre Schultern nach oben, kreist sie nach hinten. Es knackt in ihrem Nacken.

«Ich fand es schön, mit dir zu schlafen», sagt sie dann. Sie klingt weicher.

«Okay», entgegnet Nina, «es ist schön, dass du das sagst. Und wie fandest du diese Übung? Also, als ich dich geführt habe?»

Charlotte bewegt ihren Kopf nach rechts. Es knackt erneut. Sie atmet ein und aus. «Ich fand das ganz gut.» Ihre Stimme zittert. Sie räuspert sich. «Ich hatte wie gesagt nur ein mulmiges Gefühl.»

Charlotte sträubt sich ganz offensichtlich vor dem Wort Angst. Ich werde es ihr noch mal anbieten.

«Was meinst du mit dem mulmigen Gefühl, Charlotte?», frage ich. «War da eine Art Angst in dir?»

Charlotte räuspert sich wieder. Ihre geschlossenen Lider flattern. «Ich weiß nicht. Ja, vielleicht.»

«Kannst du sagen, wovor du Angst hattest?»

«Ich habe Angst, dass Nina sich an mir rächt.»

Nina reißt die Augen auf. Ich sehe sie an, schließe meine kurz. Sie macht ihre auch wieder zu.

«Charlotte, was meinst du damit? Wofür sollte Nina sich rächen?»

Charlotte faltet ihre Hände, presst die Handflächen aufeinander.

«Ich weiß nicht. Sie war so enttäuscht von mir. Weil ich sie kritisiert habe.»

Ich schweige bewusst. Lasse Nina den Raum, zu antworten. Die Stille ist wohltuend. Nach einer Weile sagt Nina: «Ja, ich war sehr enttäuscht.» Sie spricht ganz ruhig. «Aber ich weiß doch, dass du mich liebst. Und dass ich mehr zu mir stehen muss.» Sie hält inne. Wendet sich mit geschlossenen Augen noch ein Stück mehr zu Charlotte hin. «Ich räche mich doch nicht für die Vergangenheit.»

Ich bin positiv überrascht, dass Nina so klar ist. Sie hat auf jeden Fall einen großen Schritt gemacht. Und vielleicht ist es auch genau das, was Charlotte verunsichert. Die Rollen sind aufgeweicht. Wenn Nina stärker wird, ist für Charlotte die dominante Position nicht mehr safe. Und in dem Moment, in dem es nicht mehr funktioniert, Nina kleinzumachen, muss Charlotte anders stark werden. Die Frage ist, ob sie das schafft. Aber immerhin ist ihr klar geworden, dass sie Nina mit ihrer Kritik verletzt hat. Angst vor Rache zuzugeben ist auch ein Step. Allerdings zeigt es auch, dass es für Charlotte offenbar eine Option ist, sich zu rächen, wenn man verletzt wurde. Sie sitzt jetzt wie erstarrt da, ihre Hände halten die Teetasse fest umklammert.

«Charlotte, wie ist es, wenn Nina das zu dir sagt?», fordere ich sie zu einer Antwort auf.

Charlotte lehnt sich nach vorne, öffnet die Augen kurz und nimmt die Tasse vom Tisch. Sie trinkt mit geschlossenen Augen, verschluckt sich, hustet, trinkt noch einen Schluck.

«Ich finde es gut, dass sie das sagt», erwidert sie dann. Ihre Stimme ist leise.

«Ich glaube, dass es für Nina wichtig ist, das direkt an sie gerichtet zu hören. Könnest du es noch einmal zu ihr sagen?»

«Es ist gut, dass du das sagst, Nina», wiederholt Charlotte.

Die beiden schweigen wieder für einen Moment.

«Wie fühlst du dich jetzt, Charlotte?», versuche ich noch etwas näher an ihre Emotion zu rücken.

«Ich bin ...» Ihre Stimme stockt. «Ich weiß nicht ... Es tut mir leid.»

Ich warte bewusst. Ich will Charlotte nicht unter Druck setzen.

«Es tut mir leid, dass ich das getan habe.» Charlotte sitzt jetzt nach vorne gebeugt. Sie wirkt kleiner. Hilflos. «Dass ich dich so oft kritisiert habe. Ich hatte das Gefühl, du brauchst mich nicht.»

Nina atmet lange aus. «Das verstehe ich nicht», sagt sie dann. «Warum hast du mich aus dem Grund kritisiert?»

Charlotte hustet noch mal, stellt ihre Tasse wieder ab, setzt sich wieder etwas gerader hin.

«Es kam mir so vor, als würdest du mich nicht brauchen. Weil du alles allein machst und ich dir nicht helfen durfte.»

Ich möchte Charlotte nun doch etwas unterstützen. Sie findet nur schwer die passenden Worte. Für sie ist das Reden über diese Dinge offenbar sehr neu und herausfordernd.

«Ich habe das Gefühl, dass du dich in diesen Momenten von Nina abgelehnt gefühlt hast, liege ich da richtig?», frage ich sie.

Charlotte nickt stumm.

«Aber du kannst mich doch nicht runtermachen, nur weil du dich nicht geliebt fühlst», sagt Nina jetzt. Ihre Stimme ist ruhig, aber sehr klar. In diesem Moment ist die Energie eine ganz neue. Charlotte wirkt unsicher, verkrampft, hilflos. Nina ist jetzt ganz bei sich.

«Ich ...» Charlottes Stimme ist brüchig. «Ich habe das nicht extra gemacht.»

«Ja, das glaube ich dir», erwidert Nina. «Aber ich habe dir oft genug gesagt, dass mich das verletzt.»

Wieder Stille. Charlotte schluckt. So nachvollziehbar es ist, dass Nina sich jetzt deutlich äußern möchte und auch wieder schützen will: Mit ihrem Unverständnis und erneuten Vorwürfen schmettert sie Charlottes Öffnung ziemlich ab. Ich muss versuchen, noch mal an ihr Gefühl zu appellieren.

«Nina, ich verstehe, dass du wütend und verletzt bist von Charlottes Worten. Und ich denke, es ist wichtig, dass wir darauf gleich eingehen. Mir wäre es nur auch wichtig, wenn du Charlotte vorher kurz abholen könntest. Ich frage mich zum Beispiel, wie es für dich ist, sie so verletzlich zu sehen und zu hören, dass die Frau, die du liebst, sich von dir in manchen Momenten abgelehnt gefühlt hat.»

«Es tut mir leid, dass du dich so gefühlt hast», sagt Nina. Da ist Empathie, aber auch eine neue Distanz.

«Charlotte, was fühlst du jetzt?», wage ich noch einen Versuch, zu einem tieferen Gefühl bei ihr vorzudringen.

«Nichts», stößt sie hervor. «Ich bin leer.»

Nina öffnet die Augen und sieht mich an. Ihr Blick ist klar.

«Ich kann das so nicht mehr», sagt sie. «Ich möchte eine Partnerin, die sich ihres Verhaltens bewusst ist. Und sieht, was es bewirkt.» Charlotte sieht Nina an. In ihren Augen sind Trauer und Verzweiflung. Aber sie schweigt.

Ich weiß nicht, ob Nina gerade die Trennung einleitet. Und wenn es so ist, darf ich sie nicht daran hindern. Andererseits hat auch Nina ihr Verhalten erst vor Kurzem erkannt und Charlotte trotzdem weiter wehgetan.

«Nina», beginne ich vorsichtig. «Ich verstehe das sehr gut. Und ich glaube, das wünscht Charlotte sich auch. Du hast sie mit deinem Verhalten allerdings auch verletzt. Und erst jetzt erkannt, was passiert ist. Vielleicht gibst du Charlotte die Chance, das in ihrem Tempo auch zu begreifen und zu ändern.»

Nina wirkt verschlossen. «Darüber muss ich nachdenken», antwortet sie.

Ich sehe auf die Uhr. Wir haben nur noch zehn Minuten. Und ich habe keine Ahnung, ob ich noch etwas anbieten soll oder lieber schweigen.

«Das habe ich nicht gewollt», flüstert Charlotte.

«Ja, du wolltest nicht, dass es vorbei ist», entgegnet Nina. Jetzt ist eine Härte in ihrer Stimme. «Aber du wolltest auch nichts ändern.» Sie setzt sich ganz aufrecht hin, offenbar bereit zu gehen.

«Ich kann ...» Charlotte atmet mehrmals hintereinander ein, als würde sie heftig weinen. Aber da sind keine Tränen. Sie hat ganz eindeutig eine Hürde, ihre Emotionen wirklich zu zeigen. Und vielleicht auch Angst vor der Veränderung. Und genau das können wir hier nicht lösen. Ich merke, es ist Zeit für meine Empfehlung, auch wenn sie Charlotte schmerzen wird.

«Manchmal sitzen bestimmte Ängste ganz tief», erkläre ich. «Und wir realisieren nicht, dass eine ganz alte Überzeugung dahintersteckt. Eine Überzeugung, die uns davon abhält, weiterzugehen, Gefühle zu zeigen, uns zu verändern. Weil wir befürchten, abgelehnt zu werden.»

Charlotte schluckt und atmet heftig.

«Ich weiß das. Ich weiß, dass ich ganz große Probleme habe zu vertrauen!», platzt es aus ihr heraus. Nina sieht sie erschrocken an. «Ich habe das schon immer», Charlotte wirkt fast panisch, ihre Hände zittern. «Und ich weiß auch, woher das kommt! Meine Mutter hatte eine schwere Depression. Sie hat oft tagelang das Bett nicht verlassen. Ich habe immer versucht, ein gutes Kind zu sein. Aber meine Mutter hat mich immer spüren lassen, dass sie enttäuscht von mir ist.» Charlotte zittert am ganzen Körper. «Wenn ich den Teller nicht leer gegessen habe, wenn ich das Zimmer nicht gut genug aufgeräumt habe, wenn ich eine Zwei geschrieben habe in Mathe. Ich fühle mich so schnell abgelehnt ... und ich glaube, ich habe das Gleiche mit Nina gemacht. Diese Kritik ... Die Kritik, die mir damals so wehgetan hat!» Charlotte beginnt zu weinen. Sie zittert und atmet schwer.

Nina sieht mich fragend an.

«Charlotte, es ist sehr stark von dir, dass du das alles aussprichst», sage ich und reiche ihr die Tempo-Box. «Es tut mir sehr leid, das zu hören. Das war für dich wahrscheinlich eine sehr schmerzhafte Kindheit.» Es ist erforscht, dass Kinder depressiver Mütter ein erhöhtes Risiko haben, negative Informationen deutlich stärker zu gewichten und zu verallgemeinern, während sie positive Dinge weniger stark wahrnehmen. Sie haben zudem öfter mit emotionalen Problemen, Angstzuständen, Verhaltensstörungen, Lernschwierigkeiten oder selbst mit Depressionen zu kämpfen.[4]

Nina sieht von Charlotte zu mir und wieder zu Charlotte. Dann atmet sie tief ein und aus. Sie lehnt sich ein Stück zu ihrer Frau, legt eine Hand auf deren Bein.

Charlotte nimmt diese sofort, drückt sie fest. Ich sehe, wie Nina leicht zurückzuckt. Ich vermute, es ist gerade zu viel für sie. Sie muss das alles erst verarbeiten. Und natürlich wird sie sich fragen: Was bedeutet diese Erkenntnis? Kann Charlotte dadurch ihr Verhalten mir gegenüber tatsächlich ändern? Können wir diesen Kreislauf aus Angriff und Rückzug gemeinsam durchbrechen?

«Ich glaube, dass es dir helfen wird, weiter darüber zu sprechen, Charlotte», sage ich. «Das braucht Raum. Es ist sehr wertvoll, wenn du das genau ansiehst und für dich erkennst, welche Muster da am Werk sind, um dann zu schauen, wie du sie loslassen und andere Reaktionen finden kannst.»

Charlotte weint und drückt Ninas Hand.

«Meiner Erfahrung nach ist es aber auch für unseren Prozess hier wichtig, wenn du dieses Thema in einem geschützten Rahmen nur für dich fortsetzt, mit einem Therapeuten, der nur für dich da ist.» Ich drehe mich um und nehme die Visitenkarte meines Kollegen vom Schreibtisch. «Ich würde dir gerne jemanden empfehlen, der eine sehr gute Einzeltherapie anbieten kann und gerade auch freie Plätze hat.» Ich halte Charlotte die Visitenkarte hin. Sie nimmt sie, steckt sie, ohne sie anzusehen, in ihre Brusttasche.

«Ich schäme mich», flüstert sie.

«Das tut mir leid. In meinen Augen musst du das nicht. Es war gerade unheimlich wichtig und sicherlich nicht leicht für dich, das alles zu teilen!», melde ich ihr zurück. «Für deine Gefühle brauchst du dich nicht zu schämen. Aber es geht vielen Menschen so, und es hilft dir vielleicht zu verstehen, dass Scham bei uns allen mit dem Glauben zu tun hat, dass wir aufgrund von Fehlern oder Schwächen nicht fähig sind, echte Verbindungen zu anderen zu leben, dass wir aber lernen können, resilienter gegen dieses Gefühl zu werden, indem wir es erkennen und darüber sprechen.» Ich gehe zum Bücherregal und hole ein Buch von Brené Brown heraus: *Verletzlichkeit macht stark.*[5] Ich reiche es Charlotte.

«Sie hat viel zu diesem Thema geforscht», sage ich. «Vielleicht inspiriert dich das Buch.»

Charlotte betrachtet das Cover, auf dem die Struktur eines ganz zarten, transparenten Blattes abgebildet ist. Sie nickt. Dann putzt sie sich die Nase.

«Für heute ist unsere Zeit vorbei», sage ich. «Lasst das jetzt erst mal sacken.»

Manchmal sind alte Muster hartnäckig. Und dann braucht es Geduld. Aber eben auch eine gute Begleitung. Ich erinnere mich an den Beginn der Therapie und dass ich befürchtete, Charlotte wäre stark manipulativ und hätte sehr toxische Züge, die sie selbst nicht anerkennen will - und Nina hätte schon aufgegeben. Beides stimmte wohl nicht ganz. In der kurzen Zeit ist dann doch eine Menge mehr passiert, als ich gedacht hätte. Und die Öffnung hat auch ihnen viel gezeigt. Dennoch ist wohl offen, ob die beiden weiter oder wieder eine Partnerschaft führen können. Es ist eben nicht alles damit getan, dass beide Partner ihre Gefühle einmal zulassen. In diesem Fall ist es eher der Anfang für eine längere Arbeit. Aber ich glaube, zu der ist Charlotte jetzt bereit. Sie muss sie allerdings auch tun. Erst das wird Nina wohl wieder Vertrauen geben. Worte genügen nicht. Wie ein Mensch handelt, ist das, was letztlich zählt.

DANKE

An meine Paare:

Ihr mit euren Geschichten, euren Kämpfen und euren Triumphen habt dieses Buch ebenso geprägt wie jeder Gedanke von mir. Ihr habt mich daran erinnert, dass Beziehungen ständig wachsen, sich verändern und, ja, manchmal schmerzen - aber dass sie auch das Herzstück unseres Lebens sind.

Ich danke euch für all die wunderbaren Gespräche und Erlebnisse und vor allem für euer Vertrauen.

Ganz herzlich danken möchte ich auch meinem Verlag Rowohlt, für die Möglichkeit, diese Geschichten zu erzählen, und dafür, dass er an dieses Projekt genauso geglaubt hat wie ich. Meiner Lektorin Svetlana Romantschuk, deren scharfer Blick und großes Engagement dieses Buch in dieser Form ermöglicht und verfeinert haben, danke ich von Herzen. Und besonders danke ich auch meiner Co-Autorin Julia Becker, die mit mir Seite an Seite stand und unsere Ideen in Worte verwandelt hat.

Ein besonderer Dank gebührt Wemynd, Jan und Jonathan. Ihr habt mir nicht nur geholfen, diesen Traum anzugehen, und Türen für mich geöffnet, sondern seid auch immer mit ermutigendem Zuspruch und unerschütterlicher Unterstützung für mich da gewesen.

An meinen Partner, der mir immer den Rücken freigehalten und mich aufgefangen hat, sende ich ein ebenso großes Dankeschön wie an meine beiden besten Freundinnen Caro und Ela, die mir durch kreative Gespräche Inspiration geschenkt haben, sowie an meine liebevolle Mama, die mich auf jegliche Weise stets unterstützt und immer an mich geglaubt hat. Ohne euch alle wäre dieses Projekt nicht möglich gewesen. Ihr seid meine größte Inspiration und Stärke.

ZUM WEITERLESEN

Brené Brown: *Verletzlichkeit macht stark: Wie wir unsere Schutzmechanismen aufgeben und innerlich reich werden.* Kailash Verlag 2013.

Gary Chapman: *Die fünf Sprachen der Liebe – Wie Kommunikation in der Partnerschaft gelingt.* Francke Buch 2019.

Dossie Easton: *Schlampen mit Moral: Eine praktische Anleitung für Polyamorie, offene Beziehungen und andere Abenteuer.* mvg Verlag 2014.

Sigmund Freud: *Jenseits des Lustprinzips. Internationaler psychoanalytischer Verlag 1920* / Reclam 2013.

Dr. John M. Gottman: *Die Vermessung der Liebe: Vertrauen und Betrug in Paarbeziehungen.* Klett-Cotta 2014.

Dr. John M. Gottman: *Die 7 Geheimnisse einer glücklichen Ehe.* Marion von Schröder Verlag 2000.

Dr. John M. Gottman und Julie Schwartz Gottman: *8 Gespräche, die jedes Paar führen sollte ... damit die Liebe lebendig bleibt.* Ullstein Verlag 2022.

Dr. John Gottman: *Why Marriages Succeed or Fail.* Simon & Schuster 1994.

Martin Koschorke: *Keine Angst vor Paaren.* Klett-Cotta 2013.

Milan Kundera: *Das Buch der lächerlichen Liebe.* Carl Hanser Verlag 1986.

Justin J. Lehmiller: *Tell Me What You Want: The Science of Sexual Desire and How It Can Help You Improve Your Sex Life.* Da Capo Lifelong Books 2018.

Julia Tavalaro: *Bis auf den Grund des Ozeans.* Herder 2000.

ANMERKUNGEN

ISABEL UND PHILIPP

1 https://link.springer.com/article/10.1007/s10804-016-9237-6 (abgerufen am 02.10.2023)

2 https://www.ncbi.nlm.nih.gov/pmc/articles/PMC4118988/ (abgerufen am 02.10.2023)

3 Gottman, John M.: Why Marriages Succeed or Fail: And How You Can Make Yours Last. Simon & Schuster, New York 1994

4 Gottman, John M., und Silver, Nan: What Makes Love Last? How to Build Trust and Avoid Betrayal. Simon & Schuster, New York 2013 (deutsche Fassung: Gottman, John M., und Silver, Nan: Die Vermessung der Liebe: Vertrauen und Betrug in Paarbeziehungen, Klett-Cotta, Stuttgart 2019)

5 https://www.tandfonline.com/doi/abs/10.1080/0092623X.2020.1856987?journalCode=usmt20 (abgerufen am 02.10.2023)

6 https://pubmed.ncbi.nlm.nih.gov/34121791/ (abgerufen am 02.10.2023)

7 https://www.ncbi.nlm.nih.gov/pmc/articles/PMC3835900/ (abgerufen am 02.10.2023)

PAULA UND ERTU

1 https://pubmed.ncbi.nlm.nih.gov/26246315/ (abgerufen am 02.10.2023)

2 https://psycnet.apa.org/manuscript/2017-34253-001.pdf (abgerufen am 02.10.2023)

3 Institut für Sexualforschung und Forensische Psychiatrie des Universitätsklinikums Eppendorf, Forschungsprojekt 2009 - 2011 - veröffentlicht in «BZgA, Forum Sexualaufklärung und Familienplanung, Informationsdienst der Bundeszentrale für gesundheitliche Aufklärung 3 3 - 2012 - Mädchen und Selbstbefriedigung. Geschlechterunterschiede in Verbreitung, Frequenz und Einstellungen zur Masturba-

tion» - https://shop.bzga.de/pdf/13329222.pdf#page=19 (abgerufen am 02.10.2023)

4 https://link.springer.com/chapter/10.1007/978-3-658-31797-3_5 (abgerufen am 02.10.2023)

5 https://onlinelibrary.wiley.com/doi/abs/10.1111/jmft.12282 (abgerufen am 02.10.2023)

6 Lehmiller, Justin J.: Tell Me What You Want: The Science of Sexual Desire and How It Can Help You Improve Your Sex Life. Da Capo Lifelong Books, Boston 2018

ESTHER UND FRANK

1 Gottman, John M., and Silver, Nan: The Seven Principles for Making Marriage Work. Orion Spring, London 2018 (deutsche Fassung: Gottman, John M., und Silver, Nan: Die 7 Geheimnisse der glücklichen Ehe, Ullstein Verlag, Berlin 2022)

2 https://link.springer.com/book/10.1007/978-3-322-99553-7 (abgerufen am 03.10.2023)

3 https://pubmed.ncbi.nlm.nih.gov/11924092/ (abgerufen am 03.10.2023)

SOFIA UND BEN

1 https://spssi.onlinelibrary.wiley.com/doi/10.1111/j.1530-2415.2012.01286.x (abgerufen am 03.10.2023)

HELEN

1 https://pubmed.ncbi.nlm.nih.gov/7630893/ (abgerufen am 04.10.2023)

2 https://psycnet.apa.org/record/2019-04062-010 (abgerufen am 04.10.2023)

3 https://www.zeit.de/2012/33/C-Beziehung-Frauen-Maenner und https://www.neps-data.de/ (abgerufen am 04.10.2023)

4 https://pubmed.ncbi.nlm.nih.gov/18760474/ (abgerufen am 04.10.2023)

5 Freud, Sigmund: Gesammelte Werke. Teil: Bd. 13, Jenseits des Lustprinzips. Massenpsychologie und Ich-Analyse. Das Ich und das Es. S. Fischer, Frankfurt am Main 1987

6 https://pubmed.ncbi.nlm.nih.gov/30155657/ und https://pubmed.ncbi.nlm.nih.gov/23982225/ (abgerufen am 05.10.2023)
7 https://www.ncbi.nlm.nih.gov/pmc/articles/PMC2483789/ (abgerufen am 04.10.2023)
8 https://www.zeit.de/zeit-magazin/familie/2023-07/social-freezing-usa-dating-marcia-inhorn (abgerufen am 04.10.2023)
9 https://www.degruyter.com/document/doi/10.18574/nyu/9781479813063.001.0001/html (abgerufen am 04.10.2023)
10 https://pubmed.ncbi.nlm.nih.gov/11952199/ (abgerufen am 04.10.2023)

CHARLOTTE UND NINA

1 https://pubmed.ncbi.nlm.nih.gov/15841861/ (abgerufen am 04.10.2023)
2 https://www.ncbi.nlm.nih.gov/pmc/articles/PMC2692821/ (abgerufen am 04.10.2023)
3 https://pubmed.ncbi.nlm.nih.gov/24379370/ (abgerufen am 04.10.2023)
4 https://pubmed.ncbi.nlm.nih.gov/10467895/ (abgerufen am 04.10.2023)
5 https://journals.sagepub.com/doi/10.1606/1044-3894.3483 (abgerufen am 04.10.2023)

Thich Nhat Hanh

EINFACH LIEBEN

Basics der Achtsamkeit

Der bekannte Zen-Meister zeigt, wie es gelingt, mit sich selbst und anderen liebevolle Beziehungen zu schaffen und in Harmonie miteinander zu leben.

Seine kurzen Meditationen helfen, alte Verletzungen zu heilen, sich gut um sich selbst zu kümmern und die Liebe auszudehnen auf alle Menschen und Lebewesen. Ein kleines Buch mit großer Weisheit – für mehr Frieden in sich selbst und in der Welt.

THICH NHAT HANH (1926–2022), in Vietnam geboren, ist als buddhistischer Lehrer, Friedensaktivist, Dichter und Vertreter eines engagierten Buddhismus weit über buddhistische Kreise hinaus bekannt geworden. Mehr als siebzig Jahre lang lehrte Thich Nhat Hanh Achtsamkeit und inspirierte Millionen von Menschen durch seine Präsenz. Seine Fähigkeit, Menschen im Westen Buddhismus, Meditation und Achtsamkeit nahe zu bringen, war einzigartig.